缔造完美教室

——小学班本课程的开发与实践

李亚敏 刘 娟◎著

中国轻工业出版社

图书在版编目(CIP)数据

缔造完美教室：小学班本课程的开发与实践／李亚敏，刘娟著．—北京：中国轻工业出版社，2014.6（2025.1重印）

ISBN 978-7-5019-9764-0

Ⅰ．①缔… Ⅱ．①李… ②刘… Ⅲ．①课程－教学研究－小学 Ⅳ．①G622.3

中国版本图书馆CIP数据核字（2014）第094980号

保留所有权利。非经中国轻工业出版社"万千教育"书面授权，任何人不得以任何方式（包括但不限于电子、机械、手工或其他尚未被发明或应用的技术手段）复印、拍照、扫描、录音、朗读、存储、发表本书中任何部分或本书全部内容（包括但不限于光盘、音频、视频等）。中国轻工业出版社"万千教育"未授权任何机构提供源自本书内容的电子文件阅览、收听或下载服务。如有此类非法行为，查实必究。

责任编辑：王慧超　　　责任终审：杜文勇
策划编辑：王慧超　　　责任校对：刘志颖　　　责任监印：吴维斌

出版发行：中国轻工业出版社（北京鲁谷东街5号，邮编：100040）
印　　刷：三河市鑫金马印装有限公司
经　　销：各地新华书店
版　　次：2025年1月第1版第7次印刷
开　　本：710×1000　1/16　印张：20.25
字　　数：180千字
印　　数：15001—17000
书　　号：ISBN 978-7-5019-9764-0　定价：39.00元

读者热线：010-65181109
发行电话：010-85119832　　010-85119912
网　　址：http://www.chlip.com.cn　　http://www.wqedu.com
电子信箱：1012305542@qq.com

版权所有　侵权必究
如发现图书残缺请拨打读者热线联系调换
242416Y1C107ZBW

推荐序1

桥西有花幸福开

2004年6月,河北省石家庄市桥西区分管教育的副区长邓小梅刚刚上任不久,为了建设教育强区,在全国四处寻找"好教育"。在一个大雨滂沱的日子,她带着教育局领导和一批校长来找我,当场决定加盟新教育。2004年9月,桥西成为全国第一个新教育实验区,开创了以区域形式整体推动新教育之先河。

2009年在江苏海门新教育年会上,我们确定2010年7月在桥西举行以"文化,为学校立魂"为主题的新教育年会,围绕年会的各项准备工作紧锣密鼓地开展起来。2009年11月,在筹备桥西新教育年会时,我明确提出,会务圆满、现场精彩虽然很重要,但我更希望看到新教育实实在在地影响了桥西的教育,改变了教师的行走方式和学生的生存状态,特别希望看到一批优秀的教师在新教育中成长起来。

记得我在会场上这样说:"谁是桥西的榜样?能否给我讲一讲榜样的故事?新教育要在桥西开出一朵花来。"那一次年会,为桥西新教育的发展提供了一个新的契机,不仅学校文化在年会的敦促下有了长足的发展,许多教师也因此得以引领,开始思考并创造班级文化。

  时隔四年，桥西区新教育工作室的李亚敏老师寄来了她与刘娟老师合著的书稿《缔造完美教室》。她告诉我，"新教育要在桥西开出一朵花来"的嘱托她们一直没有忘记，桥西已经有一批年轻的教师成长起来，刘娟就是其中的一位代表，她们合著的这本书就是要呈现出这朵花的芬芳。

  李亚敏和刘娟都是新教育的骨干。李亚敏是桥西新教育工作室的教师，在区域推进新教育实验方面做了大量工作。她疯狂地投入新教育网络师范学院的学习，很快从普通学员成长为优秀教师。北京市新教育实验学校建立以后，她还担任过一段时间的学术指导教师。刘娟是一名在新教育中成长起来的优秀教师，也是新教育种子计划2012年度的种子教师，同时也是2012年临淄年会十佳教室获得者，她的小蚂蚁班与新教育榜样教师常丽华老师的小蚂蚁班同名，其实也蕴含着她学习和超越榜样教师的志向。

  从激情领路的区长，到痴迷学习的教研员，到乐于耕耘的一线教师，一朵花才得以绽放。这本书是专业共同体的合作榜样：一位是网师"完美教室"的讲师，一位是小学教室里的老师，在理论与实践对接之中，我们既可以看到小蚂蚁班级构建教室文化和研发卓越课程的过程与细节，也能够读到她们在行动背后的思考。就像刘娟老师的网名"幸福得像花一样"，我为这朵绽放的新教育之花鼓掌喝彩，也期待一花引来百花开，桥西区新教育百花齐放，所有师生都能过上幸福完整的教育生活。

朱永新
2014年2月22日

  （朱永新，新教育实验发起人，中国教育学会副会长，苏州大学教授、博士生导师。）

推荐序 2

不忘初心

入夜，阅读着亚敏和刘娟老师合著的书稿，见证着新教育完美教室项目的又一成果，不由觉得肃然起敬：人群中，总有那么一些人，他们的人生再艰难，梦想却始终执着！

从事教师职业多年，我们知道一本书的出版对一个教师而言意味着什么。但更让我钦佩的是，她们对梦想的追求和一路的坚持。十年来，两位老师从新教育实验"营造书香校园，师生共写随笔"的六大行动起步，到"教师专业阅读＋专业写作＋专业发展共同体"的新教育教师专业发展架构的探索，她们用常人难以企及的坚韧和努力，一直紧紧追随着新教育，经历了新教育教师专业发展从浪漫到精确到综合的全程。

更为可贵的是，近两年，她们一边通过网师及各种途径刻苦研读，提高教育理论的素养，一边带领更多的教师、家长在一间间教室里进行新教育"完美教室"项目实践。她们没有停留于口头，而是通过项目引领，团结、集合起许许多多真正热爱教育的家长、教师，认真改造学校生活，度过了一个又一个有温度的日子……

一分耕耘一分收获。真的做，就会有真的成长。两位老师从河北省、石

家庄市、桥西区教师群体的骨干，成长为全国新教育教师团队的榜样。历经岁月，她们获得爱，获得智慧，获得勇气，获得全新的思维品质与人格力量。新教育激活了她们的生命，她们也用自己的拔节成长印证了新教育网师团队的卓越品质，她们的专业成长是朱永新教授新教育"成功保险公司"的又一个精彩例证。

这本书见证了她们的选择、耕耘与收获，您是否也像我一样被点燃，并强烈地意识到：我们的生命也可以无限接近某个境界，我们的未来也有无穷的可能。

2014年此书出版之际，适逢河北省石家庄市桥西区整体推进新教育实验将满十年。往事徐徐展开，回顾我们走过的漫长而坎坷的历程，百感交集……耳畔忽然响起了一首歌：

如果不曾遇见你，我将会是在哪里？日子过得怎么样？人生是否要珍惜？也许遇见某一人，做着平凡的教师，不知道会不会，也有教育生活甜如蜜？

这是在2010年桥西新教育年会成功举办后，桥西新教育工作室奉献给朱永新老师和新教育团队的歌。这首歌不仅代表了我本人的真情实感，更代表受惠于新教育实验的桥西教育几十所学校，像亚敏、刘娟这样不断成长的上千名教师，还有我们身后那数以万计的家庭和孩子……

十年间，作为全国第一个整体加入新教育实验的区域，桥西始终得到朱永新老师和新教育专家团队的高度重视和悉心指导。十年间，朱永新、卢志文、许新海、干国祥、魏智渊、马玲、李庆明……桥西群星璀璨，大家云集。新教育思想的光芒、文化的引领，使桥西从中东部一个教育发展亟待提升的区域，正在成为河北省教育改革发展的示范区、领头羊。区域新教育从最初的行政推动，慢慢形成共同的价值追求，"过一种幸福完整的教育生活"是我们的理想愿景，"一校一品，一师一专，一生一特，一个不少"是我们追求优质均衡发展的目标。

今天，"新教育"这三个字已深深嵌入桥西教育人的内心。越来越多的学校领导和一线教师从当前教育的夹缝里，抽身出来，反思自己的日子，站在

推荐序2 不忘初心

自己能力许可的范围,将新教育的理念融入到日常的教学生活中,慢慢尝试,慢慢收获,慢慢变得坚定。《缔造完美教室》这本书真实鲜活地记录了新教育带给我们日常教育生活的改变。

2014年,如何整理再出发?就让我们借由此书,重温最热诚的信念,坚持用"过一种幸福完整的教育生活"的美好愿景,指引我们的教育生活;坚持文化立校的新教育行动路径,继续做好完美教室等项目的实践探索,继续扶持榜样教师成长,继续向内寻找规律,深耕细作;向外形成合力,集体推动。

新教育是什么?建设新学校,发展新教师,引领新父母,培育新儿童!新教育,是我们选择的道路,也是我们的梦想。"不忘初心,方有始终。"下一个十年,我们依然在路上。

杨 建
2014年2月23日

(杨建,河北省石家庄市桥西区政府教育督学,桥西新教育工作室组长。)

前言

缔造完美教室，且行且思

当下学校的教师群体，虽然有人为学生分数加班卖命，有人为兴趣特长奔波劳累，但也有人在教室里如农夫般默默耕耘。新教育完美教室建设项目，就是"以教室为单位，在新教育生命叙事和道德人格发展理论的指导下，整合新教育实验各项目（儿童课程、理想课堂、教师专业发展等），聚焦一间间教室的完整生活，最终实现师生共同成长"的综合项目。

河北省石家庄市桥西区教育局自 2004 年加入新教育实验以来，一直紧跟新教育实验研究的步伐，从 2008 年起，各教室践行新教育"晨诵、午读、暮省"的生活方式，开始走向探索完美教室的道路。2010 年教育局正式成立完美教室项目，制定《完美教室标准》，以刘娟老师为首的 30 多名教师主动递交申请，建构教室文化，开发班本课程，深入实践完美教室的理念。正如朱永新老师所说："新教育实验的成果要用事实说话，要有榜样老师，要有故事。"

六年来，完美教室项目在桥西区开花结果，涌现出了一批榜样教师：王丽君、刘娟、秦佳文、张国欢、崔晓玲、周玉、陈桂叶、李晓敏……在这些榜样教师中，刘娟老师是第一个在新教育理念的指导下，完整地走完小学六年生活的老师。六年来，她在小蚂蚁教室默默劳作，不断创造，持之以恒，

带领孩子们创造了一个又一个奇迹。

作为桥西区新教育工作室成员，我于2009年成为新教育网络师范学院的第一批学员。在这所公益学校里，我为干国祥老师、魏智渊老师的学识折服，也为自己的浅薄感到汗颜，在如饥似渴地啃读了四年后，更觉自己专业不足。很荣幸的是，被大家称为"网师狂人"的我被网络师范学院重用，受聘为完美教室课程讲师。我很清楚自己肩负的重任，于是，压力变为动力，无论寒暑，我不敢懈怠，更加勤奋，也因此有了自己对完美教室的理解。

作为一线老师，刘娟更善于讲述故事，讲述家长和孩子们的故事。我们希望此书能给一线教师提供具体的操作方法，因此，本书从整体上分为两部分：理论部分和实践部分。理论部分先介绍完美教室的理念，即"教育即生活、教育即自我实现、教育即人"，力图从认知上和读者达成共识；接着从教室"环境文化、精神文化、行为文化"三个方面介绍完美教室的建构，帮助老师们厘清教室的文化内涵。在实践部分，刘老师首先从各年级学生的学情出发，对学生的生理、心理、学习特点进行分析，以保证班本课程的科学性；教室生活的丰富性决定了班本课程的多样性，"我们的节日、我们的歌谣、我们的故事、我们的活动、我们的书、我们的行动"等板块，则是从每个年级选取不同的侧重点来呈现班本课程的实施和教室的生活。每一章的"总结反思，优化效果"板块，是刘老师在实施过程中总结得来的经验和教训，期冀给课程实施者提供真实的建议。

总体来看，本书第一章、第二章的内容是对完美教室理念和构建的梳理，第三章至第九章是刘老师小蚂蚁教室的实践与思考。"纸上得来终觉浅，绝知此事要躬行"，有了刘娟老师这位行动力超强、创造力超强的老师的践行，我们共同的理想才得以变为现实。一间教室是不可能完美的，完美只是我们朝向的目标，我和刘老师依然行走"在路上"，还有很多不足，请大家提出批评，让我们一起在朝向完美的路上且行且思！

记得2009年11月，朱永新老师到桥西视察时曾说："谁是桥西的榜样？能否给我讲一讲榜样的故事？"那时，我们羞愧难当，偌大的桥西没有一个真正的榜样教师。如今，看到小蚂蚁班级这批将要毕业的学生，我们终于敢对

前言 缔造完美教室，且行且思

朱老师说："新教育在桥西已经开出一朵朵花！桥西的榜样在这里，希望您能有时间倾听我们的故事。"感谢朱永新老师对桥西的厚望！

无论是本书的理论部分，还是实践部分，从模仿到创造，都离不开给予我们专业指导的恩师：干国祥老师、魏智渊老师、马玲老师、陈美丽老师，感谢你们！

还有一群人，他们不熟悉"新教育"三个字眼，但在工作中、在教学上，他们一直关注和支持着我们的成长，感谢省市教科所王彦怀老师、杨金宁老师、宋辉老师、王晓香老师！

十年来，桥西区教育局领导班子高度重视新教育实验工作，不断为完美教室项目提供展示的平台，并在政策上给予支持，鼓励老师们一路前行！感谢局长张治军、副局长张继科、杨建！

完美教室项目是一个综合项目，桥西新教育工作室和一线老师一起围绕学生生活，整合各学科，才使得教室有了朝向完美的可能，《桥西新教育杂志》、桥西新教育网站给完美教室项目提供了交流展示的平台。感谢和我并肩努力的同事：王晓芃、马桂平、邵坤、许平、杨玉辰、梁忠辉、曹杰！为创建卓越的团队，我们一起努力！

在班本课程开发的过程中，桥西完美教室共同体所有的老师经历了无数个不眠之夜，付出了艰辛的努力，学生的成长有你们的心血和汗水！

最后，还要感谢小蚂蚁教室的孩子和家长们，正是因为有了你们的陪伴，我们才体会到做老师的幸福！

李亚敏
2014 年 2 月

目 录

推荐序1：桥西有花幸福开（朱永新）……………………………… i

推荐序2：不忘初心（杨建）………………………………………… iii

前言：缔造完美教室，且行且思…………………………………… vii

第一章　完美教室的根基…………………………………………… 1
  一、教育即生活…………………………………………………… 2
  二、教育即自我实现……………………………………………… 3
  三、教育即人……………………………………………………… 5
　　（一）教师：以教师为业，扎根教室…………………………… 5
　　（二）家长：接受专业引领，家校形成合力…………………… 14
　　（三）学生：以卓越为目标，不断超越自我…………………… 17

第二章　完美教室的建构…………………………………………… 19
  一、教室的环境文化……………………………………………… 20
　　（一）把握"三个度"，打造教室环境文化…………………… 20
　　（二）内外兼顾，呈现教室环境文化…………………………… 22
  二、教室的精神文化……………………………………………… 29
　　（一）文化之神：愿景、使命、价值观………………………… 29
　　（二）文化密码：班名、班徽、班级吉祥物等………………… 30
　　（三）文化之节：仪式、庆典…………………………………… 35

三、教室的行为文化：班本课程…………………………………………42
　（一）开发班本课程的原因……………………………………………42
　（二）班本课程的内涵及特点…………………………………………44
　（三）开发班本课程教师所具备的条件………………………………47
　（四）班本课程的分类与系统结构……………………………………51
　（五）班本课程的实施流程……………………………………………60

第三章　小蚂蚁教室的建构…………………………………………63
一、完美教室：小蚂蚁班级的文化系统建构……………………………64
　（一）小蚂蚁班级的环境文化…………………………………………64
　（二）小蚂蚁班级的精神文化…………………………………………67
二、小蚂蚁班本课程开发的框架和内容…………………………………70
三、小蚂蚁班本课程开发的原则和建议…………………………………73

第四章　新新的一年级——信任，我爱我家………………………81
一、学情分析与班本课程总览……………………………………………82
二、我们的节日——开笔礼………………………………………………84
三、我们的歌谣——童诗童趣……………………………………………87
　案例：《拉大锯》…………………………………………………………88
四、我们的故事——系列绘本故事………………………………………90
　案例：我的同学奥莉薇…………………………………………………91
五、总结反思，优化效果…………………………………………………93

第五章　第一次升级——自信，走进美好的世界…………………97
一、学情分析与班本课程总览……………………………………………98
二、我们的故事——我们不一样…………………………………………99
　案例1：《你是特别的，你是最好的》…………………………………100
　案例2：《你很特别》……………………………………………………103

　　　　案例 3：《大脚丫跳芭蕾》……………………………………………105

　　三、我们的书——多彩童话世界………………………………………108

　　四、我们的活动——我们都很棒…………………………………………111

　　　　案例 1：我长大了——360°的我……………………………………112

　　　　案例 2：夸夸我自己——亮亮我的绝活……………………………115

　　　　案例 3：心中有榜样——手拉手齐进步……………………………117

　　　　案例 4：做最棒的自己——我的名片………………………………118

　　五、我们的电影——小蚂蚁的天空………………………………………120

　　　　案例：《哆基朴的天空》………………………………………………121

　　六、总结反思，优化效果…………………………………………………123

第六章　难忘这一年——自律，我要做个好孩子………………………127

　　一、学情分析与班本课程总览……………………………………………128

　　二、我们的活动——好孩子课程…………………………………………130

　　　　案例 1：争做喜欢阅读的好孩子——《木偶奇遇记》整本书共读…131

　　　　案例 2：争做乐学善思的好孩子——倾听习惯养成方案…………141

　　三、我们的社团——五彩社团课程………………………………………147

　　四、我们的节日——好孩子节……………………………………………149

　　五、总结反思，优化效果…………………………………………………151

第七章　孩子们十岁了——规则，过一种安全的生活…………………155

　　一、学情分析与班本课程总览……………………………………………156

　　二、我们的故事——我们不可以…………………………………………158

　　　　案例：《大卫，不可以》………………………………………………158

　　三、我们的书——《人鸦》………………………………………………160

　　　　案例 1：《人鸦》导读课………………………………………………161

　　　　案例 2：《人鸦》主题探讨课…………………………………………162

　　　　案例3：《人鸦》童话剧⋯⋯⋯⋯⋯⋯⋯⋯⋯⋯⋯⋯⋯⋯⋯⋯⋯168
　　　　案例4：《人鸦》课程总结⋯⋯⋯⋯⋯⋯⋯⋯⋯⋯⋯⋯⋯⋯⋯⋯171

　　四、我们的活动——安全伴我行，小蚂蚁在行动⋯⋯⋯⋯⋯⋯⋯⋯174
　　　　案例1：安全伴我行——校园生活的安全⋯⋯⋯⋯⋯⋯⋯⋯⋯175
　　　　案例2：安全伴我行——居家的安全与保护⋯⋯⋯⋯⋯⋯⋯⋯177
　　　　案例3：安全伴我行——火灾中的自救⋯⋯⋯⋯⋯⋯⋯⋯⋯⋯179
　　　　案例4：安全伴我行——地震中的避难⋯⋯⋯⋯⋯⋯⋯⋯⋯⋯183
　　　　案例5：安全伴我行——交通安全你我他⋯⋯⋯⋯⋯⋯⋯⋯⋯185
　　　　案例6：安全伴我行——小蚂蚁在行动⋯⋯⋯⋯⋯⋯⋯⋯⋯⋯187

　　五、我们的约定——小蚂蚁好习惯银行⋯⋯⋯⋯⋯⋯⋯⋯⋯⋯⋯⋯191

　　六、总结反思，优化效果⋯⋯⋯⋯⋯⋯⋯⋯⋯⋯⋯⋯⋯⋯⋯⋯⋯⋯194

第八章　喜忧参半五年级——仁爱，过一种快乐的生活⋯⋯⋯199

　　一、学情分析与班本课程总览⋯⋯⋯⋯⋯⋯⋯⋯⋯⋯⋯⋯⋯⋯⋯⋯200

　　二、我们的诗——友谊之花⋯⋯⋯⋯⋯⋯⋯⋯⋯⋯⋯⋯⋯⋯⋯⋯⋯202
　　　　案例：晨诵诗歌《朋友》⋯⋯⋯⋯⋯⋯⋯⋯⋯⋯⋯⋯⋯⋯⋯⋯203

　　三、我们的书——共读爱心书⋯⋯⋯⋯⋯⋯⋯⋯⋯⋯⋯⋯⋯⋯⋯⋯208
　　　　案例1：《一百条裙子》导读课⋯⋯⋯⋯⋯⋯⋯⋯⋯⋯⋯⋯⋯210
　　　　案例2：《一百条裙子》推进课（第一课时）⋯⋯⋯⋯⋯⋯⋯214
　　　　案例3：《一百条裙子》推进课（第二课时）⋯⋯⋯⋯⋯⋯⋯216

　　四、我们的节日——朋友节⋯⋯⋯⋯⋯⋯⋯⋯⋯⋯⋯⋯⋯⋯⋯⋯⋯219

　　五、我们的活动——小蚂蚁爱心行动⋯⋯⋯⋯⋯⋯⋯⋯⋯⋯⋯⋯⋯221
　　　　案例1：幸福家庭计划——全家总动员⋯⋯⋯⋯⋯⋯⋯⋯⋯⋯222
　　　　案例2：和谐社区计划——感受邻里亲情⋯⋯⋯⋯⋯⋯⋯⋯⋯224
　　　　案例3：仁爱社会计划——走进敬老院⋯⋯⋯⋯⋯⋯⋯⋯⋯⋯226

　　六、我们的行动——游学课程⋯⋯⋯⋯⋯⋯⋯⋯⋯⋯⋯⋯⋯⋯⋯⋯228

案例：藁城亲近自然之旅……………………………………231
　七、总结反思，优化效果……………………………………………236

第九章　毕业了——挑战，在成长中认识自己……………………239
　一、学情分析与班本课程总览………………………………………240
　二、我们的书——战胜困难，我们在成长…………………………242
　　　案例：《草房子》主题交流课……………………………………242
　三、我们的诗歌——中华经典之旅…………………………………254
　　　案例："萤火虫"主题课程小结仪式纪实………………………255
　四、我们的活动——中华达人秀……………………………………270
　　　案例：小发明比赛………………………………………………271
　五、我们的节日——毕业典礼………………………………………274
　　　案例：点亮一盏心灯，毕业典礼仪式…………………………275
　六、总结反思，优化效果……………………………………………280

附录：原创童话剧《人鸦》……………………………………………283

后记：幸福像花儿一样…………………………………………………301

第一章　完美教室的根基

一、教育即生活
二、教育即自我实现
三、教育即人

什么是完美教室?

我心中的完美教室是这样的:一群热爱教育的老师,一群热爱生命的家长,一群积极向上的孩子,汇聚在"伟大事物"周围,虔诚地开始一段美好的旅程——强健体魄,丰富情感,享受艺术,发现知识,体认和践行道德。大家在温馨、美妙的教室里共同生活,如切如磋,度过每一个日子,编织一张叫作"卓越"的网,在岁月里成为最好的自己,实现自身的价值!

从另一个维度讲,我心中的完美教室还是这样的:师生与知识对话,与生活对话,与世界对话,与自我对话,最终达到自我的统一,自我与世界的和谐。

我们经常说:缔造完美教室,培养卓越学生。什么才叫完美?怎样做才是卓越?诚然,世界上没有完美,也没有卓越的标准。我们所说的完美和卓越,是一种朝向,是一种追求,是心向往之。只有心中有理想并不断前行的人,才会真正地理解。

缔造完美教室,就是创造一个完美的世界,就是教室里所有人的共同朝向!一间间教室从成立那天起,就像一棵大树一样,在阳光雨露的滋润下,开始生根、发芽、长叶……直至长成一棵参天大树,向世界宣告自己存在的意义。那么,这棵大树的根基是什么?所有的人共同遵循着怎样的价值观?

我们认为,完美教室的根基就是对生活的理解,对教育的理解,对价值的理解,对儿童的理解。换句话说,教育即生活,教育即自我实现,教育即人。

一、教育即生活

"学校是一片净土""学校就是世外桃源"这些看法已成为过去式,越来越多的老师和家长已经意识到"孩子们的生活和社会生活有着千丝万缕的关系""社会生活影响着学校生活""如果按照以往的方式教育孩子,孩子将无法适应社会"……面对社会的复杂,教育涌现出形形色色的问题,如果我们

忽视了社会的复杂性,而把孩子放到真空中,那么,教育一定是失败的。我们应该如何摆正社会和学校的关系?如何看待教育呢?

早在1897年,美国教育学家杜威就提出"教育即生活"的理念,这一理念对中国的教育现实具有同样重要的意义。"教育既然是一种社会过程,学校便是社会生活的一种形式。""教育是生活的过程,而不是将来生活的准备。"由此,教育是生活本身,教育应该充实人的生活,使儿童能够适应生活,更新生活,而非压抑儿童的天性。教育既要把复杂的社会生活背景作为儿童生长的背景,但又不能对复杂的社会生活背景无所作为,学校要净化、平衡社会生活,帮助孩子把握生活。

新教育研究中心的干国祥老师说:教育是一种生活,是生活本身,它既是儿童发展成为合格社会人的关键阶段、黄金阶段的生活,也是教师全部生涯中最漫长与宝贵的生活经历。所以,它整体的状态不应该是炼狱式的,而应该是幸福的、完整的,是符合人性的。新教育实验提出师生"过一种幸福完整的教育生活"的理念。"完整"的意思是知识、灵魂、精神以及人的身体的全面发展,是个体与社会要求在成长内部的和谐体现。"幸福"不只是快乐的意思,它的意思是教育要考虑到生命中低级需要和高级需要的渐次满足。

就像干国祥老师所说,知识不是教育的全部,教育不只是在一间间教室里学习知识,还包括身体的健康、精神生活的丰富,以及同伴之间的交往,在社会中和形形色色的人打交道等。人只有生活在社会中,才能找到自己生存的意义和价值,才能使自己的生活"幸福完整"。

因此,学校的教育既要和社会生活相结合,帮助孩子适应社会,又要建构一种美好的生活,遵循儿童的生长规律,师生、家长共同生活,共同发展,一起成长。

二、教育即自我实现

当我们看到一批批学生毕业,再次怀着欣喜迎来一个个活泼的生命时;

当我们看到昔日的小男孩成为男子汉，并为我们挪开桌椅，说"老师，您坐"时；当我们不经意地看到或听到自己的学生做了不光彩的事情时；当我们像蜡烛那样照亮别人，燃尽自己，产生倦怠感、无力感时……我们的内心会迸发出这样的声音：我是一个好老师吗？我为什么要做一名教师？我活着的意义何在？教育到底是什么？

是啊，作为教育工作者，我们经常叩问自己：教育的目的是什么？这个问题和人一生都在追问自己的哲学问题"我为什么活着"有着异曲同工之意。马斯洛指出：一个人最高层次的需要，是自我实现的需要，寻找生命的意义是人的最终目标（如图1.1所示）。

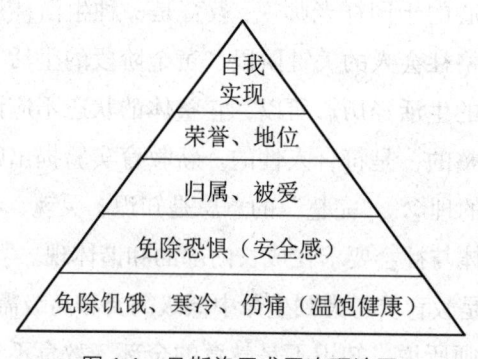

图1.1　马斯洛需求层次理论图

教育的目的和意义是什么？我想就是在帮助"人"找到生命的意义，实现自我存在的价值。具体说，在一间教室里，就是帮助老师实现教育生活中的意义，在教育生活中获得教师的尊严，感受到职业的幸福。对学生而言，就是希望学生在学习旅程中品尝到学习的快乐，爱上学习，从而获得自信和成就感。

从图1.1中我们不难看出，要想实现最高层次的幸福，就要满足低层次的需要。那么，孩子的身体是否健康，营养是否丰富，在教室里是否有安全感，是否在教室这个大家庭中有归属感，并通过自己的努力赢得一定的地位……这都是我们在教室生活中应该考虑的，都是在朝向完美的目标中，需要脚踏实地一步一步实现的。

我们如农夫,在教室里日复一日地埋头耕种,从孩子的成长中,我们找到了职业的幸福感和成就感;在倾听生命的拔节中,我们懂得了生命的意义与价值。

三、教育即人

一间教室的主体是谁?教室的主体由教师(各学科教师)、学生和家长组成。以前,我们认为教室的主体是学生,教师是为学生服务的,而家长根本算不上教室的一员。在这个教室中,学生作为核心,老师和家长只有日复一日地为孩子服务,为孩子喜,为孩子忧。但是,教师的教育理念和家长的育儿经验直接影响着孩子的发展,我们往往重视"以学生为中心",却出现了"零效应",甚至是"负效应"。于是,我们不得不反思:教师、家长到底在教室中处于何种角色?如何在教室里实现"学生、教师、家长"三方的共赢?

教育的主体是人,围绕在教室中的人有家长、教师、学生。在这三者中,学生是核心,教师和家长发挥着不可估量的作用。因此,在教育实践中,我们要关注所有的人,要让所有的人首先称之为人,其次才是教育者和被教育者。

此外,教室里还会有一些人,比如长期为教室服务的志愿者,或是教室里聘请的志愿者,如司机、消防队员、警察等。相对于教室的师生、家长,这些人也是教室的重要组成部分。

(一)教师:以教师为业,扎根教室

理想中的完美教室里,一定有一位以教师为业的老师,他把教育这一事业作为自己存在的核心,作为自己生存于世的意义所在。他不断地思考:我为什么工作?我存在的意义在哪里?我要把学生领向何处……正是由于这些思考,他更加坚定而从容,更加理解生命,理解生命中工作的价值,也更懂得

幸福的真正意义。

1. 职业认同是缔造完美教室最重要的开始

职业认同是教师的根本出发点和归宿,海德格尔说:"以什么为职业,就要以什么为生命意义之所托。"第56号教室,就是雷夫的生命意义之所托,他真正做到了这一点。教师这个职业,不仅仅是用来谋生的工具,否则他不会为了带学生去旅游而自己打工挣钱,他也不会"几乎每年48周,每周6天,每天12小时"和五年级的学生涌进那间可怜的狭小的教室里……

河北省石家庄市桥西区作为新教育实验区,也曾以行政的力量推行教育改革,可结果不尽如人意,有的老师推一步走一步,而那些自愿为孩子的生命努力的老师则"不用扬鞭自奋蹄"。因此,教师对教室的意义是极其重要的。如果没有这样的老师,不可提及"完美"二字。

看看我们的榜样教师:常丽华、陈美丽、马玲,再细数身边努力把学生带向高处的刘娟(网名:幸福得像花一样)、秦佳文(网名:文如其班)……这些老师都是把教师这个职业视为自己存在的意义。没有刘娟老师对职业的高度认同和责任心,就没有小蚂蚁班本课程的开发和实践(具体内容在本书第三章至第九章有详细的呈现)。

2. 对生命的根本信任是缔造完美教室的基础

在《第56号教室的奇迹》一书中,雷夫老师反复提到"信任"二字。什么是信任?难道我们不信任学生?家长不信任教师,怎会把孩子交到我们手里?雷夫所说的信任和我们日常所说的信任有什么不同呢?

雷夫所说的信任有两层意思,一层是针对恐惧的教室而言。老师信任孩子,教室就不会以恐惧为基础,让学生在教室里获得安全的教育,是信任的第一步,是一间教室的开始。这看似简单,做起来却很难。

另一层意思,也是更本源的意思,就是我们对儿童生命、对生活、对世界的一种"乐观"态度。在教室里,面对每一个孩子,我们要做到相信他们将来一定能成为一个好人,相信人总是渴望向上的。在生活中,无论遇到什么坎坷和困难,我们要相信生活还是美好的,相信"人性本善"。在这个社会里,哪怕你遭遇了最不公平的待遇,你也要相信世界是明亮的。没有这种根本的信仰,人无法做到真正的信任,尤其是在面临困难和挫折的时候。

我们的教室有聪明的孩子、调皮的孩子,也有像刘娟老师班上存在智力障碍的孩子,这些孩子足以挑战我们的耐心和智慧。在许多教室里,这些孩子是被放弃的,放弃的理由有无数;但是在理想的教室、完美的教室里,我们的老师依然坚信这些生命会开出花来。这就是对生命的信任!

就像雷夫相信,无论现在学生的基础有多么不好(大多数学生的母语不是英语),只要信任他们,用他们终身受用的课程(莎士比亚戏剧课程)来挑战他们,他们就能做得比想象的还要好——用标准的英语专业地演出莎士比亚的戏剧,并因此赢得"霍伯特的小小莎士比亚"的美誉。

就像苏霍姆林斯基坚信,每个学生的心中都有一个"我要成为好人"的愿望,坚信他们的生命具有无限向上的可能性。

就像犟龟一样,无论爬得多么慢,它都相信自己一定会赶上一场庆典。

就像唐僧一样,相信自己一定会在经历种种磨难之后,取得真经。

泰戈尔说:"我的存在,对我是一个永久的神奇,这就是生活。"是啊,每一个孩子都是一粒种子,一粒神奇的种子,他们存在着,都能够成长。而我们,就要相信岁月,相信种子!

3. 正视自己是缔造完美教室的重要因素

在缔造完美教室的路上,教师是绝对的主角,是第一位的。但是,每个老师身上都有自己具备的特质,有的感性,有的理性;有的擅长唱歌,有的擅长运动……这些特质必然会影响到学生,教室也因此会打上老师个性的烙印。刘娟老师的小蚂蚁教室,正是凭着刘老师个人对旅游的兴趣,开发了游学课程,带领着这间教室的孩子行走在大自然中,行走在祖国的大好河山中。

我们毕竟不是完美的人,如何充分利用自己的优势而又不局限于此?如何释放自己的能量,同时又避免自己的偏见与不足?如何借助外来的资源弥补自身的缺陷?这就需要教师重新认识自己并正视自己,不断地省察自身,

对自己理性地、全面地进行分析。只有这样，才能矫正自身不足，避免自身缺陷，引进资源，使我们的教室朝向完美。

刘娟老师就是这样的老师，她清晰地知道自身的不足，在学校利用各位任课老师的优势为孩子们服务。同时，她还充分利用区域共同体的力量一起开发课程，利用家长资源培养孩子的个性。小蚂蚁教室的童话剧课程，就是整合了教室中各学科的力量，音乐老师和孩子们一起编排舞蹈，选择合适的背景音乐；美术老师指导孩子们做道具、服饰；刘老师作为语文老师则负责编写剧本。小蚂蚁教室的社团课程更是充分地利用家长资源，书法课程、篮球课程的执教者都是家长。

4. 正确的儿童观是缔造完美教室教师的必备素质

老师如何看待每一个学生？要培养怎样的学生？未来的孩子应该是怎样的？在一间教室里，老师有着怎样的儿童观，直接决定着教室的发展方向。只有正确对待儿童，才能使儿童真正健康地成长。

第一，儿童是完整的人。完整的人不仅包括健全的身体，还有丰富的精神世界，因此，老师必须高度重视孩子身体、认知、品德、情感、个性等方面的全面发展。

第二，儿童是发展的人。我们必须认识到，孩子与孩子之间存在着差异，教师应遵循其身心发展规律，承认个体差异，充分发掘其潜能。

第三，儿童是独立的人。每个孩子都有主动活动、自由活动和充分活动的机会和权利。

5. 了解人的发展规律，是教室朝向完美的关键

一间教室要完美，教室的发展目标要科学，因此，老师要有一定的理论素养，了解人（无论成人还是孩子）的发展规律。教室里，老师要学习、领会埃里克森人格发展的八阶段和马斯洛的需求层次理论，在教育和教学中要时时对照这些规律，引导学生的道德发展。

第一章 完美教室的根基

（1）埃里克森人格发展的八阶段[①]。

埃里克森提出人的发展要经历八个阶段，每个阶段都有需要解决的任务，假如此阶段的任务不能得到解决，将会影响人一生的发展。这八个阶段及在日后出现的问题如下：

①婴儿期（0~1.5岁）：基本信任和不信任的心理冲突。此时是基本信任和不信任的心理冲突期，因为这期间孩子开始认识人了，当孩子哭或饿时，父母是否出现则是建立信任感的重要关键。信任在人格中形成了"希望"这一品质，它能增强自我的力量。

我们不要小看婴儿期的亲子关系，孩子对周围人的信任影响着未来的生活。我们经常看到有些孩子把布娃娃和玩具小熊抱在怀里上课，否则就哭闹不停，对老师充满恐惧，害怕和同学接触，害怕上学。这样的孩子严重缺乏安全感和对他人的信任，很大一部分原因是和婴儿期没有建立信任感有关。

②儿童期（1.5~3岁）：自主与害羞、怀疑的冲突。这一时期，父母与子女的冲突很激烈，是第一个反抗期，一方面父母必须承担起控制儿童行为使之符合社会规范的任务，即养成良好的习惯；另一方面儿童开始有了自主感，他们坚持自己的进食、排泄方式，所以训练良好的习惯不是一件容易的事。这时孩子会反复应用"我""我们""不"来反抗外界控制，而父母决不能听之任之，放任自流，这将不利于儿童的社会化。反之，父母若过分严厉，会伤害儿童的自主感和自我控制能力。对儿童的保护或惩罚不当，就会使儿童产生怀疑，并感到害羞。因此，要把握住"度"的问题。

这一时期孩子的问题到了小学阶段往往表现为：过度害羞，上课不敢发言，下课不敢和同学说话，即使和同学交流，声音也非常小。

③学龄初期（3~5岁）：主动与内疚的冲突。这一时期如果幼儿表现出的

[①] 西蒙诺维兹，皮尔斯.人格的发展[M].唐蕴玉，译.上海：上海社会科学院出版社，2006.

主动探究行为受到鼓励，幼儿就会形成主动性，这为他将来成为一个有责任感、有创造力的人奠定了基础。如果成人讥笑幼儿的独创行为和想象力，那么幼儿就会逐渐失去自信心，这使他们更倾向于生活在别人为他们安排好的狭窄圈子里，缺乏自己开创幸福生活的主动性。

当父母发现孩子出现下列情况时，大致就可以判断孩子的问题出现在3~5岁：无论做什么都畏手畏脚，害怕老师批评，害怕家长埋怨，害怕同学笑话。因此，他从不主动做任何事情，只按大人要求做事，不敢越雷池半步。

④学龄期（6~12岁）：勤奋与自卑的冲突。这一阶段的儿童都应在学校接受教育。如果他们能顺利地完成学习课程，他们就会获得勤奋感，这使他们在今后的独立生活和承担工作任务中充满信心。反之，就会产生自卑。

学生的学习生活是小学阶段最重要的任务，因此，在学习上获得成就感，拥有学习的能力，是小学阶段培养孩子最重要的目标之一。

⑤青春期（12~18岁）：自我同一性和角色混乱的冲突。这一时期，一方面青少年本能冲动的高涨会带来问题，另一方面更重要的是青少年面临新的社会要求和社会的冲突而感到困扰和混乱。所以，青少年期的主要任务是建立一个新的同一感或自己在别人眼中的形象，以及他在社会集体中所占的情感位置。这一阶段的危机是角色混乱。

我们看到有些人一辈子都没有形成"自我同一性"，这样的人在成年后容易形成分裂性人格，做事容易冲动，不能正确认识自己，因此，自我同一性的形成对一个人非常重要。

⑥成年早期（18~25岁）：亲密与孤独的冲突。只有具有牢固的自我同一性的青年人，才敢于冒与他人发生亲密关系的风险。因为与他人发生爱的关系，就是把自己的同一性与他人的同一性融合一体。这里有自我牺牲或损失，只有这样才能在恋爱中建立真正亲密无间的关系，从而获得亲密感，否则将产生孤独感。埃里克森把爱定义为"压制异性间遗传的对立性而永远相互奉献"。

这一阶段意味着谈恋爱，结婚。

⑦成年期（25~65岁）：生育与自我专注的冲突。当一个人顺利地度过了自我同一性时期，以后的岁月将过上幸福充实的生活，他将生儿育女，关心后代的繁衍和养育。在这一时期，人们不仅要生育孩子，同时要承担社会工作，这是一个人对下一代的关心和创造力最旺盛的时期，人们将获得关心和创造力的品质。

这一阶段的人承担着家庭的责任和社会的责任，能处理好两者的关系，就是一个成熟的人，否则，这个人就是有缺憾的。

⑧成熟期（65岁以上）：自我调整与绝望期的冲突。当老人们回顾过去时，可能怀着充实的感情与世告别，也可能怀着绝望走向死亡。自我调整是一种接受自我、承认现实的感受，一种超脱的智慧之感。如果一个人的自我调整大于绝望，他将获得智慧的品质。埃里克森把它定义为"以超然的态度对待生活和死亡"。

老年人对死亡的态度直接影响下一代儿童时期信任感的形成。因此，第八阶段和第一阶段首尾相连，构成一个循环或生命的周期。

事业有成，家庭幸福，高高兴兴退休，这是我们每个人的追求。退休后，能自我调整生活，使自己的生活依旧丰富多彩，是这一阶段的重要任务。

埃里克森认为，在每一个心理社会发展阶段中，解决了核心问题之后所产生的人格特质都包括了积极与消极两方面的品质，如果各个阶段都保持向积极品质发展，完成了这一阶段的任务，才能逐渐形成健全的人格，否则就会产生心理社会危机，出现情绪障碍，形成不健全的人格。

（2）马斯洛需求层次理论。

马斯洛需求层次理论是行为科学的理论之一，是我们了解人的需要的重要理论。该理论将需求分为五种，像阶梯一样从低到高，按层次逐级递升，分别为：生理需求、安全需求、社交需求、尊重需求、自我实现的需求。此理

论在教室中有重要的意义,它可以让学生对照自我,了解自己的需求。例如:有的孩子由于家庭贫困,温饱都不能解决,对于他来说,最重要的是满足最基本的需求——吃饭。对于刚入学的孩子,我们强调一间教室里最重要的事情就是,让每个孩子有安全感,只有在教室中安全了,他才会产生和他人交往、渴望尊重的需求。马斯洛需求层次理论具体内容如下:

①生理需求。生理上的需求是人们最原始、最基本的需求,如空气、水、吃饭、穿衣、性欲、住宅、医疗等。若得不到满足,则会出现各种危险。它是最强烈的不可避免的最底层需求。

②安全需求。安全的需求要求劳动安全、职业安全、生活稳定,希望免于灾难,希望未来有保障等。安全需求比生理需求高一级,当生理需求得到满足后就要保障这种需求。每一个在现实中生活的人,都需要安全感和自由。

③社交需求。社交的需求也叫归属与情感的需求,是指个人渴望得到家庭、团体、朋友、同事的关怀、爱护、理解,是对友情、信任、温暖、爱情的需求。社交的需求比生理和安全需求更细微、更难以捉摸。它与个人性格、经历、生活区域、民族、生活习惯、宗教信仰等都有关系,这种需求是难以察悟,无法度量的。

④尊重需求。尊重的需求可分为自尊、他尊和权力欲三类,包括自我尊重、自我评价以及尊重别人。尊重的需求很少能够得到完全的满足,但基本上的满足就可产生推动力。

⑤自我实现的需求。自我实现的需求是最高等级的需求。满足这种需求要完成与自己能力相称的工作,最充分地发挥自己的潜在能力,成为所期望的人物。这是一种创造的需求。有自我实现需求的人,似乎在竭尽所能使自己趋于完美。自我实现意味着充分地、活跃地、忘我地、集中全力、全神贯注地体验生活。

6. 教师专业发展是缔造完美教室的不竭动力

每个人都不是完美的,在教室里我们会遇到这样那样的问题。很多时候,面对孩子,老师们感到无能为力,责怪自己的专业知识不够,没有高深的哲

学、心理学、教育学等知识储备,也没有文学批评的修养。因此,对待教室的突发事件,我们往往不知所措,困苦于"自我成长太慢"。如果我们和雷夫、苏霍姆林斯基对话,就会找到途径——走专业发展之路!

雷夫从普通到优秀,从优秀到卓越,走过了漫长的道路。雷夫和我们一样,并没有高深的理论,但他的莎士比亚戏剧课程却成为奇迹;雷夫并非天才,他也和我们一样对教室感到疲累,但是,我们看到他在不断地反思、修正。我庆幸,自己遇到了桥西新教育工作室,遇到了新教育网络师范学院,使自己有机会、有平台提高专业水平,又能和有相同尺码的人共同讨论教室的问题。

把教育当成职业、事业或者生命意义之源,将会使教师最终成就自己。而"专业发展"的核心又是"教育教学实践",脱离了实践的专业发展,将是屠龙之技,空有理论,却不能解决实际的问题。因此,完美教室中的教师既要有高度的职业认同,又要在教室中不断地发展自己的专业,即"职业认同"和"专业发展"八个字。

完美教室的老师应该拥有怎样的教师形象?下面为桥西区完美教室的教师目标:

桥西区完美教室教师形象

①把学生的身心健康、快乐成长放在第一位,不以分数至上,不搞题海战术,把学生的进步看作教师的最高荣誉。

②了解学生的身心发展规律,熟悉每个孩子的特点及潜能,对每个学生怀有高度的成功期待。

③以专业知识确保教学的高效,呈现所教学科的丰富性与魅力。

④重视学生的精神生活,学生的人格道德发展重于学业。

⑤有对话精神与沟通、合作能力,和所有任课老师一起围绕学生开发合适的课程。

⑥重视家庭、社会的力量,引导家长提高家庭教育品质,形成教育的合力。

（二）家长：接受专业引领，家校形成合力

有人曾说：各行各业都会接受专业的培训、学习，唯独家长没有。对于教育孩子的问题，家长的经验仅仅来自上一辈的言传身教和周围朋友的道听途说，一旦面对孩子的问题，这些经验就变得有些疲软，别人家的教育经验用到自己孩子身上怎么就没用呢？归根结底，一是家长们没有经过专业的培训，二是对"要培养怎样的孩子"这一目标认识不清晰。因此，作为孩子的第一教育者，家长要心甘情愿地接受学校这一正规教育机构的指导，家校形成合力，共同培养孩子。

1. 认识家庭教育的重要，明确培养孩子的目标

家长就是孩子的榜样，家长专注阅读，孩子也会专注阅读；家长坚持写日记，孩子也会坚持写下去；家长检查作业马虎大意，孩子写作业时肯定粗心；家长对孩子没有耐心，孩子做事也没有耐心；家长对孩子大吼大叫，孩子对别人也会大吼大叫……因此，只有家长意识到家庭教育的重要性，才能教育好孩子，才能把孩子引向优秀，引向卓越。绘本故事《等一会儿，聪聪》，就是在告诉家长：关注孩子，与孩子一起成长，别让孩子变成"怪兽"！

认识了家庭教育的重要性，还要有明确的目标，要清晰地知道，我们到底要培养什么样的孩子？

泰勒·本·沙哈尔在《幸福的方法》一书中提到了家长的六个境界：

第一境界：家长舍得给孩子花钱，以为钱就是全部爱的表达。

第二境界：家长舍得给孩子花时间，陪在孩子的身边，见证孩子的成长。

第三境界：家长开始思考教育的目标问题——我究竟想要一个什么样的孩子？一旦目标能够清晰地确定，家长就不容易被人裹挟着，热衷于跟风、盲目地对孩子进行培养。

第四境界：家长为了教育孩子去学习，他们不再停留在"没有办法"或者

"管不了",而是关注孩子的问题症状及其原因,积极进行干预和矫正。

第五境界:家长为了教育孩子而提升和完善自己,因为他们明白,"你是谁"比要求孩子"成为谁"更重要,一切家庭教育,其实都是言传身教的结果。

第六境界:即最高境界。父母真正认识到每个人都是独一无二的,发现"我是谁"比"成为谁"更重要,父母尽己所能支持鼓励孩子成为最好的自己,也以身作则支持孩子成为真正的自己。

只有明确了孩子发展的目标,在教育中,我们才会坚持下去,不会三天打鱼,两天晒网。在纠正孩子某些坏习惯时,孩子肯定会存在抵触情绪或不断反复,此时家长就要坚持按规定的原则来办,超越底线就必须严厉惩罚。坚持,其实不是考验孩子,而是考验家长自己,家长经受住了考验,孩子才能成长起来。

2. 遵循孩子的发展规律,对孩子实施积极影响

孩子出现问题是正常的,只要家长能根据孩子的问题诊断其根源,并能对症下药,孩子的问题就能解决。因此,家长要了解孩子的身心发展规律,比如学习埃里克森人格发展的八阶段、马斯洛的需求层次理论等(具体内容见上文)。

3. 提升自己,以身作则,为孩子树立榜样

正如列宁夫人克鲁普斯卡娅所说:"家庭教育对父母来说,首先是自我教育。"家庭是孩子最基本的生活和教育单位,父母的一言一行、一举一动都是孩子的模仿源。孩子最初的行为习惯都是从父母那里学来的。因此,面对天真的孩子,父母要特别重视榜样对孩子的巨大影响,时时处处为孩子树立好的榜样。

父母的言传身教,对孩子的心理发展、品性的形成,以及言谈举止等都起着重要的作用。教育专家研究发现,孩子不仅在总体上模仿父母的生活方式,而且还往往继承与父母相同的个别有害于或有益于健康的行为,如吸烟

或运动锻炼等,并且往往男孩的生活方式与父亲的生活方式更为相似,而女孩则更可能模仿其母亲的行为。这种影响是在无意识中产生的,其作用也最直接、最深刻、最持久。

在孩子面前,从品德到生活小节都没有小事。要教育孩子具有较高的社会公德,父母自己就必须先成为这样的人;要求孩子积极进取、勇敢拼搏,父母也要率先示范。只有言传身教,从生活细节上给孩子做出良好示范,言行如一,才能对孩子产生积极、深远的影响。

家长的言谈举止犹如一本没有文字的教科书,因此,家长要不断地提升自己的个人修养,为孩子做出表率。

4. 尊重并支持学校,主动参与班级生活,形成家校合力

随着家长文化水平的提升,很多家长对教育孩子有自己的见解,对学校的要求也越来越高。教师一方面要尊重家长的意见,把家长吸纳到教室中来,为教室服务,要用我们的行动证明自己对孩子、对教育的热爱,赢得家长的认可。另一方面,可以举办家长学校、家长会,帮助家长提升教育理念,学会与学校、老师、孩子沟通,真正地形成家校合力。

作为老师,我们要引导家长记住"信任、尊重、宽容、支持、影响"这几个关键词:

①信任。既然把孩子送到了学校的某间教室,就应该无条件地相信学校和老师一定会尽最大努力把孩子教育好,相信孩子在学校能够快乐。

②尊重。家长要尊重学校和老师的做法,因为家长看到的是一个孩子,老师看到的是一群孩子。

③宽容。对学校和老师的不当做法给予宽容和理解,并寻找合适的机会和老师交流。要知道人无完人,挑剔不是解决问题的方法,只有沟通,才能解决问题。

④支持。支持学校工作,把自己当作教室里的一员,积极为班集体服务,为孩子们服务。

⑤影响。用积极乐观的心态,用自身的正能量影响孩子、老师和学校。

（三）学生：以卓越为目标，不断超越自我

通常在学校生活中，学生学习到的各科知识并非真正的知识，只是一些零碎的知识点罢了，再加上各学科的知识割裂，无法与学生的生活统一，置身于这样的学校生活，学生难以获得全面的发展，更别提卓越了。因此，一个完美的教室不仅要有理想的教师，还要有理想的家长、理想的学生。那么我们要培养怎样的学生呢？

桥西区每所学校根据学校理念，对培养学生的目标有不同的阐述，如中华南大街小学的学生要做"有根的中国人"，红星小学的学生"要有光"，维明路小学的学生要成为"君子"，中山路小学的学生就是"璞石"，西岗头小学的孩子要自信、阳光，育英小学的孩子要"缤纷地开花"……纵观这些学校的育人目标，不难看出，其实我们培养孩子的目标是一致的，即带领孩子在生命历程中不断地超越自我，实现自我，成为最好的自己！

要使孩子成为最好的自己，就必然要以"卓越"为目标培养孩子。卓越意味着品质，意味着创造，意味着磨砺，更意味着漫长取经路上的修炼……

卓越的孩子，是有清晰目标的人，像犟龟参加狮王二十八世婚礼，唐僧西天取经一样永不放弃……

卓越的孩子是勤勉的，全力以赴，靠牺牲、试错以及付出大量努力得来的。卓越的孩子有创造力，在学习中，在生活中，在课程中，不断地挑战自我，创造奇迹！

也许有人说，我们有必要让每个孩子都卓越吗？对！卓越是方向，是大家追求的目标，就像完美教室一样，我们追求完美！当然，万物都不是绝对的，相对于自己来说，超越自我，挑战不可能，就是卓越的。

桥西区小学阶段学生培养目标

①要明白学习的目的不是为了从事某个工作,而是为了生命的提升——智力的、审美的、道德的、情感的……

②要热爱各门学科,并在高段时能够学会学习,具有思考力、学习力和创造力。

③具备丰富、宽广的智力背景(课外阅读量),拥有一定的阅读、表达能力和较高的人文素养。

④拥有良好的精神品质:自信,注重身体锻炼,有较广泛的兴趣和艺术爱好。

第二章 完美教室的建构

一、教室的环境文化
二、教室的精神文化
三、教室的行为文化：班本课程

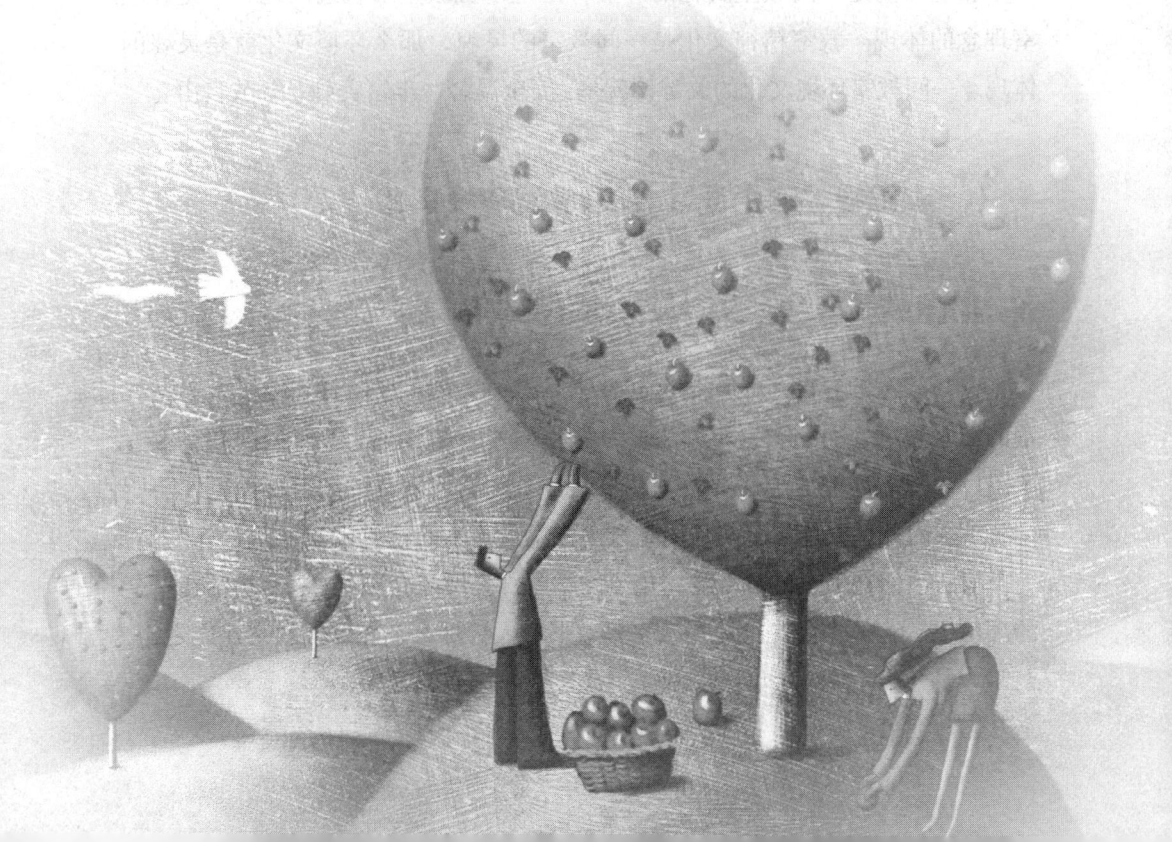

　　教室，是一群有着共同愿景的人生活的地方，是一个有着自己的文化与规则的地方。2010年新教育年会上，朱永新老师从一所学校的使命、愿景、价值观来阐释学校文化，从学校的校徽、校歌、校训、仪式、庆典以及建筑、英雄故事等角度来剖析学校文化。按照学校文化的建构，一间教室应该有自己的环境文化、精神文化和行为文化。

　　①教室环境文化是教室的外显，记录着学生的成长足迹。

　　②精神文化是教室的灵魂，是一个班级的使命、价值观、愿景的集中体现。

　　③行为文化是一间教室里所有人共同的生活方式：学生的生活是割裂的还是整合的？在桥西区的完美教室里，老师们更注重用课程来整合教室的生活。

一、教室的环境文化

　　教室环境是一间教室文化的外显，是记录班级生活轨迹的地方，是该教室理念的体现。教室精神文化是一间教室的灵魂，那么环境文化就是灵魂的体现。一间教室环境文化的关键词就是：安全温馨、丰富美妙、开放自由。

（一）把握"三个度"，打造教室环境文化

1. 温度

　　一间教室的温度，是衡量这间教室是否完美的重要指标。温度，不是教室的温暖程度，而是教室里师生关系、生生关系的体现。如果一间教室没有了温度，冷冰冰的，那这间教室就不是孩子们学习生活的乐园，而堪比一所"监狱"。因此，安全温馨的环境是完美教室最基本的特质。

　　只有生活在安全的环境中，孩子的学习、生活才会更好；只有生活在安全的环境中，老师才会安心地在教室里教书育人。那么，在这间教室建立之初，

在师生都未建立安全感的时候,无论是学校的领导,还是前来听课的老师,抑或是大家还不熟悉的家长,都是不允许进入教室的,教室里只有"我们"。

刘娟老师为了创建有温度的小蚂蚁教室,在新生入学后,没有直接上课,而是通过"入学课程",帮助孩子们缓解入学的焦虑、不安,适应校园生活,通过建立师生间的信任关系,帮助孩子喜欢上学校,喜欢上老师,喜欢上同学。

2. 丰富度

在小学阶段,我们要让孩子的生活足够丰富。只有保证其丰富,孩子长大后才能有更多的自由,成长的基石才会更加牢固。

教室一定要关注孩子身体是否健康。那么,教室(学校)里不可缺少的是孩子们喜欢的运动器材:跳绳、毽子、呼啦圈、足球……

教室一定是孩子精神生活的寄托。那么,教室里要有一定数量的适合班级阅读的藏书,有班级图书馆或图书角,并设有阅读课,经常开展阅读活动。

教室一定是艺术的天堂。那么,教室里要有各种乐器,各种棋类,还有能动手操作的剪纸、泥塑……

教室一定是带领孩子走向高深人格境界的场所。新教育道德图谱、马斯洛需求层次图、玛蒂埃决定……都像一面镜子,也是一面旗帜,引领孩子们自我反省,并不断向高处攀登。

教室更是生活的记录。墙上呈现的一首首生日诗、一个个课程、一张张字帖、一幅幅作品……都是美妙生活的体现。

教室还是班级愿景实现的地方,是信息传播的地方,是价值观形成的地方,是习惯养成的地方,是儒雅素养和规则形成的地方,是建立人生信仰与道德追求的地方……

教室,因生活丰富而美妙,因美妙而精彩。

3. 自由度

当教室里的师生获得了安全感、美妙感后,就要带领孩子走向更高的层次：开放自己，超越自己。这样，才会实现最终的自由。因此，自由是完美教室最终的追求。

开放的心态，有利于增强孩子的进取心，他们会主动地向他人学习，与人合作，能够不断地调整自己，吸收一切美好的东西。"海纳百川，有容乃大"，如蔡元培先生倡导的"思想自由、兼容并包"那样，他们能理解差异，正确地对待自己、他人、社会和周围的一切。

当孩子能宽容并理解美好时，就会逐渐形成自己独特的个性，一个个精神丰盈、思想开放、外形儒雅的孩子就会成为教室里最美的"风景线"。

（二）内外兼顾，呈现教室环境文化

教室内部环境的温馨，会让教室里的人有"家"的感觉；有特色的教室外部环境，则让人耳目一新。内部环境是教室的"心灵"，外部环境是教室的"外表"，因此，不仅要重视教室的内部环境，还要重视教室的外部环境。

1. 教室内部环境

（1）教室的色彩。

每一间教室在装扮布置时要有一种主题色。比如，低年级以粉红色为主，粉红色的墙壁，粉红色的窗帘，给人童话般的感觉，温馨、可爱、浪漫；中年级以绿色为主，代表蓬勃的生命；高年级以蓝色为主，代表辽远与深刻。这些颜色符合不同年龄段孩子的特点，在这样的教室里，孩子会感到分外舒适。

（2）教室里摆放的物品。

教室要为学生提供生活所需品，这些物品应该根据学生的生活实际购买，考虑到其生活的方方面面。比如低年级孩子还不能照顾好自己，经常忘记带水杯、手纸等，需要时往往措手不及。因此，每间教室应该常备纸巾、清扫工具、放杂物的柜子等。为了满足孩子的特殊需要，在孩子刚刚入学阶段，桥西区中山路小学的萤石教室还允许孩子带上自己喜欢的毛绒玩具，孙雨霞老师利用这种方式，让孩子们慢慢过渡到教室这个安全的家（如图2.1所示）。

第二章　完美教室的建构

图 2.1　中山路小学的萤石教室

教室要为学生提供课间活动的用品，这些用品要兼顾不同类型学生的需要。爱动的孩子在课间会拿起体育用品到操场上玩个痛快；爱静的孩子就两个一伙、三个一群的下棋、弹琴，或者捏捏泥巴，做个小手工……桥西区南马路小学的七彩光教室，就为学生提供了篮球、足球、跳绳、毽子等体育用品，该教室的王昕老师还倡导学生把自己做的手工作品摆到书橱上，进行展览（如图 2.2 所示）。

图 2.2　南马路小学的七彩光教室

教室要为学生提供有生命力的绿植和小动物。孩子们学着照顾这些有生命力的生物，不仅能培养爱心，还能观察生命的成长过程，为写作积累素材。在一间教室生活久了，这些有生命的动植物也成为教室里的"一分子"，和孩子们一起长大。桥西区城角街小学的小鲤鱼教室里就养着小金鱼和花草（如图 2.3 所示）。

图 2.3　城角街小学的小鲤鱼教室

（3）教室的墙壁。

一间教室的墙壁是会说话的，它记录着孩子们成长的足迹，也是展示一间教室精神生活的重要地方。

教室的墙壁不宜太花哨，内容过多容易分散孩子上课的注意力。一般墙上可书写醒目的大字，比如班级口号。小蚂蚁教室的前墙上就写着"读万卷书，行万里路"，育英小学蒲公英教室里写着"飞翔"，南马路小学萤火虫教室写着"向着明亮那方"……这些"字"是教室生活的方向。为了培养孩子的时间观念，还可在墙上挂一块钟表。

教室的后墙壁应该经常更换，内容既包括班级内容，也包括学校规定的内容，有班级生活、学校快讯、榜样人物、学习方法介绍、小常识等。有的教室没有后黑板，呈现的方式更为自由，各有不同：有的分为各种板块，和四周的墙面形成一体，比如可以按照一年四季春夏秋冬来设计。有的教室按照班级的生活内容分为晨诵、共读、暮省、学科、旅游等。有的形式更为新颖，教室的名字为翠竹，就按照竹子的生长过程来布局……无论形式怎样，内容都万变不离其宗，都展现了孩子们的生活。

草场街小学芦荟教室的后墙（如图2.4所示），有新教育道德图谱，有班训，有班级的评价台（挑战英雄），有班级的本月主题"夸夸我的家乡"，还有展示学生作品的"星光展示台"……丰富的内容，体现了整个教室的生活轨迹。

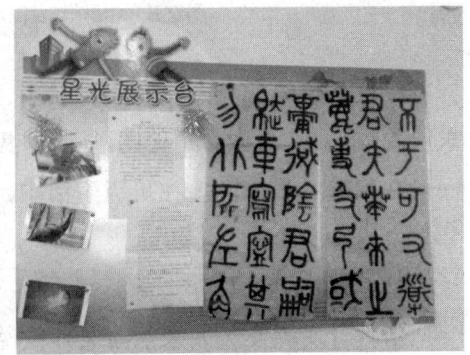

图 2.4　草场街小学芦荟教室墙壁文化

中华南大街小学小蚂蚁教室的后墙（如图2.5所示）是火车的形状，该校曾是铁路小学，孩子大都是铁路职工子女，火车头为全班学生的合影，后面的每个车厢代表一个小组，贴有每个小组的照片和小组目标。其意义为，只有每个小组团结起来，自己小组的车厢才会干净、整齐。火车车轨由书籍铺设而成，它寓意着只有全班同学目标一致，沿着书籍指引的方向前进，火车才能开得快、开得稳。火车下面是游学课程的照片，记录着孩子们一年走过的地方。游学课程下面是每个孩子的档案，每份档案都记载着孩子一年的足迹，有美术作品，有自己认为好的作文，也有同学、父母的评价……

图 2.5 中华南大街小学小蚂蚁教室后墙

在教室里,还有两张图不可缺少,那就是新教育实验倡导的"马斯洛需求层次图"和"新教育道德图谱"。这两张图往往被挂在教室比较显眼的地方,一般在墙壁的最前面。在班级生活中,老师带领学生时时对照这两幅图,引领学生的道德发展。

(4)教室的图书角。

新教育实验发起人朱永新老师曾说:"一个人的精神发育史就是他的阅读史。"没有阅读的生活,就没有人心灵的成长。阅读不能改变孩子的相貌,但能改变孩子的气质。书是教室中最重要的物品。正如朱永新老师所说,"一个民族的精神境界取决于这个民族的阅读水平",同样,一间教室的精神境界取决于这间教室的阅读水平。因此,孩子阅读图书的数量和质量决定着一间教室的高度。

一间教室就是一间小小的图书馆,图书可以放到教室的任何一个地方,只要便于学生借阅就行。有些教室专门定做了书橱,既容易保存书籍,又方便阅读。老师也可以在书橱上做一些文章,比如书籍的目录、班级读书榜样的名单等都可以粘贴到书橱旁边。

如图2.6所示,小蚂蚁教室书橱旁的墙壁上是"小蚂蚁加油站",上面有书橱中所有书籍的目录,以及班级每个学生每月读书的书目。

图 2.6 小蚂蚁教室的图书角

（5）教室桌椅的摆放。

如果教室里桌椅比较多，可以按照普通的"秧田式"摆法。如果教室里人少，为了学习交流方便，可以以小组形式摆放，四人小组、六人小组，还可以围成半圆形。需要注意的是，教室里应该多摆几张桌子和凳子，方便家长前来听课，也方便老师们互相学习。

2. 教室外部环境

一间教室的外部环境代表了教室的形象，是教室展示自我的场所，是与他人交流的窗口。因此，在布置外部环境时要有三个意识：名片意识、展示意识和交流意识。

（1）名片意识。

教室外的墙上要有对教室的介绍，也就是要有一张"名片"。这张名片是班级文化浓缩的外显，一般会有班名、班级愿景、班级口号和一张合影，内容不求多，但必须是精华。在合影的选择上，要把握两点：第一，教室里的人要全，不仅有全体学生，还要有全体任课老师。有些班级的照片只有班主任，无形中忽略了其他老师，那就不能作为合影。第二，照片要反映师生最好的精神状态，不必过分端正、死板，可以是在教室里的场景，还可以是大家一起游玩的快乐场面。

（2）展示意识。

我们认识一个陌生人，要去一个陌生的地方，第一印象非常重要。因此，在布置教室的外部环境时要有展示意识。教室的外部走廊要干净、整洁，外墙的布置要让他人眼前一亮，体现师生生活，并定期更换。

教室外墙的展示内容要把握两个原则：

一要体现班级生活的丰富性，可以是"小荷才露尖尖角"，呈现学生的各种作品（晨诵的、绘本的、美术的、科学的……），可以按照专题形式出现，如童话专题、儿歌专题、旅游专题等，还可以是师生、亲子的作品，甚至是一个学生的个人作品展等。

二要通过展示让孩子有成就感，获得自信。展示的目的除了让别人了解之外，更重要的是给孩子搭建展示自我的平台，激发他们内在的动力，使其获得成就感。

如图2.7所示，桥西区红星小学文曲星教室的秦佳文老师为了鼓励孩子写自己的生活，在教室外的墙壁上以"写自己的事"为主题开辟了专栏，每天张贴孩子们的习作。课间，教室外围满了孩子，大家互相欣赏彼此的美文，不亦乐乎。每年开学初，秦佳文老师都会带着孩子写本学期的心愿，并把心愿卡挂在墙壁上，以坚定每个孩子的信心。

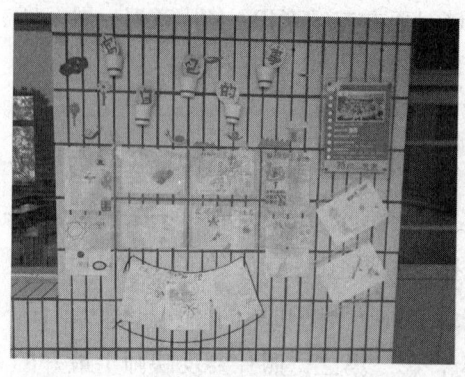 

图2.7　红星小学文曲星教室的外墙

（3）交流意识。

教室外部环境不仅是班级的组成部分，还是整个学校的一部分，这里每天都有很多人经过，因此，我们也要把这里当作交流的平台。当其他同学看到展示作品时，有话想说怎么办？不妨在教室外墙上放上便签纸和笔，大家可以随时写下意见和建议。以开放的心态吸取他人的建议，这样，教室就是开放的。

总之，教室里是绿化的、美化的、和谐的，教室外是开放的、自由的。教室的整体风格应该有自己教室的特色，但也不是一成不变的。

二、教室的精神文化

一间教室是学校的一个单位，它的发展必然会受到学校整个大环境的制约，因此，一间教室的精神文化要围绕整体的学校文化来构建（当然，如果学校没有文化，那就要通过教室文化来引领学校文化的发展）。围绕学校愿景，教室要有属于自己的使命、愿景、价值观，并逐步形成班名、班歌（或班诗）等能代表教室精神文化的内容。

（一）文化之神：愿景、使命、价值观

1. 愿景

愿景是一个班级的长远目标，是我们要成为怎样的教师、怎样的学生的清晰表述。愿景的表述要着眼于"人的全面发展"。例如，桥西区中山路小学周玉老师毛虫教室的愿景是：我们要朝向卓越，做一个身体棒、爱知识、会思考、勤动手、有德行、能创造、懂礼仪的内外兼修的君子。毛虫教室的愿景从"德智体美"各个方面来叙述，这个愿景是学生、老师、家长共同的朝向（而非只是学生）。再如，红星小学文曲星教室的愿景是：做一个学识渊博、温

文尔雅、品质芳华的人。其教室的愿景也是朝向德才兼备的目标。小蚂蚁教室的愿景则是结合小蚂蚁的精神来叙述的，本书第三章有详细的介绍，此处不再赘述。

2. 使命和价值观

使命是他人赋予学校和老师的，作为老师应该清楚我们国家和社会要培养怎样的人，以此明确自己的职责。

价值观不是教室成立之初就有的，是在班级生活中逐渐形成的，是伴随着班级愿景不断澄清的，它是教室中教育理念的体现。比如：一个教室中是分数最重要，还是学生的自尊最重要？谁的顺序在先，就会成为班级生活中所遵守的"方针"。在一间教室中，价值观至少包括以下几个方面：分数与人，孰重孰轻？知识和创造力，哪个更重要？集体荣誉和个人需求，如何平衡？师生关系、家校关系、同学关系如何协调？

桥西区外国语小学刘坤老师的"我们是一家人"教室，通过三年的共同生活，她们教室形成了这样的价值观：我们是相亲相爱的一家人，互相理解和尊重；我们爱思考胜过爱知识；我们不和别人比，只做最好的自己；我们喜欢创造每一天，诗意地生活在教室里。

（二）文化密码：班名、班徽、班级吉祥物等

1. 班名

一个班级的命名很重要，它是班级孩子的自我镜像，是隐喻，是对孩子生命的显性表达。如：毛虫预示着成为蝴蝶的一刻，种子预示着开花结果，小溪预示着汇聚大海。因此，对班级的命名要有长远的考虑。班级在命名时，要注意以下三点：

（1）班名的来历要有意义。

班名的来历很重要，就像一个人的名字一样，寄予了亲人的厚望，不仅

要让大家觉得这个名字好听,还要别有韵味和意义。教室的名字可以来自一个绘本故事、一部电影,或是一首诗歌,抑或是自然万物……

①班名来自绘本故事或图书、电影中的重要人物。如小毛虫教室的名字来自绘本故事《好饿的毛毛虫》,寓意着教室里的孩子都是一条毛毛虫,他们不断地吸取营养,变成美丽的蝴蝶。青鸟教室的名字源于书籍《青鸟》,寓意着要朝向幸福。夏洛教室的名字源于《夏洛的网》一书中的主人公——夏洛,寓意着教师、学生、家长像夏洛那样,彼此编织一张网,从而实现自我的价值。小蚂蚁教室的名字来源于电影《蚂蚁总动员》,寓意着孩子们像电影中的小蚂蚁一样,勇敢、团结、有智慧……

②班名来自大自然中有生命的生物。如很多教室喜欢用花、草的名字命名,这些有生命的花草吸取自然中的灵性,再加上一间教室赋予它的独特含义,就显得更加有生机。例如:草场街小学的文化是"草"文化,各个教室都用草的名字命名,崔晓玲老师的芦荟教室,就是希望孩子们像芦荟一样不求奢华,只求自我成长。育英小学的文化是"花"文化,于是就有了张国欢老师的"蒲公英教室",寓意着孩子们在吸取了丰富的营养后,飞向祖国大地,实现"我要飞翔"的愿望。

③班名来自中国文化的象征。如梅兰竹菊象征着四君子,还有的教室命名为"雏菊教室",寓意着孩子们像雏菊一样,清华其外、淡泊其间。

(2)班名要能生长。

一间教室的名字基于学生生命的成长是可以变化的。名字的变化意味着孩子心灵的成长,生命的宽度和深度的拓展。如有的教室命名为"小溪流",但孩子不能永远是小溪流,随着年龄的增长,生命的积淀,会变成大河、大江;有的教室建成之初叫"田园",随着年级的升高,就变成了"田原""田野"。

(3)班名的制定要体现自主性。

谁给班级命名?什么时间比较合适?这是老师们比较关心的问题。教室里的每个人都希望名字是自己起的,因此,在制定班名时,要充分发挥每个人的自主性,体现集体的智慧。在低年级,学生和家长对教室的愿景不够清

晰,而教室的领导者——老师则很清晰"我要把教室带向何方",因此,一般情况下,教室的名字是由老师定的。有的老师更为智慧,在开学初不给教室制定名字,而是通过日常的渗透,慢慢把自己对教室的愿望传递给学生。当教室需要命名时,大家就会意见一致。在中高年级,学生对班级愿景比较清晰,大家有了共同生活的基础,教室的名字可由师生、家长共同制定。

桥西区毛虫教室的周玉老师,入学时给学生讲的第一个故事就是《好饿的毛毛虫》。她还买了很多书,并通过评选读书小英雄来激发学生阅读的兴趣。当教室里形成了阅读的氛围,学生对书越来越喜欢的时候,周老师就和学生一起制定了班名,学生都希望自己是毛毛虫,希望自己能变成美丽的蝴蝶,于是"毛虫教室"诞生了。

再如,桥西区南马路小学七彩光教室的王昕老师,在开学初接手了新的三年级。她首先让学生介绍自己名字的意义,接着说:"你们的名字都具有独特的意义,那我们教室也应该有个与众不同、意义非凡的名字。"于是,学生七嘴八舌地给教室起名字,但是,选谁起的名字呢?班里开展了"我们的名字我们做主"的演讲比赛,学生把自己起的名字及其内涵写成一篇篇演讲稿,在班里演讲,然后全班投票决定。在全班学生的积极参与下,"七彩光"这个名字诞生了。在自主参与中,学生也更加热爱自己的班级。

总之,一间教室的名字完美与否不重要,重要的是这个名字是"我们"的名字,打着"我们"的烙印,是"我们"用自己的生活方式把名字擦亮的,让它更丰富、更有意义。

2. 班徽

班徽,是班级的图腾,是围绕班级愿景、班名设计的。在设计班徽时,我们要鼓励学生、家长集思广益。一般设计班徽的程序为:

第一,在学生、家长、老师中征集班徽。

第二,展览班徽,全班评选。

第三,集中各设计方案的优势再进行完善,最后完成成品。

图 2.8、图 2.9、图 2.10 分别为桥西区南马路小学萤火虫教室、中华南大

街小学小星星教室、小蚂蚁教室的班徽。

图 2.8　南马路小学萤火虫教室班徽

图 2.9　中华南大街小学小星星教室班徽

图 2.10　中华南大街小学小蚂蚁教室的班徽

3. 班级吉祥物

班级吉祥物和班名、班徽一样，是一间教室形象的体现。吉祥物的产生和班徽的制作过程一样，要充分发挥老师、家长、学生的自主性。小蚂蚁教室的班级吉祥物就是孩子们设计的一只非常可爱的小蚂蚁——菲力（如图2.11所示）。

图 2.11　小蚂蚁教室的班级吉祥物——菲力

4. 班歌和班诗

班歌、班诗要和班级名字相吻合，老师不需要在一开始就急着定下来，而应随着班级生活的开展慢慢形成。班歌和班诗可以由学生创作，草场街小学芦荟教室的班歌《芦荟之歌》，就是师生一起创作的：我是一棵小芦荟，充满活力又健康，四季常青绿莹莹，坚强自信向上长。植物医生本领棒，全部爱心都献上。好好学习快成长，德才兼备是理想！

班歌也可以选择已有的适合本教室的歌曲和诗歌。如萤火虫教室的班歌可以是我们大家熟知的《萤火虫》，向日葵教室的班歌可以是金子美玲的《向着明亮那方》。

刘娟老师小蚂蚁教室的班歌是随着时间而不断改变的，具体内容见本书第三章。

班诗和班歌可以是一样的，也可以有所不同，根据情况而定。无论班名，还是班歌、班诗，这些都是班级精神的象征，要通过一个个日子展现出来，才能经得起岁月的考验，才能被大家认可，才能成为一间教室文化的体现。

有的班级还有班印、班旗等，建议老师根据实际情况来设计制作。

（三）文化之节：仪式、庆典

一间教室的生长，一群孩子的成长，是由一个个日子连缀起来的。对于孩子们来说，一间教室的每一天都很重要。在这一个个日子中，有一些特别的日子，它是更亮、更闪光的日子，是教室中独有的日子，是更具象征意义的日子，是值得庆祝的日子，我们称之为教室的节日，也叫仪式或庆典。

庆典是利用自身或有关重大事件、纪念日、节日等所举办的各种仪式、庆祝会和纪念活动的总称。相对于仪式来说，庆典更注重对结果、成果的肯定，而仪式可以是课程或活动开始时的开启，还可以是过程中的鞭策，也可以是对结果的总结、反思、庆祝。

许多学校非常重视通过仪式、庆典等来彰显学校文化，像入学典礼、入队仪式、毕业典礼等，这些仪式和庆典面向全体同学，站在学校文化的角度展开。但是，学校举行仪式和庆典后，有些班级还要在教室里举行属于自己班级的仪式和庆典，这样，学校文化影响着班级文化，班级文化构成了整个学校的文化，学校文化和班级文化相融合，更能促进学生的成长。

每一个学期，教室中不可缺少的节日有：开学典礼和期末典礼。一个孩子从入学到小学毕业具有重要意义的节日有：入学典礼、入队仪式、十岁典礼、毕业典礼。对个体学生来说，最重要的是生日庆典。在班级生活中，还会有许多特殊的节日，如犟龟节、夏洛节等。

1. 教室常规节日

（1）开学典礼。

每一间教室都要重视新学期第一天，经历了一个假期，学生满怀着憧憬

来到学校,这正是给他们种下希望的好时机,因此,老师们都要精心准备,把期待与希望融入到开学典礼中。新教育学校的老师喜欢用具有象征意义的诗歌和故事,诗意地开启新的学期。根据年级的不同,适合低年级的诗歌有《新新的九月》《梦想》《向着明亮那方》《小种子》,适合中年级的诗歌有《没有一艘船能像一本书一样》《我们想要的男孩和女孩》,适合高年级的诗歌有《擦星星的人》《劳作》等。

开学典礼也可以和课程的开启仪式相结合,如中华南大街小学小星星教室的李红丽老师,在9月1日给三年级的孩子设计了一个特别的开学典礼:学生走进教室,《我要做个好孩子》的音乐已经在教室里回荡,接着师生共同诵读诗歌《我们想要的男孩和女孩》,最后,学生写下《好孩子行动》,新的学期开始了,好孩子课程也开始了。

(2)期末庆典。

每个学期末的期末庆典,是一学期所有日子中最为隆重的,因为这是对孩子一学期的总结,庆祝他们成长的日子。期末庆典一般分为三部分:一学期教室的叙事,为每个孩子颁发生命奖,全班共同表演童话剧。

教室叙事,是师生一起对教室一学期旅程的回顾,是把教室中有重要意义的事件、诗歌、故事、生活等串联起来,凸显每个孩子本学期的成长。一张张照片,一段段录像,一幅幅作品,一首首诗歌,一个个故事,见证着每个孩子的成长。

颁发生命奖,摒弃了以往"三好学生"的评比方式,不以成绩论英雄,不做横向对比,只要有进步,每个孩子就能得到奖项,或是学习的,或是品德的,或是有兴趣特长的……对每一个孩子来说,独一无二的奖项是属于自己的。

童话剧,经历了自读、共读、编写剧本、排练、做道具到最后的演出,是师生共同穿越伟大作品的结晶。对学生来说,这个童话剧是独有的,是仅属于自己教室的。童话剧可以在期末庆典上表演,也可以在课程结束时表演,视班级情况而定。

上文我们提到教室里不仅有学生,还有家长、各科老师,刘娟老师每学期举行期末庆典时,除了教室叙事,给学生颁奖,表演童话剧之外,还经常给各学科老师和家长颁奖。期末庆典上,孩子给家长和老师写颁奖词,并送上自己制作的小礼物,表达感恩之心,这是多么幸福的事情啊!

2. 教室重要节日

(1)入学典礼。

一年级的孩子从幼儿园到小学,是一个新的开始,他们的生活将由以游戏为主过渡到以学习为主。如何让孩子适应一个陌生的环境?如何让孩子爱上学校,爱上学习?在《孩子们,你们好》一书中,阿莫那什维利老师在孩子入学前就做了大量的准备:见面的第一句问候语,记住每个孩子的名字……这些看似不经意的细节却折射出教育的本质——理解孩子。

入学典礼有学校层面的,更应该有教室层面的,这是孩子们第一次走入新家,新家的第一印象非常重要。入学典礼的准备工作包括:教室环境布置,记住每个孩子的名字,并把写有孩子名字的桌签放到桌子上,为孩子准备一份入学礼物(书籍最好),一个游戏(课间和孩子一起游戏),一个故事(孩子都喜欢会讲故事的老师)……

入学典礼的内容一般包括:介绍学校,帮助孩子了解学校;介绍教室,激发孩子对教室的期待和向往;介绍老师,老师是和孩子们朝夕相处的人。介绍时表现方式要多样,如语文老师讲故事,音乐老师唱歌,体育老师带着孩子们做游戏……同时,还要留足时间让孩子彼此熟悉,互相介绍。为了让孩子对教室充满向往,能永远记住入学这个重要的日子,入学典礼要有仪式感、神圣感。

如四维小学的小蜜蜂教室,学生入学后首先把自己的小手印印在一张纸上,写上自己的名字、生日、入学的日期以及此刻的心情,其意义既告诉孩子从此要有一个新的开始,也为孩子入学留下第一份档案。育英小学的栀子花教室,在孩子入学后,老师拥抱每个孩子,和孩子合影留念,并轻轻地告诉孩子:祝贺你,升入新新的一年级! 孩子在老师的怀抱中感受温暖、安全,消除了恐惧感。

刘娟老师为一年级刚入学的孩子设计的开笔礼(具体内容详见本书第四

章），不仅是孩子们一个美好的开始，使他们对学校生活充满期待，同时也对自己产生了信心。

（2）入队仪式。

我们经常会听到低年级的孩子问："老师，我什么时候才能戴上红领巾？""为什么升旗的时候，我不能敬礼？"在孩子心中，佩戴红领巾意味着长大。因此，入队是孩子升入一年级后第一件重要的事情。

入队的程序，一般由学校大队辅导员负责。那么，如何让孩子们记住这个特殊的日子？中山路小学周玉老师做了充分的准备工作。入队前一个月，周老师给孩子讲红领巾的由来，讲革命时期小英雄的故事，还请家长写下对孩子的祝福和期望。入队那一天，孩子首先交流了加入少先队的感受，接着请高年级的大哥哥、大姐姐给他们佩戴红领巾，教他们敬队礼，并请家长把祝福送给孩子。最后，入队仪式在齐唱队歌中结束。入队仪式虽然时间很短，但正是由于前期激发了孩子们对红领巾的向往，孩子们才有了入队的自豪感！

（3）十岁典礼。

十岁，是孩子来到世界的第一个十年。这一年，大部分孩子在四年级，即将由中年级升入高年级。十岁，孩子开始关注周围的世界，开始在意别人的评价。为帮助孩子处理好人与人之间的关系，找准自己的位置，十岁典礼将在这一阶段开展。

外国语小学小蜗牛教室的张伟老师，把十岁典礼安排到六一儿童节那天，她请来家长和所有任课老师，共同祝贺孩子十岁生日。典礼上，一位家长代表所有的家长深情回忆了孩子从出生到十岁的点点滴滴，孩子看到自己从一个婴儿到上幼儿园，再到小学的照片，想到父母为自己操劳了十年，不由得流下了热泪。这时，张老师悄悄地关掉教室的灯，为每个孩子点上一支蜡烛，点点烛光映红了孩子们的小脸，孩子们虔诚地许下自己的心愿，家长们拿出写给孩子的祝福卡，送给孩子。就这样，孩子们度过了一个有意义的十岁生日，没有生日蛋糕，有的是对父母、对老师的感恩。

（4）毕业典礼。

小学毕业典礼，是小学生活的最后一个典礼，是对六年小学生活的回顾和总结,是激励学生再次启航的加油站。毕业典礼一般包括师生共同回顾小学生活、校长颁发毕业证、学生对新学校、新生活的畅想等内容。

毕业典礼前,要注意营造毕业的氛围。友谊大街小学犟龟教室的毕业典礼前,全班同学穿着班服,走过从一年级到六年级用过的一间间教室,走过曾经升旗的操场,走过曾嬉戏玩耍的榴园,他们最后一次清扫了负责的清洁区,最后一次到老师的办公室喊了一声"报告",最后一次来到学校广播站,最后一次给班级养的花浇水……毕业氛围的营造,有助于激发学生对过去美好生活的回忆,增进对学校留恋的情感。

六年生活中,值得回忆的内容太多了,老师要找到学生成长的关键点,引导学生看到自己在进步,在长大。

毕业证一般由校长亲自颁发,代表学校对学生六年生活的认可。毕业证是学生一生中获得的第一个毕业证书,因此用心设计很重要。友谊大街小学的毕业证上印有学校的校训——力求进步,希望学生无论在何时何地都能以此勉励自己!

毕业典礼是新生活的加油站,教师要引导学生升入中学后继续发扬本教室的精神,挑战自我,做最好的自己。如小蚂蚁教室的毕业典礼就充分利用学校的"达愿梯",请学生把自己的愿望挂到梯子上,让母校见证其成长(具体内容见本书第九章)。

(5)生日庆典。

教室的生活中,我们不仅要重视大家共同的目标,还要关注每一个独特的生命个体,生日庆典就是每间完美教室必做的事情,它能让孩子感受到自己的生命被平等地接纳和尊重,能感受到自己存在的意义。

生日庆典上,有没有蛋糕和礼物并不重要,重要的是老师为孩子量身定做的、仅属于孩子自己的生日诗和生日故事。生日诗,有的是老师根据晨诵的诗歌改编的,有的是亲自写的,还有的是全班同学共同创作的。生日故事,就是老师选择一个和孩子内在气质相关的故事,经过改编,既是讲给过生日的孩子听,又讲给全班孩子听。这个故事要和过生日的孩子的生活经历相交融,能引领孩子今后成长的方向。

生日庆典的时间没有确切规定，重要的是在于其意义的体现。红星小学有位孩子经常模仿别人，过生日时，秦老师把《小猪变形记》送给他，告诉孩子：只有做自己，才最快乐！南马路小学萤火虫教室的魏静老师把《小花朵的梦》送给一个喜欢花的女孩……这样的生日是属于自己的，孩子们更加期盼每年的生日，更加珍视独一无二的自己！

3. 教室特有的节日

一间教室特有的节日必然和班级生活息息相关，必定会打上学生生活的烙印，必然是教室中值得记忆和庆祝的日子。

（1）根据共读的书目而设定的节日。

此种节日在师生共读后提炼出书中最有价值的内容，作为师生的"共同密码"，以此指引教室的生活。

《犟龟》是一本关于"信念"的书。书中的主人公陶陶不怕别人的嘲讽，凭着坚定的信念，最终参加了狮王的婚礼。师生阅读这本书后，提炼出"心中有信念，只要上路，就会遇到庆典"。这一理念为了让陶陶的精神和学生的生活相连接，并进一步内化其精神，以"犟龟"为名，和学生一起过"犟龟节"。

《一百条裙子》是关于"愿望"的故事，故事的主人公叫旺达，是一个有憧憬、安静、勤劳朴实、爱干净、爱美、聪明、执着、大度的女孩。文中还有一个女孩叫玛蒂埃，她在关键时刻做出了一个重要的决定。针对这两个女孩的特点，可以提炼出本书两个关键词：旺达——有美好的愿望，玛蒂埃——选择。因此，"旺达节"希望每个孩子都有美好的愿望。同时，当教室里出现问题，同学之间闹矛盾时，老师就会说"请做出玛蒂埃决定"，以此来提醒孩子做出正确的选择。刘娟老师在共读《一百条裙子》后，教室里过的是"朋友节"，借此节日，引导学生懂得如何合作、交流、交友（具体内容详见第八章）。

《花婆婆》的故事，讲了一个小女孩用自己的一生追寻和传播美丽。共读后，花婆婆就意味着做一件有意义的事情，"花婆婆节"就是希望每个孩子能做有意义的事。

刘娟老师根据共读图书籍，和学生共同"活"出了很多节日：三年级的

"好孩子节",就是根据共读图书《木偶奇遇记》而定的节日,"鼠小弟日"来源于绘本故事《鼠小弟》,"多萝西日"来源于童书《绿野仙踪》……

(2)大自然中的节气。

随着大自然的变化,我们的生活也发生着变化,因此我们要关注大自然,要关注祖先流传下来的节日、节气。新教育的教室特别重视二十四节气。刘娟老师的小蚂蚁教室在六年级开展的"中华经典之旅"课程中,有一个"萤火虫"小课程(参看本书第九章内容),其灵感就来源于节气。此课程从惊蛰开始,春分时节学生诵读的是"青梅如豆柳如眉"主题小课程,立夏时节诵读着陆游的《初夏书感》。边读诗歌,边感受大自然的神奇,边和生活产生连接……就这样,孩子们与大自然一起律动,实现了人与自然的和谐。

(3)传统节日如春节、中秋节等。

传统节日是我们中国人重视的节日,如何让这些节日成为教室里有意义的日子呢?那就要看这些日子能否被擦亮,成为"我们的日子"。

桥西区外国语小学刘慧桢老师的小鲤鱼教室,在中秋节前夕开展了"月儿圆圆"小课程,学生诵读关于中秋的古诗、儿歌,一起唱《爷爷打月饼》,并请来老人讲《嫦娥奔月》的故事。在农历八月十五这天,全班在教室里做月饼,并把自己做的月饼分给低年级的小同学吃。晚上,全班学生和家长一起在学校赏月、吟月、赞月。整整一个月的时间,中秋节被师生擦亮了,从此,中秋节的意义对于小鲤鱼教室来说就不单单是吃月饼了。

(4)课程开启仪式和结束仪式。

每个课程的开始象征着一段旅程的开始,充满希望与期待;课程的结束则是收获的时刻。因此,课程开启仪式和结束仪式也是整个课程的一部分。

在刘娟老师的小蚂蚁教室里,共读完《人鸦》《一百条裙子》《夏洛的网》等书籍后,就是通过仪式的方式对书籍进行回顾、总结和提升。六年级"萤火虫"主题课程后,刘老师把诗歌和学生的生活编织在一起,举行了课程结束仪式,希望学生都能做努力上进、不怕风雨、乐于奉献的萤火虫!

总之,富有生命光辉的仪式或庆典让生活与众不同,它不是简单地为过

节而过节,为仪式而仪式,而是为了擦亮那些拥有特殊意义的日子,一经擦亮,那些日子从此就有了特别的温暖、特别的味道,从而永远地留在心间,成为班级生活的"密码"。

三、教室的行为文化:班本课程

教室的行为文化主要是由教室里的人(各学科老师、学生、家长)参与创造而来的,是教室生活的每一个亮亮的日子。就像新教育榜样教师陈美丽所说:"在开学的第一天,我们会写下明亮的第一行。在每一个孩子的生日,我们会用美好的诗歌和故事、真诚的祝福和笑容,把这一个个日子擦亮。而在平常的每一天,我们会像《罕台新教育小学校歌》中所唱的那样:晨诵诗赋,午读典章,含英咀华,如品如尝,入暮思省,一天回望,是否勤奋,有无独创……"

新教育人经常说——相信种子,相信岁月。岁月是由一个个日子积淀而成的,每一个日子都是教室朝向完美的见证。那么,这一个个日子又是如何在学生身上亮起来的?这关系到我们所说的,一间教室中最重要的行为文化——班本课程。每一个课程都是岁月赠予孩子最好的礼物,那么,为什么要开发班本课程?如何开发班本课程呢?

(一)开发班本课程的原因

作为一线老师为什么要开发班本课程?这是我们首先要明确的问题。

课程是指学校学生所应学习的学科总和及其进程与安排。广义的课程是指学校为实现培养目标而选择的教育内容及其进程的总和,它包括学校老师所教授的各门学科和有目的、有计划的教育活动。狭义的课程就指某一门学科。

以上课程特指国家课程。众所周知,现行国家课程的整齐划一在教学中有一定的弊端:学科的精确分类导致了学生各学科学习的割裂;国家课程是针对全国各地的平均水平而设置,不能满足所有孩子的需要;国家课程重视结果的呈现,忽略了知识的涌现;特别是很多语文课文存在诸多问题,不能适应社会的发展,其内容的设置造成了教育教学和学生生活的矛盾……

最关键的是国家课程的实施者———一线教师们,依然存在这样那样的问题:

1. 从课程的价值取向看,教师认识不到位

小学老师是分学科进行教学的,走进课堂,老师们就会进入"庐山"中,不识庐山真面目:只重视本学科知识的传授,没有注意到各科知识应当融会贯通;只重视本学科目标的实现,没有关注到所有学科的学习者是同一个人——学生;只重视本学科看得见摸得着的工具性目标,忽视在孩子成长中起着重要作用的情感、态度、价值观等目标,更没有关注到学生的综合素质的发展与课程的关系。由此可见,各学科课程的价值到底是什么,老师们少有清晰的认识。

2. 从教育目标看,教师缺少长远考虑

在学校,我们经常听到低年级老师这样说:"把学生送入高年级,我的任务就完成了。"高年级的老师则说:"把学生送入初中就没我的事了。"如此循环,老师之间互相抱怨,高年级的老师埋怨低年级老师没教好,低年级的老师埋怨幼儿园老师只知道让孩子玩,不教小孩子学习知识。可是,很少有老师会想:我们到底要培养什么样的孩子?在特定年龄段,应该给予孩子什么营养是最合适的?老师并没有站在"人的发展"的长远角度来看待教育,看待学生。

3. 从专业能力看,教师缺乏创造力

大多数老师都能意识到应该根据学生的实际情况,创造性地使用教材,应该把国家课程、地方课程、校本课程和班本课程结合起来。但是,固有的教学模式和教育现状禁锢了老师们的思想,老师们不敢也不愿改变现状,更没有足够的创造力来改变现状。这是目前存在的教育现实。

4. 从教育行为看，教师缺乏行动力

现在，大多数教师认为自己的任务是教书，没有意识到"教学相长"，没有想过自己也要与孩子、与教科书一起对话，共同成长，所以上课难免枯燥，学生学得味同嚼蜡。而老师自己呢，在课堂上没有激情，感受不到上课的乐趣，没有在教师职业生涯中获得成就感。

总之，很多老师既没有对教师职业的敬畏，也缺乏专业精神和专业素养。由于以上原因，我们教育的学生存在精神上空虚、知识上割裂、人格的发展不完善等诸多问题。要改变这一现状，就必须重新定位课程，重新赋予课程新的内涵，要通过课程的开发，使教师获得职业的尊严和专业的成长，使学生得到精神的丰盈和内心的饱满。

（二）班本课程的内涵及特点

我们所说的"班本课程"，首先是针对本教室所有孩子开发的，它的目标和针对性更强；其次，班本课程一定是在保证第一套教学大纲落实的基础上，借助教师的专业知识，对学生有更高的引领，并不是对国家课程的抛弃；再次，班本课程更重视过程，重视学生的精神世界，重视师生的共同成长。那么，到底什么是班本课程（以下简称课程）呢？

1. 班本课程的内涵

新教育研究中心干国祥老师这样定义课程：课程，就是我们穿越的这段旅程中的全部意愿、计划、资源、行动、反思、建构下的经验。课程就是"道"，是被我们用脚走出来的道路。

（1）课程即路。

"课程，就是我们穿越的这段旅程中的全部。"可见，课程不仅仅是设想，是计划，而且包括出发前的意愿、计划，在旅程中的资料利用、行动能力、反思修正、建构下的经验，以及旅程结束时的回顾总结，这所有一切的总和

才是一个完整的课程。

（2）课程即穿越。

"课程就是'道'，是被我们用脚走出来的道路。"可见，课程不是一堆死的知识，它需要老师带着学生一起去把这些知识"吻醒"，让这些美好的事物真正融入到老师和学生的生命中。因此，课程重视结果，更重视过程。

六年下来，小蚂蚁教室的学生跟随刘老师穿越了一个个课程，在这一个个平凡的日子里，孩子们获得了精神的成长，人格得到了发展。

（3）课程即人。

"课程，就是通过这条路走到道路终端的那个人。"课程的穿越者首先是教师，只有当教师决定改变自己（从态度上而不是时间上）时，才能改变学生。而在穿越的过程中，老师必须不断地修正自己，和学生一起在"做中学，学中悟"，得到成长。课程的穿越者还包括学生、家长。

2. 班本课程的特征

通过对班本课程的阐述，我们可以发现班本课程不同于国家课程和校本课程，它具有以下五个明显的特点：

（1）独特性。

对于一间教室的孩子来说，班本课程服务于本教室的使命和愿景，它是根据教室的实际情况创造出来的，所以，这个课程就打上了本间教室孩子的烙印，从这个意义上说，它是独一无二的。

对一个具体的儿童来说，无论多完美的设计，如果他没有穿越其间，这个课程就不存在。他在这个课程之外，这个课程对他不具备真实性。对每个学生而言，只有经历的一切，才是真正的课程。所以，从一个孩子的角度来看，课程也是独特的。

在每一间新教育的完美教室里，老师们都在带领学生穿越新教育的经典课程，如"读写绘"课程、"农历的天空下"课程……这些课程内容相似，但对于不同的老师，不同的学生，课程也呈现出不同的特点。所以，从老师的角度看，课程具有独特性。比如，同样是入学课程，引导学生喜欢上学，桥

西区有十几间教室都在做,但是每间教室的学生不同,老师不同,呈现出的课程就不一样。

(2)普适性。

班本课程来自于学生,为学生所创造,但是,这并不是说班本课程只适用于一间教室,别的教室就不能用。因为孩子在每个年龄段都有共性的特点,这些规律性的东西不能逾越,所以,好的班本课程既有针对性,又有普适性,普遍适用于某个年龄阶段的孩子。

刘娟老师开发了许多班本课程,但是本书只选择了具有普适性的内容进行说明。如在三年级时,小蚂蚁教室共读《木偶奇遇记》,就是针对"该年龄段的孩子有了一定的认知,但做事缺乏主动性"的特点而设计。为了引导学生从他律走向自律,很多教室也在开展"我要做个好孩子"课程。

(3)科学性。

作为教育者,我们既要重视儿童的生长规律,又要重视个体生命的成长,倡导在儿童不同的年龄段给他最适合的科学的营养,而适合孩子的课程必须要在哲学、心理学和教育学的高位引领下,来保证其科学性。

在课程实施的过程中,我们更强调根据孩子的情况对课程进行修正,同时,要接受专业的指导,明确课程实施的方向,解决实施过程中的问题。可见,无论是针对孩子,还是在实施过程中,专业的引导使班本课程具有了科学性。例如,小蚂蚁教室在一年级开设的"童诗童趣"小课程,针对孩子的特点,结合河北的地域文化特点,不仅让孩子了解了河北文化,积累了语言,还使孩子有了安全感,消除了恐惧,一举多得(详细内容参见第四章)。

(4)丰富性。

理想的教室中,孩子们的生活是整合的、是丰富的、是美妙的,因此课程也是丰富的,既有针对学生知识能力的学科课程,又有针对其人格发展的道德课程;既有发展学生艺术修养的艺术课程,又有动手操作的手工课程……课程内容的多样,不仅丰富了孩子们的生命体验,更有助于他们从不同的侧面认识自我,寻找到自己的优势,对自己有全面的了解,像小蚂蚁教室的德育活动课程、社团课程、游学课程等。

（5）全息性。

班本课程在内容上是丰富的，在空间上是开放的，在时间上也贯穿了古今，因此，它是全息的。

从内容上看，它是各个学科的整合，语文、品德、音乐、美术……如刘娟老师的"我爱春天"主题课程，在语文课上，学习关于春天的文章；在品德课上，带领学生到校园里寻找春天；在美术课上，学生画出自己感受到的春天；在音乐课上，老师带着孩子们一起唱和春天有关的歌曲；科学课上，老师和孩子一起种下小种子……（这一部分内容在第三章还有详细叙述，笔者不再展开说明。）

从时间上来看，它不仅会涉及古代的诗歌、现代的散文，还有孩子当下的生活。在课程"农历的天空下"中，老师不仅带着学生学习李白、杜甫、陶渊明这些古代诗人的诗歌，而且学习金波、海子等现代诗人的诗歌，学生还要结合当下的生活创作诗歌。

从空间上来看，学生不仅有家庭生活、学校生活，还要走到社会中，过马路、买东西……因此，课程要整合孩子的家庭生活、学校生活、社会生活。本书第七章"安全伴我行——小蚂蚁在行动"课程就是一个很好的范例。

在班本课程中，学生不仅从艺术中获得美妙的享受，在与经典对话中获得美妙的提升，还会在社会实践中获得美妙的道德体验。走出课堂，走向社会，丰富社会情感；走出封闭，走向自由、开放，丰富人生阅历。

（三）开发班本课程教师所具备的条件

作为一线教师，开发班本课程的确很不容易，但是，也只有一线教师才有开发课程的优势：和学生朝夕相处，更理解孩子；反复使用教材，更了解教材的优点与弊端。那么，在课程开发时，老师应该做好哪些准备呢？

1. 教师要懂孩子，遵循其成长的规律

前面提到班本课程有"普适性"和"科学性"的特点，这就要求老师要

懂心理学，懂教育学，懂孩子。只有这样，才能遵循学生的认知规律和发展规律，不逾越儿童的心理规律，这是开发班本课程最基本的条件。比如：孩子的认知遵循怀特海所说的"浪漫—精确—综合"的规律，那么，孩子最能接受的是朗朗上口的童谣。桥西完美教室的老师们就把古老的童谣做成小课程，在一年级上学期，各教室都会实施"河北童谣"课程，此课程内容短小，节奏感强，符合孩子的特点。

2. 教师要了解卓越课程的标准，做到方向明确

课程有大小之分，有卓越、优秀、普通之分。课程开发者，要了解卓越课程的标准，并不断提升自身素养，向这一标准努力，做到方向明确。新教育卓越课程具备以下特点：

①卓越的课程有一定的长度。课程要在孩子心中留下痕迹，这需要一段时间的沉浸，所以，从时间上说就不能过短。雷夫的莎士比亚戏剧课程需要一年的时间来穿越（实际上有些孩子在没进他的班之前就已经参与其中了）。"农历的天空下"课程也需要至少一年的时间。

②卓越的课程一定有深厚的文化底蕴。课程"农历的天空下"背后是中国古典诗词的精华，是音乐、书法、民风民俗……师生不仅要穿越四季的芬芳和色泽，穿越诗歌的用词与音韵，还要穿越数千年文化的灵魂。中国文化底蕴深厚，老师们要不断地挖掘中国文化，和学生共同穿越，创造卓越课程。

③卓越的课程必定对学生的智力构成很大的挑战。卓越的课程往往在一般的老师看来是不可能实施的，或者确切地说，不敢去实施。而事实上，这样的老师低估了自己的能力，也低估了学生的潜力。无论课堂还是课程，其最大的魅力一定来自"智力挑战"。只有让学生经历挑战，他们才会沉浸其中，或快乐，或经历挫折，或绞尽脑汁。挑战给孩子们带来的是无法言说的成就感，成就感会促进孩子各方面的发展。

桥西西岗头小学耿聪老师带着一群说话都不流利的孩子排练童话剧《青鸟》，在外人看来，这简直是天方夜谭。但是，老师和孩子经历了"自由读—共读—角色挑战—小组排练"等过程，终于在一学期后登上了演出的舞台，

家长们、老师们看到孩子们在台上自信地表演，都惊讶得说不出话来。这个教室也因此命名为青鸟教室。现在孩子们已经毕业了，上了中学，每每回忆起在酷暑中一遍遍地排练，依旧为自己感到骄傲。

④卓越的课程一定能让师生都得到成长。正如前面所述，在教育生活中，教师和学生的生命同等重要，只有教师感觉到自己的成长，才不会产生职业倦怠，才不会停止探索和创造的脚步。师生的共同成长体现在共同生活中，体现在共同穿越课程中。因为一个卓越的课程不是事先存在的，而是必须由师生一道去完成的梦想，一起去走过的道路，所以，它提升的不仅是学生，更是老师自己。

青鸟教室在排练童话剧《青鸟》时，耿聪老师说："排练童话剧，不仅需要音乐，还需要揣摩人物角色，并通过动作、神态、语言表现出来。作为语文老师，我能带领学生揣摩角色，但是要演出来，我真是不行，自己五音不全，哪里会演？没办法，我必须和学生一起排演，晚上在家里照着镜子练习，白天在学校和学生一起练。我们终于闯过来了，看着孩子们在台上演出，我特别激动。在排练中，我也看到了自己的潜力，超越了自己！我觉得自己越活越年轻了！"

3. 教师要和学生共同生活，引领其成长

学生的生活是开发课程的起点和终点，老师只有和学生共同生活，才会了解其生活，才能引领其成长。根据学生生活中存在的问题，可开发"治疗型课程"；基于学生的发展，引领其生活，可开发"引领型课程"。开发课程时，不能仅仅局限于学生现有的生活，要超越学生的生活，引导他们更好地生活，最终实现对自我的认可和成长。

刘娟老师开发的"幸福"课程来源于一个学生的日记。老师了解到学生不幸福的现象，于是通过开发"幸福"课程，帮助学生解决现实生活中的困惑，引领孩子懂得"幸福就在身边，幸福是一种感受力"。

再如，小蚂蚁教室所做的"萤火虫"课程，通过诗歌的学习，感受萤火虫"要发光"的追求。这个课程针对六年级孩子的生活基础，引领他们要有更

高的追求——"要发光",要做"最好的自己"。

4. 教师要厘清课程的内在逻辑,找到课程之魂

课程有大小之分,但设计的理念是相同的。具体在编排时,可按主题编排,可按季节编排,也可按著名的诗人先后顺序编排。学科不同,达到的目的不同,编排的方法也不一样。一般在编排时应该遵循由浅到深、由易到难的规律。

每个课程都有其内在的逻辑,如有的学校在春天开展"到公园里寻找春天""画春天"的活动,认为自己做的就是"春天的课程"。其实不然,活动和课程最明显的区别就在于课程的逻辑性。有了做课程的构想,就要找到"找春天""画春天""唱春天"的内在逻辑,即课程之魂。我们知道春天是一年的开始,是万物生长萌发的季节,那么,到大自然中寻找春天,不单是让学生观察春姑娘来了,而是在寻找春天的过程中感受大自然的勃勃生机,从而对照自身,思考"我该如何生长"?画春天,不是关注画画的技巧,而是把对春天的热爱,把自己也要成长的心愿画出来。唱春天更不是单纯地唱唱歌,而是要唱出内心对春天的喜爱、向往。否则,课程就只是表面的花哨,流于带着孩子们玩乐了。

作为一线教师,我们在开发课程时一定要多思考课程内在的联系,找到课程之魂。

5. 教师要考虑课程的丰富性和可行性,保证课程效果

在开发课程的过程中,教师不仅要考虑到课程的内容、形式是否丰富,空间是否能打开,是否能吸引更多的资源为课程助力,还要在实施过程中考虑课程是否可行。

关于课程的丰富性前面已经提及,此处不再赘述。一个课程的构想很重要,但是更为重要的是实施,因此我们要考虑以下几点:

①课程实施者。谁来实施课程?是自己还是和各学科老师一起完成?或是家长也要参加?如果要和各学科老师一起完成,那么,老师们是否认可此课程的构想?他们对此有什么意见和建议?能否保证课程的效果?

②课程实施的时间和空间。很多老师对课程有了一定的构想,但是却发现没有时间来实施课程。因此,在课程实施前要统筹安排,协调好课程实施的时间和空间。

③课程资源。课程的实施者不是万能的,并不完美,当我们心中有了对课程的构想后,就要集中身边的资源全盘审视这个课程。在课程实施中,更要利用身边的资源,保证课程的科学性,保证其效果。

(四)班本课程的分类与系统结构

1. 班本课程的分类

一线老师经常会问这样的问题:"我想开发课程,但是从哪里入手呢?能不能先从简单的开始?"这就涉及班本课程分类的问题,角度不同,班本课程的分类也不相同。

①按照目标长短,课程有大小之分。小学六年是一个大的课程,其课程目标就是建设完美教室的目标。大课程由小课程构成,每个年级、每个学期、每个月、每周,甚至每一个日子,都是大课程中的一部分,都可以成为一个小课程。一个大课程既可以由纵向相关的课程连缀而成,如晨诵课程由低年级的童谣、儿童诗到中高年级的古诗词、经典现代诗等纵向相连而成;一个大课程也可由几个相关的课程并列组合而成,如第八章"解除友爱危机,培植仁爱之心"课程,就是由诗歌、书籍、主题活动等小课程组成。

②按照"人的需要"来分(一个人的需要包括身体的、道德的、审美的、情感的、智力的因素),课程可以分为:身体课程、道德课程、艺术(审美)课程、情感课程、智力课程(学科课程)等。

③从学生当下生活的角度看,课程分为问题性课程和引领性课程。为解决学生当下生活问题而开发的课程为问题性课程,为引领学生成长而开发的课程为引领性课程。

④根据每个孩子不同的倾向性、个性、喜好,课程还分为面向全体学生的

课程和面向部分学生的课程。社团课程，就是面向部分学生的课程，喜欢乐器的学生就参加乐器社团，对色彩敏感的学生就参加绘画社团或装饰社团等。

⑤按照课程实施形式，分为单个课程和综合课程。班主任可围绕教室的愿景，开发融晨诵、阅读、学科、班会等为一体的综合课程（刘娟老师作为班主任，开发的课程多为综合性课程）。

2. 班本课程的系统结构

教育即人，我们要培养的是身体健康、道德高尚、情感丰富、有艺术修养的全面发展的完整的人。因此，班本课程本身就是一个丰富的整体，包括身体、道德人格、智力等方面的内容，如表2.1所示。

表2.1 班本课程的系统结构和内容

班本课程的系统结构	内容
身体系统	主要包括身体的健康与安全，合理而丰富的营养，身体的舒展与自由，外在的礼仪等。
道德人格系统	主要包括教室的道德价值观、日常生活方式、共同的语言与密码等。
班级规则系统	主要包括教室的班规。
智力系统	主要指学生学习各学科时，在获取知识中得到的智慧和运用知识的能力。
情感系统	主要通过诵读儿歌、读书、仪式等诗意的方式，丰富学生的情感。
艺术系统	主要通过艺术的形式陶冶学生的情操，提高其艺术素养。
特色课程系统	根据学生的特质量身定做的课程。

（1）身体系统。

身体系统包括：身体的健康与安全，合理而丰富的营养，身体的舒展与自由，外在的礼仪等。

孩子身体健康不仅是家庭的责任，也是教室生活不可忽略的，家校要联合起来给孩子提供丰富的营养,保证其合理的饮食结构、均衡的营养搭配、充足的睡眠时间;课堂中要重视孩子身体的自由舒展,还要给他们更多的机会到室外活动。在孩子身体健康的基础上,我们还要关注孩子形体外在的美,帮助孩子学会礼仪。

桥西区维明路小学开展了礼仪课程,不仅使学生明白一个人外在形象的重要性,还懂得外在美是内在美的体现。为了保证学生的身体健康,桥西完美教室共同体的很多老师还开展游学课程,带领学生到大自然中去,或徒步,或爬山,不仅能够强健身体,增强意志,而且开阔了视野,增长了见识。

(2)道德人格系统。

要带领学生达到卓越,教室内就必须建设"道德人格+班级规则"的系统。道德人格系统是一间教室的隐性课程,是这间教室文化的重要体现。规则系统(班规)是显性课程,是维护班级正常秩序必不可少的规定。班规是"礼",它在特定的环境中生成;道德人格是内在的"仁",它具有普适的价值。

道德人格系统由许多子系统组合而成,包括:道德价值观、日常生活方式、共同的语言与密码等(通过电影或文学作品获得,也可以自行共同创造)。

道德不是纪律,不是班级规则,而是从一开始就着眼于自律来进行人格教育,帮助学生发展道德认知。儿童道德人格的培养要遵循其发展规律,在教室里引领学生成长的是"道德发展三境界六阶段"(如图2.12所示)和"马斯洛需求层次"理论。

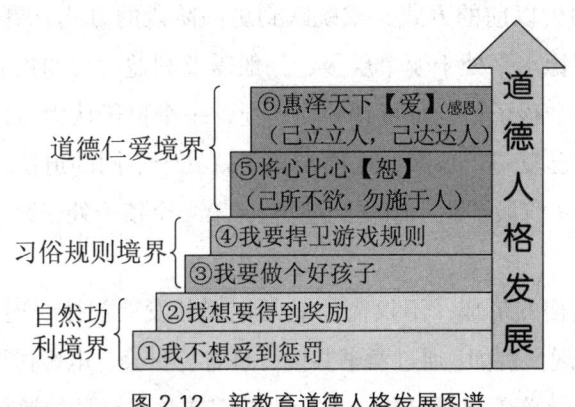

图2.12 新教育道德人格发展图谱

新教育道德人格发展的三境界六阶段学说认为，人的道德发展会经历自然功利境界（包括"我不想受到惩罚"和"我想要得到奖励"两个阶段）、习俗规则境界（包括"我要做个好孩子"和"我要捍卫游戏规则"两个阶段）和道德仁爱境界（包括"将心比心"与"惠泽天下"两个阶段）这三个相继的境界（六个发展阶段）。

①自然功利境界主要遵从趋利避害的原则。

②习俗规则境界包括"我要做个好孩子"和"我要捍卫游戏规则"两个阶段。"我要做个好孩子"是依据社会既定的规则标准来看待自己，来规范自己的言行，但人对这些规则是不够自觉，也不自主的，而且更多的是为了取悦别人的。"我要捍卫游戏规则"阶段，人往往更加自主地捍卫游戏规则，由被动开始进入主动的阶段。道德发展的这一境界，相当于孔子仁学体系中的"克己复礼"。

③道德发展的最高境界称为道德仁爱境界，包括儒家的所谓将心比心和惠泽天下两个阶段，即从消极意义上的将心比心，从而不害人，到积极意义上的推己及人，从而惠人、爱人。

（以上内容引自新教育实验2012年年会报告）

任何一个人的道德水平，总是同时具备这六个阶段的可能性。但是，任何一个人当下的道德水平总是侧重于某一个阶段，虽然在不同的场景中，其道德行为会退回到以前的方式，或跳跃到更高阶段的方式。更为重要的是，决定一个人的道德水平处于哪个层级，一般需要利益冲突的检验。比如，同样是写作业，一个孩子怕老师批评才写作业，一个孩子认为写作业是自己的事情，能帮助自己复习。那么，这两个孩子就处于不同的道德发展阶段，第一个孩子处于第一阶段"我不想受到惩罚"，第二个孩子处于第三阶段"我要做个好孩子"。

儿童道德人格的形成，不仅需要老师把握其发展规律，还要创造机会，通过多种方式实现。例如：通过童书共读、暮省、班会、电影讨论、社会热点辩论等方式，引导孩子观照自我，进行抉择，并对照自己的道德发展状况寻找到榜样。

桥西区各教室的道德人格课程和整本书的阅读有机地结合起来。如崔晓玲老师围绕道德人格发展的第三阶段"我要做个好孩子",带领学生共读《木偶奇遇记》,并在生活和学习的各个方面开展"我要做个好孩子"的系列活动,同时倡议家长做个"好家长",教室里的老师也要做个"好老师",由此形成了独具班级特色的"好孩子"课程。

刘娟老师关于"解除友爱危机,培植仁爱之心"的课程,就是针对道德人格发展的第五阶段进行的一次尝试(第八章有详细介绍)。

(3)班级规则系统。

规则在生活中处处可见,在家庭中要遵守规则,在学校里要遵守规则,在社会中更要遵守规则。小学阶段是培养孩子规则意识的重要阶段,老师和家长要帮助孩子认识到,"遵守规则,是每一个人必备的素质"。

班规是班级共同遵守的规则,建立在教室的安全和大家的彼此信任之上。制定班规时要注意:班规要符合学生的年龄特点,不宜过多;要遵循阶梯性原则,随着年级的升高而变化;要体现民主的原则,由学生和老师一起制定,不能由老师自行决定。

在纪律教育中,自律(道德约束)是最终的成就与目的,他律(班规)是帮助实现自律的手段,人与人之间为了能够"有条件地相处",二者缺一不可。因此,在教室里,无论儿童的年龄多小,都要在其认知范围内协助他理解规则,用自己的信念与理解指导自己的行为。

学生入学后都会受到班规的约束,育英小学张国欢老师的蒲公英教室,一、二年级制定的班规比较简单,就是三个字:听(认真听别人讲话,不打断)、说(说话时要尊重别人)、序(做操、吃饭要排队,有秩序)。草场街小学崔晓玲老师的芦荟教室到了三年级,针对学生日常的生活制定了关于"学习、卫生、纪律、礼仪、家庭"等方面的班规。南马路小学王昕老师七彩光教室在四年级的班规为:

①我们要学会尊重、理解他人。

②我们要团结合作,给别人帮助和支持。

③我们要珍惜时间，做时间的主人。

④我们要善思考、勤观察、乐于探索。

刘娟老师小蚂蚁教室四年级的"人人守规则，安全好生活"和"小蚂蚁好习惯银行"则是针对"规则"开发的主题课程（参看本书第七章）。

（4）智力系统。

智力系统包括学生各门学科的学习。学习是学生在校的主要任务之一，无疑，学生智力的发展关系到教室的发展，但需要我们思考的是：什么是智力？学会了知识就等于智力得到发展了吗？

智力通常叫智慧，也叫智能，是人们认识客观事物并运用知识解决实际问题的能力。智力包括多个方面，如观察力、记忆力、想象力、分析判断能力、思维能力、应变能力等。

可见，智力和知识之间不能画等号。但现实中，很多人把知识和智力混为一谈，仅仅关注老师讲授了哪些知识，学生获得了哪些知识，而忽略了学生的各种能力。桥西教育局教研室倡导老师们在教学时回到创造之初，以发展学生的智力。如：教学"1+1=2"时，不是简单地让学生记住这一答案，而是通过情景创设，和孩子们一起经历"1+1为什么等于2"的过程。在教学汉字时，回到汉字的创造之初，象形字要通过"观察实物，总结实物特点，画出图形，最后抽象出文字"，和学生一起经历汉字的创造过程。

就像苏霍姆林斯基所说，"只有让一个人体验到他能驾驭任何一门学科的知识，这才是一般智力发展最强有力的刺激之一"。因此，作为智力系统下的各门学科，要让知识散发魅力，和学生的生活、生命打通，这是智力课程的内在追求。

（5）情感系统。

教育即人，我们的学生都是有血有肉、有情感的人，所以一定要关注他们的情感，使其情感更加丰富。新教育倡导"晨诵课程"，其意义就在于通过诗意的生活方式，开启学生愉悦的一天。桥西区各学校每周二早晨为晨诵课，

老师带领着学生诵读童谣、诗歌,使孩子们精神愉悦。

根据孩子的年龄特点,在新教育实验的指导下,桥西完美教室共同体开发了一系列的情感课程。一、二年级围绕"我要养成好习惯""我的动物朋友"等不同的主题,把儿歌童谣重新组合,开发儿歌课程;三年级以上,围绕不同的诗人,开发了"金子美玲诗歌课程""金波诗歌课程""罗大里诗歌课程""泰戈尔诗歌课程"等。这些经典童谣、儿歌、诗歌丰富了学生的精神生活,使他们的生命更加丰盈。

为了消除孩子入学的紧张情绪,刘娟老师开发的"入学课程"就属于情感课程。

(6)艺术系统。

艺术教育不仅能陶冶情操,提高素养,而且有助于开发智力,对促进学生全面发展具有不可替代的作用。因此,我们要重视艺术教育,在教室里营造艺术氛围,并利用当地资源,带领学生感受艺术的魅力。桥西区大谈小学的王亚维老师主动和石家庄市美术馆手拉手,经常带领学生到美术馆参观,让孩子徜徉在艺术的殿堂里,感受艺术的气息。

桥西区教育局在2011年就发出"小乐器进课堂"的倡议,各学校为学生配备了各种乐器,并为他们搭建了展示的舞台,在升旗仪式、班级生活展示、学校重大节日,都能听到学生抚琴吹笛的声音。如振头小学、中华南大街小学就为学生提供了艺术修养的平台,下午放学后学生可根据自己的爱好,选择不同的艺术社团,学习琴棋书画。

童话剧,是学生艺术修养的综合体现。制作道具、设计背景、挑选合适的音乐、自编舞蹈等,每一个细节,无不体现着艺术的美好。艺术让班级生活变得轻松、浪漫、美好!在刘娟老师的小蚂蚁教室,我们经常看到学生利用双休日排练童话剧的场景,他们投入到书中的人物生活里,有笑有泪,有歌有舞,真是美妙!

(7)特色课程系统。

每个生命都是独一无二的,都有自己的特质,如何让个体的生命朝着最美好的方向发展呢?根据孩子、老师和家长的特质,每间教室里会呈现不同的特色课程。

育英小学蒲公英教室针对家长的优势开发了"百花课程",学生的家长在石家庄市植物园工作,对各种花了如指掌,于是,家长利用双休日给孩子们讲授各种花的知识,春天的迎春花、夏天的荷花……

南马路小学魏静老师喜欢研究汉字,喜欢汉字的学生就和老师组成一个"字里乾坤小社团",师生一起徜徉在汉字的王国,探求汉字的密码。

俗话说,"心灵手巧,十指连心",这说明了手和大脑有非常密切的关系,手的活动能促进大脑的发育。所以,要重视培养学生的动手能力。根据学生的兴趣,新石小学开发了"废物利用课程",四维小学开发了"玩泥巴课程"。这些课程既带领学生动手制作,又注重学生创造力的培养,可谓一举多得。

教育就是生活,孩子的生活离不开社区、社会,离不开身边形形色色的人和事,离不开我们生活的这片大地,因此,带领孩子走出学校和家庭,走进社区、社会,开展考察、调查、体验、探究等实践活动,能培养其适应社会的能力。为此,小学中高年级还可开发社会实践课程。中华南大街小学刘娟老师定期带领学生到养老院献爱心,通过帮助老人,给老人带去快乐等实践活动课程,既培养了学生的公益情怀,又锻炼了学生的实践能力。本书第八章提到的"小蚂蚁爱心行动"就属于社会实践课程。

旅游也是生活的一部分,可以开阔视野,提高生活能力;旅途中能了解知识、道德与世界的关系,明确自己在社会中的形象及位置。桥西区完美教室共同体的老师深知旅游的重要意义,经常利用节假日和家长带领孩子游学。刘娟老师就在整合学校、家庭、社会课程资源的基础上,开发了"游学课程",他们有时在城市工厂,有时到田间小路,有时在街头巷尾,有时到山谷溪畔,践行本教室"读万卷书,行万里路"的目标。

这些特色课程是一间间教室独特的密码。桥西区各教室围绕学生发展的目标,以"学生全部生活"为核心,从"健康身体、丰富情感、完善人格、发展智力、艺术审美、特色(动手操作、社会实践)"等六个方面,开发了多个班本课程。除了刘娟老师的班本课程外,桥西区还有很多老师也开发了属于自己班级的班本课程,详见表2.2。

表2.2 桥西区班本课程例举

课程系统分支	课程名称	开发者
身体系统	篮球小课程	王昕,南马路小学七彩光教室
	登山课程	王磊平,北杜小学竹石教室
	中华武术课程	张伟,外国语小学小蜗牛教室
情感系统	读写绘课程	马玉文,八一小学全体教室
	毕业课程——我长大了	陈桂叶,友谊大街小学犟龟教室
	毕业课程——蒲影飞扬	张国欢,育英小学蒲公英教室
	浪漫科普路	秦佳文,红星小学文曲星教室
	童话课程	周玉,中山路小学小毛虫教室
道德人格系统	我要做个好孩子	崔晓玲,草场街小学芦荟教室
	丑小鸭课程	孙怿,中山路小学丑小鸭教室
	我要做个真善美的孩子	闫雨仙,城角街小学向阳花教室
	菊花课程	王玲,西里小学雏菊教室
智力系统	购物的学问课程	张帆,红星小学全体教室
	数学图形课程	李绵,红星小学全体教室
	二十四节气课程	张星,实验小学希望树教室
艺术系统	彩陶课程	孙雪娜,草场街小学全体教室
	乐器(竖笛)课程	李晓敏,实验小学风铃教室
	泥巴课程	王生军,四维小学全体教室
特色课程系统	社会实践课程——公益课程	陈桂叶,友谊大街小学犟龟教室
	社会实践课程——环保课程	闫晓洁,实验小学晨曦教室

（五）班本课程的实施流程

课程的开发和实施看似复杂，但也有基本的流程。一般按照如下过程实施，即确定课程目标，制订课程计划—整合课程资源，做好课程准备—具体实施课程—评价课程效果。

1. 确定课程目标，制订课程计划

在一间教室里，首先家长、老师要达成共识，教育的目的是什么，要培养怎样的孩子。只有这样，教室才能朝着正确的方向迈进。明确了总的目标还不够，还要明确各个年龄段孩子的目标：低年级、中年级、高年级的孩子在不同的年龄段应是什么样的。只有分解目标，我们才能开发相应的课程来实现最终的目标。否则，想做什么就做什么，走一步算一步，没有计划，最终可能事倍功半。

教育的大目标明确之后，下一步就是针对学生当下的生活，确定一段时间的课程目标，并制订详细的课程计划。

2. 整合课程资源，做好课程准备

课程资源不是现成存在的，所以在开发课程时需要用一双慧眼去发现可利用的资源，用一颗执着的心来调动这些资源，为课程的实施做好准备。

课程最重要的资源是人，包括老师、家长和社区人员等。一个老师计划开发书法课程，但自己不会书法怎么办？那就要看看学校的其他老师有没有这方面的特长，找一找家长中有没有这样的人才，或者是问一问社区。中山路小学六年级的学生学完课文《京剧》后，对京剧产生了兴趣，老师就主动联系石家庄市京剧团，请他们到学校给学生表演，并教学生学唱京剧。因为一篇文章，中山路小学的"京剧课程"就诞生了。

第二，课程资源还包括自然资源。学校里的一棵古树、公园里种植的菊花等，都可以成为课程资源。

第三，课程资源还包括社会资源。生活在城市，我们不要忽略博物馆、美术馆、科技馆等这些社会资源。生活在农村，那里的特产、风俗、美景等都是非常好的课程资源。刘娟老师曾在"游学课程之爱国之旅"小课程中带学生去王二小的故乡采访，到小兵张嘎的故乡参观，这都是利用社会资源的例证。

除了课程资源准备，课程的准备还包括教师专业知识的储备。如排练童话剧，老师要对文本有深刻的解读，要了解童话剧排练所需的常识。

课程的实施还需要各学科老师的配合，因此，在设计好课程后，所有参与者要定期开会，明确各自的任务，以确保课程的实施。

3. 具体实施课程

课程的实施，一般包括课程的开启、实施和总结。

①课程的开启。一个课程就是一段美好的旅程。我们为什么要这样做？这段路上会遇到什么？带着期待和无数的问题，让学生充满向往，开启一段新的旅程。课程开启的方式有很多，大多采用仪式这一形式。仪式庄重、神圣，更容易让孩子充满期待，感受到美好。

②在实施课程过程中，教师要做好过程和资料的整理，记录课程实施的情况，保存课程实施过程中的文字、图片、音像资料。同时，要不断反思，针对实际情况进行调整、修正。

③课程的总结是对整个课程的回顾，是对这一段旅程的庆祝。老师要充分利用课程总结，实现学生各方面能力的提升。

4. 评价课程效果

什么是评价课程效果的指标？是成长，即学生的成长，老师的成长。课程评价的方式一般包括老师自评、学生评价、家长评价等。

①老师对照课程实施前的目标，反思哪些课程目标实现了，哪些没有实现？为什么？有什么经验和教训？教师的自我反思能为下一次课程实施打下基础，提升质量。

②学生对课程目标是不清晰的,但是,我们可以通过多种方式让学生看到自己的成长。如作品的前后对比,还可通过"故事讲述"的方式,同学间、老师、家长讲述彼此的成长故事,来激发学生的成就感。

③家长作为课程实施中的一分子,不但是老师、学生成长的见证人,还是课程实施的评价者。课程结束后,老师要主动约见家长,听取家长的意见。

班本课程从确定目标到实施细节,在本书第三至第九章有详细讲述,此处不再举例。

就像苏霍姆林斯基所说:让学生爱上学习是教育者最重要的任务!刘娟老师就是这样一位老师,她通过开发课程,力求满足不同学生的需要,让每个学生拥有自己喜爱的课程,并在课程中不断地挑战自我,获得成就感和自尊感。让我们随着刘娟老师的讲述,一起来感受小蚂蚁教室班本课程的魅力吧!

第三章 小蚂蚁教室的建构

一、完美教室：小蚂蚁班级的文化系统建构
二、小蚂蚁班本课程开发的框架和内容
三、小蚂蚁班本课程开发的原则和建议

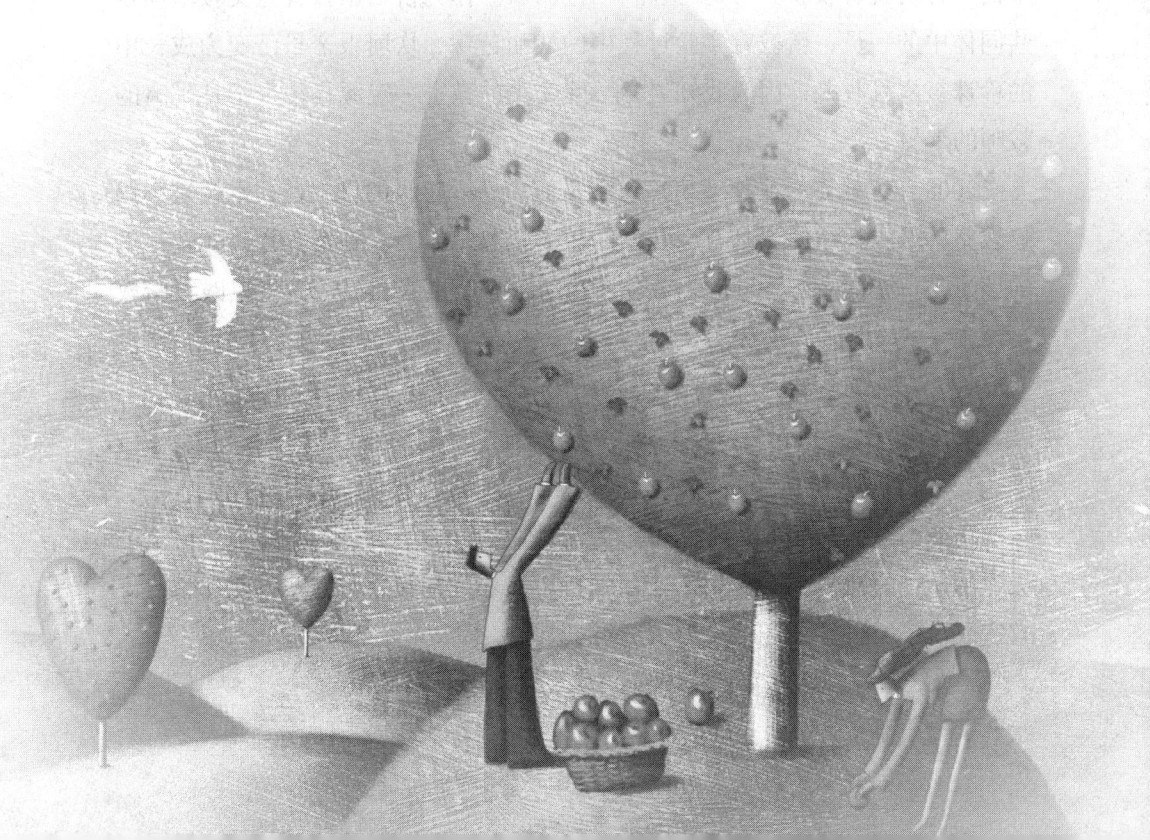

《新课程改革实施纲要》中明确表示新课程实施的是国家、地方、学校三级课程管理模式。这种"自下而上""抓大放小""一标多本"的课程改革观点,改变了"校校同课程、师师同教案、生生同书本"的局面。事实上,无论是国家课程,还是地方课程,其本身都不会是完备的,这也恰恰为一线教师提供了随时修正、完善教材的自由:从"教材使用者"到"教材创造性的使用者"。新教育实验提倡:课程是一间教室的中心,课程的质量决定着教室的高度,教师要根据孩子的特点开发适合本教室的课程。因此,在新课程改革这一大背景下,在新教育实验理念的指导下,笔者围绕班级目标,构建了教室文化,开发了符合本班孩子特点的课程套餐——班本课程。

一、完美教室:小蚂蚁班级的文化系统建构

新教育在石家庄桥西大地上已经走过了近十年,十年来,桥西新教育人坚信"行动就有收获""只要上路就有庆典"。作为桥西新教育完美教室项目共同体中的一员,新教育实验过程中的酸甜苦辣、坎坷艰辛早已变为成长中的珍珠被岁月收藏,因为我知道,一间完美的教室一定源自一个不甘平庸的教师的梦想。

2008年,送走一个毕业班后,我又成为新一年级的班主任,也就是小蚂蚁教室的班主任。虽说已有十几年的教学经验,但当看到新教育榜样教室里的孩子是那样的卓尔不同时,我就下决心,一定要在自己的教室里践行新教育理念——缔造完美教室。

(一)小蚂蚁班级的环境文化

正如本书第二章所提到的,"教室环境是一间教室文化的外显,是记录班级生活轨迹的地方,是该教室理念的体现。"小蚂蚁教室力求践行此理念,让教室成为孩子们温馨的家,成为精神的家园。

1. 教室的墙壁会说话

走进小蚂蚁教室，映入眼帘的是后墙上的一列火车。火车既是中华南大街小学（前身为铁路第四小学）核心理念"通达文化"的象征，又是小蚂蚁教室核心理念"读万卷书，行万里路"中"行万里路"的体现。这列火车沿着书籍铺成的轨道前行，象征着知识把孩子们带向远方，火车头为全班学生的合影，一节节车厢，代表一个个小组，上面贴有每个小组的照片和小组目标，其意义为：只有全班同学目标一致，方向一致，火车才能开得快、开得稳。火车下面是游学课程的照片，记录着孩子们一年走过的地方。照片下面是全班孩子的档案，整整齐齐排成两行。档案每年都要进行整理，里面是孩子们六年来的成长足迹：学习的足迹、生活的足迹、游玩的足迹、读书的足迹……凡是能体现成长的照片、作业等都可以放到档案里（如图 3.1 所示）。

图 3.1　会说话的墙壁之一

教室的前墙是班级核心理念"读万卷书，行万里路"八个大字，孩子们抬起头，就能看到自己制定的口号。墙壁上还贴着"新教育道德图谱"和"马斯洛需求层次图"，这两张图是教室的核心，孩子们都会时时对照自己的言行。

教室左边的墙壁被孩子们称为"菲力墙"，"明星树"上面贴的是班级各方面的榜样：读书多的、画画好的、为班集体服务的、爱帮助他人的……这些内容每月一换，这些榜样均通过"投票＋故事讲述（自己或他人讲述在某方面做出的贡献或进步的故事）"的方式选出（如图 3.2 所示）。

图 3.2　会说话的墙壁之二

教室的右边墙壁以"班级管理"为主，有班规、蚁币排行榜、班级岗位一览表及职责……这些内容体现了"我们是一家人，人人都是班级主人"的理念。

2. 教室的物品能共享

小蚂蚁教室是一个宝库：文体百宝箱、生活百宝囊、蚂蚁储藏柜。文体百宝箱里无论是男孩子们喜欢的各种球类、棋类，还是女孩子们喜欢的跳绳、毽子、呼啦圈等都一一俱全。生活百宝囊由三层杂物袋改装而成，里面是日常生活用品。文具类的有铅笔、橡皮、尺子等，生活类的有创可贴、别针、针线包等，这些物品可以解决不时之需。蚂蚁储藏柜是班级清扫工具最安全的家。总之，凡是你能想到的，小蚂蚁教室里都有，你想不到的，小蚂蚁教室里也有。小蚂蚁教室里的这些"宝贝"，是孩子、老师和家长根据生活所需准备的，是教室的共有财产。

另外，教室里有非常多的绿色植物，绿萝、玻璃海棠、吊兰、水仙、滴水莲、观音竹等摆满窗台。不仅如此，教室里还有男孩子们喂养的乌龟，女孩子们带来的凤尾鱼，这些活的生命使教室充满蓬勃向上的气息。

3. 教室的书籍会流动

在桥西完美教室共同体的教室里，最浓郁的味道是书香，小蚂蚁教室也不例外。书的数量可谓桥西教室之最，这正是"读万卷书"核心理念的体现。教室的书橱逐年递增，一年级只有三层，六年级变为五层。书的数量由一年级的一百多本到现在的三千多本，这些书都是小蚂蚁们用零花钱买来的。与众不同的是，小蚂蚁教室的书会流动，曾流动到桥西区中山路小学的小毛虫教室、桥西区城角街小学的小鲤鱼教室，也曾流动到贫困山区河北省唐县军城镇、河北省赞皇县的孩子们手中。

（二）小蚂蚁班级的精神文化

干国祥老师曾说过，"一间教室的精神文化要围绕学校的文化来构建"。中华南大街小学的办学理念为："扎根中华，通达世界。"围绕着学校愿景，小蚂蚁教室拥有了属于自己的班名、班歌、价值观等能代表教室精神文化的系统。

1. 班名的来历——一部电影的启示

班上学生多数是独生子女，和孩子们相处一个月后，独生子女的通病在他们身上一览无余，如缺乏合作意识与分享意识、动手能力差、以自我为中心等。怎样改变这一现状呢？十月份，全班学生共同观看电影《蚂蚁总动员》，故事主要讲述蚂蚁们利用夏天囤积过冬粮食，每年却都被一群恶霸蚱蜢抢走，年复一年，蚂蚁们都习以为常了，但在菲力的倡议下，大家终于合力赶走了蚱蜢，菲力凭借自己的毅力和勇气成为蚂蚁王国的英雄。

看完电影后，班里出现了"菲力热"，主角菲力成为孩子们的偶像，有的同学还自称"菲力"。看到孩子们这一举动，我受到启发：小蚂蚁身上那种团

结、合作、勤劳、勇敢、智慧等可贵的品质,不正是孩子们缺乏的吗?班级也能像蚂蚁王国那样团结!于是,先后组织了"亲子共话菲力""七嘴八舌说蚂蚁王国"等活动,引导孩子对蚂蚁菲力这一形象进行深入分析、理解。下面是部分家长的亲子日志:

郭嘉睿家长:看了这部电影,最大的感触就是——团结的力量。俗话说得好,"人心齐,泰山移",一个人的力量是有限的,但这也并不等于一群人的力量一定是无限的,因为如果每一个人心里想的是自己的利益,都朝着自己的方向使劲,最终仍然很难面对外力的威胁或者挑战。只有像片中的小蚂蚁那样,当蚂蚁家族的成员拧成了一股绳,朝着一个方向努力的时候,它们才有了与强大的蚱蜢军团抗衡并取得胜利的机会。

刘孜成家长:智慧的力量远远胜于蛮力。力量再大,如果没有用对地方,只会使事态的发展变得糟糕,而运用智慧的力量,找到解决问题的最好办法,才能取得事业的成功。影片中如果菲力没有运用智慧,与蚱蜢集团的作战想要取得成功,恐怕只是一个美丽的泡影。

安家宝家长:人应该不走寻常路,人的思维应该变得新颖。长期定式思维的习惯已经让我们的头脑变得木讷,每每遇到问题,就开始生搬硬套旧公式、旧方法,而它是否适合现实的情况,是否是最佳的解决办法还不一定呢。就这样,由于我们的思维定式,由于我们的木讷,在不知不觉中,我们已经浪费了很多时间,错过了很多机会……

看着家长们的感言,我有了要缔造一间完美教室的冲动。于是,我加入了桥西完美教室共同体,认识到班级文化的重要性。在共同体的帮助下,通过和家长、孩子们的交流讨论,教室的精神文化系统逐一确定下来:班名——小蚂蚁教室,而这只懂得团结、善于合作、有爱心、有责任心、有毅力、勇敢智慧的小蚂蚁"菲力"成为了孩子们的榜样。

2. 班级愿景

根据班名,我们针对蚂蚁精神共同确定了班级愿景:

像小蚂蚁一样勤劳善良，做一个"有内涵"的人。
像小蚂蚁一样谦逊有礼，做一个"讲礼貌"的人。
像小蚂蚁一样灵动善思，做一个"爱动脑"的人。
像小蚂蚁一样平和奉献，做一个"负责任"的人。
像小蚂蚁一样坚韧奋斗，做一个"有毅力"的人。
像小蚂蚁一样团结合作，做一个"能自律"的人。

班级愿景就像一颗承载梦想的种子，开始在孩子们的心中发芽。小蚂蚁不仅是班级的象征，而且成为班集体的精神化身。

3. 班徽和班级吉祥物

小蚂蚁教室班徽的出台经历了"全班讨论—小组设计—亲子设计—展评—定稿"五个阶段。首先全班在班会上讨论班徽的内容，接着小组进行设计，然后各小组请家长来提意见，最后胡雪诗小组设计的班徽得到了全班同学的认可，在此基础上全班集体修改，最后定稿。

图 3.3　粘在窗口的班徽吉祥物是一张靓丽的教室名片

全班同学一致讨论确定"菲力"为班级吉祥物，如图 3.3 所示。

4. 能生长的班歌

小蚂蚁教室的班歌随着孩子年龄的增长不断改变。低年级，孩子们年龄小，就用现成的歌曲《小蚂蚁》：一只小蚂蚁，看见一粒米，搬也搬不动，请来大家齐努力，勤劳、团结、文明、守纪、取得胜利，我们都是快乐的小蚂蚁。

到了三年级，孩子们就自编歌词，再配上合适的曲子：一只小蚂蚁，看见一粒米，搬也搬不动，请来大家齐努力，智慧、勇气、合作、努力、取得胜利，我们都是聪明的小蚂蚁。

在四年级下学期"开学第一课"上，孩子们聆听了由王平久作词，舒楠作曲，豆豆演唱的《努力》后，一下子喜欢上了这首歌，郭佳睿同学提议："小蚂蚁精神我们已经都知道了，现在同学们缺少的就是行动，干脆我们就把这首歌作为班歌，时时提醒大家要付出努力吧。"她的提议得到了全班的认可，于是，《努力》就成为小蚂蚁教室的班歌。

二、小蚂蚁班本课程开发的框架和内容

如何带领孩子们走向卓越呢？朱永新教授曾经说过："完美教室就像一根扁担，一头挑着生命，一头挑起课程。"可见，课程是班级愿景能否实现的关键。在新教育网络师范学院（以下简称网师）学习的过程中，干国祥老师经常对学员说："班级愿景的达成不是靠老师说教出来的，而是师生共同开发，穿越一门门伟大的课程，共同活出来的。"在桥西完美教室共同体的帮助下，在干国祥、魏智渊等老师的指导下，笔者决心带领孩子们开发课程，穿越课程，让教室里的生命之花绽放。

教育即人，教育就是要培养身体健康、道德高尚、情感丰富、有艺术修养的全面发展的完整的人，这也是石家庄市桥西区培养孩子的目标。前文提到的"班本课程本身就是一个丰富的整体，包括身体、道德人格、智力等方面的内容"，在这一理念的指导下，小蚂蚁教室的班本课程框架及内容如下：

表 3.1 小蚂蚁教室班本课程框架及内容

班本课程	课程内容及开发者
身体系统—太极扇课程	首先了解太极扇的历史、文化、特点，再教孩子们学习太极扇，在这个过程中，不断地鼓励刻苦练习的孩子。让学生明白太极扇不仅能强身健体，还能磨炼意志。 开发者：中华南大街小学全体老师
身体系统—球类课程（篮球、足球、乒乓球）	了解球类的历史、发展，懂得球类运动既能锻炼身体，又能培养团队协作能力。 开发者：家长志愿者
道德人格系统—品德主题活动课程	结合品德教材和班级学生生活，培养学生的品质。 开发者：刘娟
道德人格系统—书香课程	通过共读共写，借助书中人物观照自己，反思自我。 开发者：刘娟及桥西完美教室共同体
道德人格系统—班会课程	利用每周班会，每周一主题，每周一总结，通过讨论、辩论、生活再现等方式，对照道德图谱，引领学生的道德向更高层次迈进。 开发者：刘娟
班级规则系统—小蚂蚁教室经济制度	教室班规的维护主要通过教室的经济制度。 开发者：刘娟
智力系统—各学科老师	主要指学生学习各学科时，在获取知识中得到的智慧和运用知识的能力。 开发者：刘娟、王欣、李玲、李宁
情感系统—晨诵	带领孩子们诵读儿歌、童谣、诗歌，在精神愉悦中丰富情感，使他们的生命更加丰盈。 开发者：桥西完美教室共同体
情感系统—中华诗词课程	结合学校文化，引进国学经典，观照自我，丰富文化底蕴，践行儒家思想。 开发者：宜茂生、程敬霞、杨平、吴孟恩、刘志、刘娟、王芳
情感系统—幸福课程	根据学生的实际情况开发，通过晨诵、共读《青鸟》、生活讨论等方式，引领学生感悟幸福的含义。 开发者：刘娟及桥西完美教室共同体

续表

班本课程	课程内容及开发者
艺术系统—书法课程	了解书法艺术的历史和发展，练习毛笔字，体会书法是中国传统文化艺术的经典符号。 开发者：张会欣、王景（家长）
艺术系统—乐器课程	了解簧管乐器巴乌的种类、特色构造、历史和传说，培养学生的乐感，感受音乐的美。 开发者：张玉淑
艺术系统—童话剧课程	结合共读书籍，每学期一部童话剧，全班学生"一个都不能少"全部上台。童话剧本由刘娟和学生编写，音乐、舞蹈由音乐老师和学生编排，道具、背景由美术老师、家长和学生制作完成。 开发者：刘娟及小蚂蚁教室全体老师、家长
特色课程系统—游学课程	根据班级核心理念"读万卷书，行万里路"设置的课程，利用节假日，老师、学生、家长共同游览祖国的大好河山，拓宽视野，寻找文化足迹。 开发者：刘娟和小蚂蚁教室家长
特色课程系统—社会实践课程	通过科学社团的实验动手操作，感受科学在生活中的重要意义，促进学生思维的发展。 开发者：张会欣（家长）
特色课程系统—社会实践课程	定期到社区、养老院献爱心，通过帮助老人，给老人带去快乐，体会自身价值，培养公益情怀。 开发者：刘娟

图 3.4 和图 3.5 分别展示的是太极扇课程和游学课程的瞬间。

图 3.4　太极扇课程表演展示

图 3.5　游学课程瞬间

三、小蚂蚁班本课程开发的原则和建议

怀特海曾说:"教育只有一个主题,那就是五彩缤纷的生活。"根据前文所阐述的班本课程要具备的五个特性——独特性、普适性、科学性、丰富性、全息性,笔者在班级课程开发时注重:以人为本,以学生的生活为核心,整合学生生活,整合一切教育资源,带领学生朝向卓越和完美。具体做法如下:

1. 班本课程开发的原则

如果把生命的成长比作一朵朵美丽的花,那么班本课程就是以儿童阅读为根系,以学科教学为枝干,以课程为肥料,最后开出仪式庆典这般美丽的花朵。为了让孩子的生命如花朵一样灿烂,在课程开发时,要遵循"一条主线、点面结合、综合交叉、螺旋上升"的原则。

①一条主线。班本课程开发中所遵循的最重要的主线,就是要符合学生特点(生理、心理),遵循孩子成长的规律,这条主线的起点和终点都是孩子生命的成长。

②点面结合。儿童的习惯、品德、社会性发展是在生活中获得并逐步形成的,所以班本课程的内容应紧紧围绕孩子们当下的生活来组织,但是这个"面"很宽泛,这就需要老师在"面"上选"点",以点带面,点面结合。例如,以整合各学科的主题为点,以学生生活为面,帮助学生在生活中发展能力,在活动中反思生活,使教育效果更加优化,建构德行共发展的大课堂,实现促进学生人格发展的目标。

③综合交叉。班本课程具有丰富性的特点,课程目标有情感的、态度的、价值观的,也有知识与能力的;课程的框架结构也是综合出现的,各主题所含内容之间都有交叉。如在后文将要提到的《人鸦》《青鸟》《夏洛的网》等童话剧课程,就是打破了学科教学的界限,将经典阅读、音乐、舞蹈、戏剧表演、美术造型等相关知识,融合再现而成为一门综合的班本课程。

④螺旋上升。儿童的生活范围随着年龄的增长而不断扩大，从个人、家庭、学校到社区、家乡、祖国和世界。因此在课程开发时要注意把握这一规律，根据各年级儿童的认知水平和接受能力，选择相应内容重新组织。如安全健康主题的班本课程内容在1~6年级都有涉及，但是不同的年级侧重点不同，形式不同，要注意螺旋上升。再如游学课程中的内容，不同的年级要有所侧重和区别，逐步提高。

2. 班本课程开发的建议

（1）课程准备阶段，重团队力量。

在六年的实践中，小蚂蚁教室的家长也参与到课程开发中，像篮球课程、书法课程、科学实验课程都是由家长开发的。有了家长的参与，家校实现了无缝对接，教育的效果更加凸显。

俗话说"众人拾柴火焰高"，小蚂蚁教室的课程开发离不开五个团队：网师、石家庄市品德高级研修班、桥西完美教室共同体、中华南大街小学的领导和老师、小蚂蚁教室的家长。小蚂蚁们的成长是这五个团队共同努力的结果，正是因为他们的参与，小蚂蚁教室才成为一个有独特文化的地方，一个汇聚社会、家庭、学校力量的地方，就这样，"五位一体"共同创建了一间开放的"大"教室，让小蚂蚁教室成为一个产生故事的地方。

（2）课程设计阶段，重激发兴趣。

每一个课程开发都要从学生的兴趣着手，实现"儿童化""学生化"。只有从学生的兴趣着眼，学生才愿意参与进来，教师才能充分调动学生的积极性。所以，在开发课程时，我们要努力寻找学生的兴趣点，如小蚂蚁教室在童话剧课程中"抢角色"环节的设计，就是根据当时一个热门游戏"抢车位"设计得来。孩子们根据自己对文本的理解，根据自己的特长，通过打擂台的形式，靠实力来获得自己心仪的角色，孩子们倍感珍惜。在童话剧《青鸟》中，因为有了孩子们的主动参与——自编自导自演，那些他们感兴趣的情节表现得更为充分，这大大激发了孩子们排练的兴趣和动力。

（3）课程实施阶段，重整合。

开发课程时,我们不要急于开发多么优秀乃至卓越的课程,要从自己的实际出发,做力所能及的事情。在课程实施时,笔者经历了以下三个阶段。

第一阶段:重新学习各学科课标,以下为小学阶段各学科课程标准(见表3.2)。

表3.2　小学阶段课程标准概览

学科名称	课标概览
品德与生活	(一至二年级)从儿童的生活经验出发,内容涵盖了品德教育、劳动教育、社会教育和科学教育,通过儿童的自主实践活动,学习健康安全地生活,愉快积极地生活,有责任感地生活,为学生适应学校生活和未来参与社会生活打下基础。
品德与社会	(三至六年级)以人与他人、人与社会、人与自然为主线,将爱国主义和集体主义教育、品德教育、行为规范和法制教育、历史和地理教育、国情教育以及环境教育融为一体,为学生成长,为培养富有爱国心、社会责任感和良好品德行为习惯的现代公民奠定基础。
语文课程	重视语文教育的丰富内涵,注重提高学生的人文素养,遵循语文教育的规律,突出学生的语言实践活动。在语文学习过程中,培养爱国主义、集体主义、社会主义思想道德和健康的审美情趣,发展个性,培养创新精神和合作精神,逐步形成积极的人生态度和正确的世界观、价值观。
数学课程	倡导人人学有价值的数学,人人都能获得必需的数学,不同的人在数学上得到不同的发展。
英语课程	重在发展综合语言运用能力,并把综合语言运用能力的培养体现在教学过程中。
科学课程	细心呵护儿童与生俱来的好奇心,培养学生对科学的兴趣和求知欲,帮助学生体验科学活动的过程和方法,加强科学、技术与社会的联系。
艺术课程	关注学生艺术能力和人文素养的整合,建立音乐、美术、戏剧、舞蹈等多学科的沟通,注重学习内容与学生生活和情感的联系,降低知识技能难度。
体育课程	确立了"健康第一"的指导思想,课程标准突破了以往以竞技运动项目为主的内容体系,体现体育课程的多种功能。
音乐课程	以音乐审美为核心,以兴趣爱好为动力,重视艺术实践,鼓励音乐创造,弘扬民族音乐,理解多元文化。

续表

学科名称	课标概览
综合实践活动	通过信息技术教育、研究性学习、社区服务与社会实践、劳动与技术教育，增强探究和创新意识，培养科学态度和科学精神，发展综合应用知识、分析和解决问题的能力，增进学校与社会的密切联系，丰富学生的社会经验，培养学生的社会责任感，了解必要的通用技术和职业分工，培养良好的劳动习惯，形成初步的技术设计和技术创新能力。

通过对各科课程标准的学习，教师对学生的学习生活就做到了心中有数，以便开始下一阶段的课程实施。

第二阶段：作为班主任、语文老师和品德老师，从自身工作现状出发，全面分析教育教学内容，寻找突破口，整合各种资源，建设班本课程（见表3.3）。

表3.3 小蚂蚁教室整合资源列表

班本课程系统	班本课程名称	班本课程整合资源及实施目标
国家学科课程	各学科课程	学科课程是国家课程的主要组成部分，也是教师日常教学的蓝本。结合新教育实验中理想课程框架，为了让学科课程和学生关系更加紧密，更能贴近学生生活，班级所有的任课老师需要打破学科窠臼，依据孩子们的身心特点，结合教师自己的特点，整合各学科内容，重视知识的发现过程，重视探究性学习、小组合作学习，在学习中培养学生的想象力、思维力、创造力等。只有各科教学互相产生教育合力，才能优化教育效果（情感系统中的晨诵课程、中华诗词课程属于语文学科的内容，童话剧课程整合的是语文、音乐、美术、信息技术等学科）。
道德人格课程	班会课程、书香课程、品德主题活动课程	整合小学生德育教育目标和新教育实验道德发展目标，以"主题系列活动、阅读、品德学科"作为课程基本载体，从学生视角出发，从认识自己开始，关注自己在家庭、学校、社会中的地位，通过读书、讨论、辩论、生活模拟等方式，引导学生了解并解决自身的问题，促进其道德发展，从而更好地适应生活，适应社会。

续表

班本课程系统	班本课程名称	班本课程整合资源及实施目标
实践课程	游学课程、社会实践活动	结合本地的教学资源和环境,通过游学和实践活动等方式,引导学生在亲身体验中完成自身认知的重新架构、组合,在培养学生综合素养和能力的同时,享受自我超越的愉悦感和成就感。
自主选修课程	社团课程(书法、篮球、太极扇、乐器、科学实验等)	毋庸置疑,孩子之间存在着天赋和个性差异,自主课程就是挖掘孩子自身的潜力,满足不同孩子的发展需求。社团课程可以引进家、校、社会各方的资源,合作开发符合学生需求的课程,使得孩子的生命彰显不同的个性,实现各美其美,做最好的自己的目标。

在长期的教学实践中我们发现:以单一学科课程为中心,以教材为中心,以教师为中心,以课堂为中心,以考试为中心的传统教学模式,容易割裂学科间知识的联系,忽略"知识—能力—运用"三者之间内在的联系,孩子没有经历主动提问、主动探究、主动分析解决问题的过程,其探索精神、动手实践能力被无情地扼杀。

怀特海曾说:"教育只有一个主题,那就是五彩缤纷的生活。因此,要根除各科目之间那种致命的分离状况,因为,它扼杀了现代课程的生命力。"要想体现课堂教学的整合度,还需要打破学科本位主义,除了要让学生整体把握各个知识点之外,还应重视学科之间的相互渗透,注意引导孩子结合各学科的优势,用不同的形式整合知识的智慧,培养孩子的综合能力。于是,笔者依托三类课程(国家学科课程、学校德育活动课程、自主选修课程),抓实三条主线(家庭教育、学校教育、社会教育),以学校教育为主线,关注孩子每一天的在校学习生活,开始了第三阶段的尝试。

第三阶段:组建课程开发团队,整合学生生活,综合各学科优势,实现"教育即生活"。

朱永新教授说过,整合度就是教师对文本、学生、教学手段纯熟驾驭的程度。课堂切忌过度的"分析主义",把完整的知识支离得七零八落。我们的具体做法是：首先，同年级教师研读本学科的教材；接着召开年级全体教师教材分析会，通过共同教研，找到本学期各学科教材的相通之处，确定课程主题和实施方案；最后大家分工合作，在课堂教学中实施课程（见表3.4）。

表3.4　小蚂蚁教室各学科课堂教学模式表

课前	课上	课后
打通学科联结通道，统合学科主题横向联结点——实现课前浪漫感知。	超越学科本位局限，寻找课堂和生活的结合点——实现课上精确认知。	发挥教育整体效应，整合学科课程纵向统一点——实现课后综合提升。

例如，一年级各个学科都出现了和春天相关的内容，于是，小蚂蚁教室以"我爱春天"为主题整合了学生春天的生活，详见表3.5。

表3.5　小蚂蚁教室"我爱春天"主题方案

主题一： 寻找春天	①在校园内寻找春天、观察春天。 ②语文课上学习《惊蛰》，了解春天的节气，知道惊蛰是万物复苏的日子。 ③品德课学习《春天的活动》：在观察校园和了解节气的基础上，交流在自然中观察到的动植物和人们在春天的活动。
主题二： 感受春天， 赞美春天	①音乐课学习《小雨沙沙》。 ②语文课学习《风》《春雨的色彩》。 ③实践活动：到赵县看梨花，到栾城县采草莓，感受春天的生机。 ④品德课学习《春游》。 ⑤美术课鼓励学生用画笔描绘春天，赞美春天。
主题三： 种植春天， 留住春天	①品德课学习《植树节》，感受春天的精神：生机与希望。 ②科学课：种植植物的种子，观察种子的成长。 ③数学课：用数字记录植物的高度。

围绕"我爱春天"，各学科的话题都和"春天"有关，孩子们在一段时间内沉浸在春天的世界，从自己的认知出发，提升了对春天的认识，把"春之神"种到心里。如图3.6和图3.7所示，孩子们在仔细地观察春天，感受着春天的生机盎然。

图 3.6　观察春天

图 3.7　感受春天

（4）课程总结阶段，重鼓励评价。

班本课程评价不是甄别和选拔学生的尺子，而是促进学生发展，促进学生潜能、个性、创造力的发挥，使每一个学生具有自信心和持续发展的能力。正如上文提到的，"什么是评价课程效果的指标？是成长！学生的成长！"班本课程的评价一定是发展性评价，一定是一人一把尺子，引领孩子们做最好的自己。

课程总结阶段教师要从学生个体的差异着手，关注每一个孩子的个性发展，让每一个孩子都能悦纳自己，并对成为一个好孩子充满自信，从而使得孩子们的生命彰显不同的个性，实现各美其美的目标。正如新教育提倡用叙事的方式描述学生的成长，小蚂蚁教室也是这样做的，每学期每个孩子都为

自己写鉴定，同学之间互写评语，各学科老师和家长也都会描述每一个生命在这段时间的成长状态。这不仅仅是一份鉴定，一份总结，更是生命成长的一份见证。

课程开发对于一线的教师来说是不小的挑战，但就是在这一次次的挑战中，老师和孩子都感受到了自身成长的幸福。特别是作为教师的我们，体验到的是职业的幸福感和存在感。

以下章节呈现的案例，不是小蚂蚁教室所有的课程，而是根据每个年级的特点，重点选择3~5个班本课程，从不同方面（师生关系、阅读、学科整合、班级规则、道德人格发展、仪式）来进行阐述。

下面笔者将按照时间顺序，以小蚂蚁教室六年来开发实践的班本课程为例，呈现小蚂蚁教室丰富的生活，希望能对读者有所启发。

第四章　新新的一年级
——信任，我爱我家

一、学情分析与班本课程总览
二、我们的节日——开笔礼
三、我们的歌谣——童诗童趣
四、我们的故事——系列绘本故事
五、总结反思，优化效果

　　一年级是一个人从幼儿到儿童的转折点，无论从生理还是心理来说，对儿童的影响都很重要。孩子进入一年级意味着三个转变：从身体发育来看，一年级的孩子开始换牙，身高快速增长；从心理来看，入学标志着孩子独立走向一个全新的生活环境，是孩子的心理断奶期；从生活方式来看，以游戏为主逐渐过渡到以学习为主。因此，幼小衔接工作有着重要的意义，培养学习兴趣，打造"无恐惧的教室"，让孩子尽快适应并爱上学校生活，成为一年级课程的主要任务。一年级班本课程中涉及大量的童谣、儿歌、绘本故事，其目的就是使孩子们在愉悦的氛围中喜欢上学校生活、班级生活，喜欢上老师、同学，爱上学习，爱上阅读。

一、学情分析与班本课程总览

（一）学情分析

　　刚刚入学的孩子对小学生活既期待又恐惧，期待新的生活，期待也像哥哥姐姐一样戴上红领巾，同时，又担心自己不能适应新的生活，因此，了解幼儿园和小学生活的不同点非常重要，总结以下几点：

　　①教师角色不同：幼儿园老师对孩子的生活照顾比较多，其角色更像"妈妈"。小学老师由于要完成教学任务，主要精力放在教学上，和孩子玩耍的时间减少了很多，对学生生活方面的照顾也相对减少。

　　②同伴交往不同：幼儿园的孩子在交往时，有老师在场，可以指导孩子在交往中遇到的问题，随时解决孩子们之间的矛盾。一年级的孩子有更多的时间和同伴一起独处，在没有成人指导的情况下，交友经常会遇到问题，出现矛盾，造成不愉快，导致孩子内心安全感的缺失。

　　③生活方式不同：幼儿园里的生活比较自由，如上厕所、喝水的时间不固定。而小学上课、下课、做操的时间都有统一要求，孩子要服从学校安排

的时间。再加上学校行为规范的约束,如上课不交头接耳,发言要举手,不随便说话,学习用品放整齐,不准撕课本,上课不准喝水,在指定地方等家长接送等规定,孩子们难以在很短的时间内适应小学"有规矩的生活"。

④学习方式不同:幼儿园学习以游戏为主,没有知识任务。而小学有学习内容的底线,有每门课程的标准,强调文化知识的系统教育和读、写、算等基本技能训练,这就使得老师的教学方式发生很大的变化,课上讲授内容增多,课下开始留作业,需要孩子们预习、复习。学习时间的增多,学习方式的改变,对孩子学习态度和学习习惯都是一个很大的挑战。

(二)年级目标

1. 尊重儿童发展规律,打造无恐惧教室

通过分析幼儿园和小学一年级的不同,可以得出这样的结论:面对陌生的环境、陌生的老师、同学,刚入学的孩子在情感上处于断乳期,心理上缺乏安全感。因此,本年级最重要的目标就是打造无恐惧教室,让孩子们爱上学校、老师、同学,消除对学校生活的恐惧,和老师、同学建立信任关系。

2. 培养良好的学习习惯,帮助孩子爱上学习

小学生活以学习为主,一年级是养成学习习惯的最佳时期,也是培养学习兴趣的关键期。因此,要采取适合孩子特点的形式(直观、形象、具体)进行教学,让孩子们觉得学习是快乐的。

(三)班本课程总览

1. 课程名称

入学课程。

2.课程实施途径

①我们的节日——开笔礼。

②我们的歌谣——童诗童趣。

③我们的故事——系列绘本故事。

二、我们的节日——开笔礼

入学礼,古称"开笔礼"。开笔,是中国古代对幼儿开始识字习礼的称谓,俗称"破蒙"。古代读书人只有开笔破蒙后方可入学读书,因此称为"人生第一大礼"。入学,是孩子从幼儿向儿童迈进的一个转折点,是人生的第一个里程碑,开笔礼是孩子成长路上最为关键的一课。

【活动目标】

①"开笔礼"是孩子求学生涯中的第一个仪式,采用仪式的方式迎接孩子入学,目的是用博大精深的中华传统文化熏陶孩子,激发其求知欲,培养其对求学及传统文化的神圣感。

②"开笔礼"以师生互动、生生互动、家长参与为主要形式,通过"正衣冠、朱砂开智、启蒙描红、击鼓明志、达愿梯许愿"等内容,带领孩子在亲身体验中感受角色的转变,使孩子懂得入学意味着长大。

③"开笔礼"结合了孩子的年龄特点,是在学校文化指导下的第一个仪式,是学校文化的渗透,是学生爱上学校的第一步,是孩子喜欢上老师、同学的开始。

【活动准备】

①孩子入学是家庭中的一件大事,因此,开笔礼仪式需要一年级新生和家长共同参与。

②新生到校后,高年级的哥哥姐姐在校门口迎接新生,并把新生和家长带入会场(大孩子的加入能尽快消除孩子对新环境的陌生感。)

【活动过程】

1. 正衣冠

"衣冠"不只意味着遮羞,更重要的是反映人的精神面貌,所谓"先正衣冠,后明事理"就是这个意思。正衣冠环节包括:

(1)自正衣冠。

学生自己整理衣冠,其目的是让其明白学校是一个讲文明的地方,无论谁来学校都要做到"冠必正,纽必结""衣贵洁不贵华"。整理衣冠的内容有:理一理头发,整一整衣服的领子,掸一掸身上的土,查一查纽扣、鞋带,拉一拉衣服的角,提一提裤子……正衣冠是精神飒爽地走进校园的第一步。

(2)互正衣冠。

互正衣冠就是邻座学生相互整理衣冠,目的是使学生认识到,每个人都是自己的一面镜子,彼此要互相帮助。

(3)师正衣冠。

教师帮助学生整理衣冠,让孩子体会老师的关心,也是老师和学生互相熟悉的过程。

2. 朱砂开智

"朱砂开智"又称为"开天眼"。"痣"其寓意"智",意味着孩子从此眼明心明,好读书,读好书。老师用红色的朱砂在学生的额头正中点上红痣,并送上祝福的话语,如"恭喜你上学了""欢迎你来到学校""我们一定成为好朋友"等。此环节的目的有二,一让孩子感受一颗颗红痣饱含着父母、长辈、学校的美好祝愿;二是孩子对自己的未来充满希望,坚定"眼明心明好读书"的决心。

3. 启蒙描红

这一环节主持人要讲解启蒙描红的含义并示范书写楷体"人"字,然后由本班任课老师手把手地指导学生开笔。之所以选择"人"这个笔画简单而意义深远的汉字，是希望孩子在人生的启蒙阶段学会做人，知道做人要堂堂正正地立身，要像"人"字那样顶天立地。

4. 击鼓明志

人不可无志，"击鼓明志"的目的在于让孩子耳聪目明，树立远大的志向。孩子们边击鼓边大声地喊出自己的志向，不管这个志向是大是小，它都会像一颗种子植入孩子的心田（如图4.1所示）。

图 4.1　击鼓明志

5. 达愿梯许愿

中华南大街小学的学校文化为"通达"，为了记录孩子美好的愿望，学校设有"达愿梯"（如图4.2所示）。这一环节是孩子初步感受学校文化的开始。孩子将写着自己愿望（孩子口述，家长执笔，指导孩子们写的心愿小一些，有利于孩子们实现心愿）的彩色丝带挂到达愿梯上，每次走进校园，看到微风中飞舞的彩带，想到自己美好的心愿，孩子们就会吸收到一种力量。每一学期结束后，再让达成心愿的孩子登上达愿梯，用新的愿望替换已经实现的心愿，从而感受到成长的快乐。

图 4.2　达愿梯

三、我们的歌谣——童诗童趣

儿歌与童谣以其特殊的韵律及形象性吸引着孩子，深得孩子的喜爱。面对入学后身心不适应的孩子，用儿童喜闻乐见的儿歌和童谣，帮助孩子缓解身心恐惧，获得安全感，以尽快地适应学校生活，喜欢上学校，爱上学习。

【课程目标】

①帮助孩子在情感上获得安全感。

②帮助孩子适应新的学习生活。

③帮助孩子感受知识的魅力，爱上学习。

【课程计划】

"童诗童趣"课程是在学习了新教育实验"读写绘"项目中马玲老师的《儿童早期阅读》之后，针对一年级的孩子开发的。此课程尊重儿童的生理、心理发展规律，每月一个主题，在哼唱中，在身体与韵律的和谐中，帮助孩子释放心灵，爱上学习。

表4.1 "童诗童趣"课程实施计划

时间	主题	目的及建议
9月	河北童谣——游戏篇	此课程内容以孩子一年级的学校生活为主线（游戏、上学、习惯、相处、规则、交往），关注自然万物的变化和家庭生活。每天一首儿歌或童谣，利用早晨的晨诵时间和语文课开始的十分钟诵读，一年下来能积累200多首。这些儿歌和童谣节奏感强，适合摇头晃脑地拍手诵读。在诵读中，孩子不仅心情愉悦，发展语感，积累语言，还能认识大量汉字，同时，像习惯儿歌等还会使孩子在潜移默化中受到教育。这些儿歌和童谣每周复习，每月总结，争取熟读成诵。
10月	儿歌精选——秋天篇	
11月	儿歌精选——上学篇	
12月	儿歌精选——习惯篇	
1月	儿歌精选——民俗篇	
2月	儿歌精选——相处篇	
3月	儿歌精选——春天篇	
4月	儿歌精选——规则篇	
5月	儿歌精选——交往篇	
6月	儿歌精选——夏季篇	

案例：《拉大锯》

童谣具有很强的地域风格，河北童谣作为第一个月课程的内容，除了其中饱含童真童趣，具有淳朴、清新、刚健、诙谐、优美的艺术风格，真实自然地刻画了儿童天真活泼的天性外，另一个更重要的原因就是，这些童谣大部分是孩子们在睡前由亲人教唱的启蒙儿歌，孩子在诵读这些带有亲人温度的儿歌时会有安全感。

河北童谣受燕赵文化古朴民风的熏染，具有较强的娱乐性和教育性。孩子们在游戏时经常用童谣自娱自乐,所以读童谣时,孩子们会消除紧张恐惧感,获得快乐和安全感。优秀的儿歌就像埋下一颗饱满、成熟的种子,在慢慢的等待中,在岁月的沉淀中,终能绽放出绚丽的花朵。

下面笔者以"河北童谣——游戏篇"之《拉大锯》为例加以说明。

【学习目标】

①通过有节奏的诵读和游戏表演培养语感。根据童谣句式,尝试仿编童谣第三句。

②背诵儿歌,为儿歌配上相应的图画。

③体验与同伴、老师一起玩的快乐,拉近彼此的距离,加深情感。

【学习过程】

1. 情境导入

(播放《拉大锯》的音乐,老师按节奏读童谣。)

师:同学们,今天天气真好,我们一起去姥姥家看大戏吧!坐上马车,一起出发喽!(孩子们年龄小,上课时容易走神,采用游戏的方式创设教学情境,贯穿整个过程,吸引孩子尽快融入到课堂中来。)

师:姥姥家到了,谁去敲敲门,看看姥姥在不在家?(鼓励孩子模拟敲门的动作,老师角色瞬时转换为姥姥。)

生:姥姥好,我是××,我们来看大戏了!(鼓励学生参与,在情境中激发其参与热情,使其不知不觉融入到情景角色中。)

2. 游戏诵读

(老师利用多媒体,出示儿歌内容。)

拉 大 锯

拉大锯,扯大锯,

姥姥门前看大戏。

你也去,我也去,

大家一起去看戏。

第一遍,老师先范读,找一个孩子,边拉大锯边读。

第二遍,同桌两人边拉大锯边读。

第三遍,男女生对读,一人半句,边拉大锯边读,引导学生改编第三句:××去,我也去。

师:我们刚才一起玩了拉大锯的游戏,除了你去,我也去,还可以请谁去呢?

(根据回答,创编歌谣,把"我""你"替换成同学的名字或爸爸、妈妈、爷爷、奶奶等称呼,然后让孩子们唱着自己改编的童谣,再玩一次拉大锯的游戏。)

第四遍,自由组合读。(孩子们自由组合,彼此之间互相熟悉,体验童谣带来的快乐。)

3. 亲情作业

师:回家后和爸爸妈妈玩拉大锯的游戏,并为儿歌配上图。

(回家和父母玩游戏,既是汇报自己的学习成果,又可以把学习的快乐带回家中,促进"孩子爱上学校"这一情感的良性循环。)

四、我们的故事——系列绘本故事

新教育"读写绘"项目负责人马玲老师曾这样说:"绘本是用图画和文字共同来讲故事的书,它是儿童这个阶段最适合的营养,能丰富其生命体验。"可见,绘本故事对于孩子的重要性。

【课程目标】

①通过阅读绘本故事,消除孩子入学的恐惧,满足其爱和安全的需要。

②通过阅读绘本故事,产生对学校生活的渴望,寻求成长中的榜样,并在故事中找到自我,寻找解决问题的途径。

第四章 新新的一年级——信任，我爱我家

③帮助孩子认识和理解自己，悦纳自己，成为一个自信的孩子。

【课程计划】

一年级"系列绘本故事"课程实施计划，见表4.2。

表4.2 "系列绘本故事"课程实施计划

时间	故事主题	绘本故事书目	目的
一年级上学期	我爱上学	《小魔怪要上学》《迟到大王》《我喜欢上学》《金老爷买钟》《小阿力的大学校》《小波去上学》《首先只有一个苹果》《我长大以后》《要是你带一只小老鼠去上学》《上学真快乐》《奥莉薇》	"我爱上学"用适合孩子年龄特征的绘本故事润泽其心灵，丰富其情感，消除他们对陌生环境的畏惧与恐慌心理，培养积极自信的心态，达到喜欢上学，喜欢学习，喜欢学校，喜欢老师和同学的目的。
一年级下学期	我要做个好孩子	《小小的早餐》《我有友情要出租》《你是我最好的朋友》《同桌的阿达》《我喜欢书》《我不想生气》《一只有教养的狼》《肚子里的火车站》《馋鬼口记》《我不挑食》《不洗手的战争》《不爱洗手的小熊》《怕浪费婆婆》《我懂得节约》《根本就不脏嘛》	"我要做个好孩子"包括安全、规则、劳动、卫生、阅读、学习等几方面的内容，旨在有目的地引导孩子养成良好的行为习惯，初步培养其规则意识。

案例：我的同学奥莉薇

下面就以伊恩·福尔克纳的绘本《奥莉薇》为例介绍笔者的做法。

奥莉薇是红得发紫的一位猪小妹，这本书被选进此课程，不是因为它的名气大，而是因为猪小妹充满天真的一举一动是无数孩子的缩影！这个故事虽没有连贯的情节，但这样可爱的猪小妹却陪伴着孩子们度过了开学第一周。表4.3就是开学第一周"我的同学奥莉薇"的主题讨论计划。

缔造完美教室

表4.3 "我的同学奥莉薇"课程实施计划

时间	第一天	第二天	第三天	第四天	第五天
故事主题	入学的心情	我的爱好	我的特长	我的伙伴	我读过的书
讨论要点	入学准备	互相认识	树立自信	交往规则	好书介绍

【学习目标】

①了解奥莉薇生活的点点滴滴,关照生活,寻找自己与奥莉薇的交集,并能大胆表达与奥莉薇相同和不同的地方。

②通过讨论,师生、生生增进了解,建立信任关系。

【学习过程】

第一天:首先播放《上学歌》,认识主人公奥莉薇。接着老师讲奥莉薇的故事,最后全班讨论:奥莉薇入学时的心情怎样?你呢?为了升入一年级,你都做了哪些准备?(引导学生从身体准备、物质准备、心理准备三方面来说。)

身体准备包括按时起床、坚持运动等。物质准备包括学习用品、衣服、喝水用具的准备。心理准备包括上学会遇到困难,要乐观、积极想办法等。

第二天:老师讲奥莉薇爱好的故事,并请学生在小组中说说自己的爱好,最后老师出示某位同学的爱好,让学生猜猜这位同学的名字。通过猜一猜的方式,加深同学之间的了解。

第三天:老师讲奥莉薇特长的故事,并请学生在小组中说说自己的特长,最后请每位同学展示特长,树立自信心,增进同学之间的了解。

第四天:老师讲奥莉薇关于"伙伴"的故事,接着请学生讨论:开学四天来,你认识了哪些新朋友?如何认识的?你打算如何和这些同学成为好朋友?(引导学生介绍自己认识的新朋友,增进同学间的友情。)

第五天:老师讲奥莉薇关于"读书"的故事,接着请学生讨论:你读过哪些书?并请每个人介绍一本自己喜欢的书。以此告诉孩子们阅读对于一个人的重要意义,激发其阅读的热情和兴趣。交流后,老师带领孩子们进行主题讨论:你喜欢奥莉薇这只小猪吗?为什么?在生活中,你做过哪些和奥莉薇一

样有趣的事情呢?还有哪些不一样的事情呢?

讨论结束后,老师引导孩子们结合自己的生活进行主题交流,并完成读写绘:奥莉薇给你讲了她的故事,她也很想听到你的故事呢,请拿起画笔,把你的故事画下来吧!

五、总结反思,优化效果

一年级孩子面对新的生活环境会遇到很多不适,如何帮助他们顺利度过一年级?在网师学习的《第56号教室的奇迹》课程给了笔者启发:全美最佳教师雷夫说,"56号教室的优秀,不是因为它拥有了什么,而是缺少了一样东西——恐惧。"为了消除新生的入学恐惧,笔者依托新教育实验的"儿童课程"(晨诵、午读、暮省),收到了很好的效果,总结为以下几点:

1. 未雨绸缪,家校形成合力

(1)家长培训,统一教育理念。

教室开学前一周,中华南大街小学就举行了针对家长的"我要做个好父母"主题培训活动,其目的是让家长了解学校的育人理念,家校统一思想,拧成一股绳。

(2)亲子活动,提前适应学校。

学校在开学前一周请家长和孩子共同到校参观、学习,其内容涉及学校生活、认识老师和同学等多方面,所有活动家长都可以陪同,这样可以缓解孩子和家长紧张、焦虑的心情,帮助孩子提前适应学校生活。

(3)各科老师形成合力。

学校打破学科授课制度,集所有任课老师的力量来实施入学课程,每个老师根据自己的特点,或是教孩子儿歌,或是给孩子讲故事、画图画、做游戏,还有的老师在孩子们展示特长时,也展示了自己的特长,赢得了孩子们的尊重和喜爱,加深了师生之间的了解。

2. 关注"五化",确保实现课程目标

（1）教学内容生活化。

在"童诗童趣"课程中，选择儿歌的标准之一就是指导孩子当下的生活，如秋季主题、春季主题的儿歌，要结合不同季节指导孩子们的生活。另外要特别关注班里的突发事件，寻找能解决问题的儿歌、童谣，不一味地说教。如针对孩子"入学后哭闹，不上学"的现象，就可以学习儿歌《小老鼠》（小老鼠儿，上谷穗儿，摔夯来，没了气儿，大的哭，小的闹，一对蛤蟆来吊孝，咕呱咕呱好热闹）。读完儿歌后，请孩子们帮助小老鼠出主意，讨论遇到此类问题如何处理？如何表达自己的情绪？再如遇到"借同学东西不还"的现象，可借用歌谣《不说理儿》（小小子儿，不说理儿，吃人家麦子还人家米儿）引导孩子讨论：你喜欢这样的小孩吗？借了人家的东西应该怎样做？这样，在儿歌中，在讨论中，孩子们就会知道遇到此类问题如何处理。

在对孩子进行教育时，我们特别要注意不要列举个别孩子的不良行为，以免伤害其自尊心，要通过儿歌、故事的方式，潜移默化地影响孩子，实现孩子的自我教育。

（2）教学方式趣味化。

不要以为孩子上了学，就成为大人了，要根据孩子的特点进行教学，一年级的教学方式仍然要符合"游戏化""趣味化"的特点。如《拉大锯》这个案例中，我们采取了各种形式的读，有齐读、男女生读、单人读、合作读、小组读，为了突出节奏，还可以拍手打节奏读、踏着脚读，孩子们还边拉手做前仰后合的动作。在讲绘本故事时，也要注意充分发挥学生的天性，采用"想一想，猜一猜，演一演"的方式，调动孩子的兴趣。

（3）教学进度梯度化。

课程实施时，要注意儿歌和绘本的选择是有梯度的，儿歌前后之间也是有联系的。如"上学篇"的儿歌，首先读的是小动物上学的儿歌《小胖猪上学》（小胖猪，真糊涂，上学校，忘带书。回家去，迷了路，急得只会呜呜哭），再读小朋友上学的儿歌《宝宝上学》（太阳公公眯眯笑，宝宝上学起得早。高高兴兴进课堂，认认真真学习好）。这样，从小动物到人，再联想到自己，孩子们自然会受到启发。

（4）教学评价日常化。

美国诗人惠特曼曾这样写道：一个孩子向前走去，他看见最初的东西，他就变成那东西，那东西也成了他的一部分……一个孩子一天天地向前走去，长大了，身体健康阳光，有公德心，有技能，还善良和有诗意，语言斯文有智慧……这是一种多么好的状态啊。然而我们必须清醒地认识到，孩子年龄小，自控能力差，需要成人的日常督促、及时评价和帮助。"小蚂蚁习惯卡"就是班级暮省的内容，引导孩子们养成好的习惯，如下面的小蚂蚁习惯卡——整理好习惯养成评价卡（见表4.4）。

表4.4 小蚂蚁习惯卡——整理好习惯养成评价卡

每个人都希望做最棒的自己，你是不是也在努力做呢？记录下你的行动，看看谁能成为最棒的自己！如果你做到了，就请把笑脸涂上自己喜欢的颜色吧！（记得让身边的人见证你的成果呦！）

____年____月____日至____年____月____日   班级：____   姓名：____

			周一	周二	周三	周四	周五	周六	周日
在学校	共同的约定	1.桌面物品整齐	☺	☺	☺	☺	☺	☺	☺
		2.书包物品整齐	☺	☺	☺	☺	☺	☺	☺
		3.桌斗物品整齐	☺	☺	☺	☺	☺	☺	☺
		4.桌椅摆放整齐	☺	☺	☺	☺	☺	☺	☺
在家里	共同的约定	1.写完作业课桌整齐	☺	☺	☺	☺	☺	☺	☺
		2.刷牙、洗脸洗漱物品整齐	☺	☺	☺	☺	☺	☺	☺
		3.睡觉时衣服叠放有序	☺	☺	☺	☺	☺	☺	☺
		4.玩完玩具后收拾整齐	☺	☺	☺	☺	☺	☺	☺

（5）教育主题系列化。

入学课程是一个大的课程，在课程实施时，要注意围绕课程目标，整合晨诵（童谣、儿歌）、绘本、习惯卡，做到一段时间一个主题，在一段时间内保证孩子生活的统一，以达到效果最优化。

我们常说"21天养成一个好习惯"，所以入学课程要以主题的形式整合孩子一段时间的生活。如关于一年级孩子的就餐问题，我们读了《肚子里的火车站》《馋鬼日记》《我不挑食》《不洗手的战争》《不爱洗手的小熊》《怕浪费婆婆》《我懂得节约》等一系列的绘本故事，从就餐卫生、不挑食、不浪费粮食多方面培养孩子的就餐习惯，同时配上"小蚂蚁习惯卡——就餐习惯养成评价卡"，促进孩子养成良好的就餐习惯。

总之，入学课程的关键就是要建立家校、师生、生生的信任关系，让孩子从入学第一天起就感受到家的温暖，感受到知识的魅力，爱上学校生活，爱上学习。

第五章 第一次升级
——自信，走进美好的世界

一、学情分析与班本课程总览
二、我们的故事——我们不一样
三、我们的书——多彩童话世界
四、我们的活动——我们都很棒
五、我们的电影——小蚂蚁的天空
六、总结反思，优化效果

一年级的孩子面对陌生环境无暇顾及外面的世界,升入二年级的他们已经初步适应学校生活,也有更多的时间和精力关注周围的人和事,这时候,很多孩子突然发现,和别人相比,自己有些方面相差很多,心理上会产生很大的落差,极易形成自卑心理。

7岁左右是儿童自信心形成的关键期,该阶段的孩子喜欢被赞美、被肯定,喜欢听童话故事,喜欢模拟故事中的人物说话、做事,因此,针对孩子的年龄特点和身心发展规律,笔者开发了"自信是金"班本课程。该课程将童话故事、儿童电影、主题实践活动、现实生活融为一体,通过阅读、小组讨论、自我镜像、生活体现、情景模拟等多种方式,引导学生正确地认识自己,悦纳自己,获得自信。

一、学情分析与班本课程总览

(一)学情分析

二年级的孩子基本适应了小学的学习生活,他们情绪趋向稳定,能较熟练地处理各种事情,社交能力大大提高,个人解决问题的能力也增强,探索的范围越来越广。孩子对于老师和同学的评价格外重视,他们需要经常被赞美及肯定,以达到内心的满足和自我肯定。

可见,此阶段的孩子在自我认知、自我理解上多靠外界的力量,再加上二年级是孩子自信心形成的关键期,因此,教师要随时注意孩子心态的变化,多表扬、肯定、鼓励孩子,帮助他们树立自信。

(二)年级目标

①认识世界,发现世界的真善美,丰富学生的情感,发展学生的语言。

②全面认识自己，悦纳自己，对自己充满信心。

(三) 班本课程总览

1. **课程名称**

自信是金。

2. **课程实施途径**

①我们的故事——我们不一样。
②我们的书——多彩童话世界。
③我们的活动——我们都很棒。
④我们的电影——小蚂蚁的天空。

二、我们的故事——我们不一样

苏格拉底说："认识你自己！"人的一生都在寻找自己，认识自己。对于孩子来说，如何帮助其认识自己呢？一味地说教容易使其反感，那么就让我们选择故事吧！孩子喜欢读故事，在故事的潜移默化中学会观照自己，寻找解决问题的办法。针对自信这一主题，笔者选择了一系列故事，以此启发孩子们思考：我是怎样的？如何看待自己？

表5.1 "我们不一样"课程实施计划

探讨主题	故事名称	课程目标
第一阶段：肯定自己，悦纳自己	《你是特别的，你是最好的》	①带领孩子认识到"世界上没有相同的两片叶子"，每个人都与众不同，都有自己的优势，都是特别的，从而肯定自己。②帮助孩子寻找自己身上美好与可贵的品质，理解自己是独一无二的，悦纳自己。
第二阶段：正确对待别人的评价，肯定自己，接纳他人。	《你很特别》	借助绘本人物，反思自己，了解每个人存在的独特性及其价值，进而肯定自己，接纳他人。
第三阶段：全面了解自己，用积极的心态追求自己的成功。	《大脚丫跳芭蕾》	①通过阅读绘本故事，引导孩子正确对待自己生理上的缺陷或能力上的不足。②懂得只有坚持自己的追求，坚持梦想不放弃，才会有收获。

案例1：《你是特别的，你是最好的》

《你是特别的，你是最好的》这本书用简单的文字告诉孩子们：掉了一颗牙没关系（两颗或三颗也一样）；有时候需要别人帮忙没关系；长了与众不同的鼻子没关系；肤色和别人不一样没关系；头上没有头发没关系；耳朵很大没关系；坐着轮椅没关系；个子矮小、个子中等都没关系；个子高甚至太高也没关系；戴眼镜没关系；和别人说说你的感受没关系；咕噜咕噜，吼叫……在澡盆里吃芝士和通心粉没关系；对不好的事儿说"不"没关系；来自不同的地方没关系；偶尔尴尬发窘没关系；有各种各样的朋友没关系；偶尔许许愿没关系；与众不同是没有什么关系的。最后点明主题——这一切都是因为"你是特别的，你是重要的，只因为你就是你"。

【学习目标】

①知道每个生命都是独一无二的，人与人之间是有差异的，要乐于在他人面前自信地展示自己。

②能寻找自己身上美好与可贵的品质，肯定自己，悦纳自己。

【学习过程】

1. 创设生活情境，谈话导入

师：孩子们，你喜欢自己吗？谁能夸夸自己？（学生从不同角度夸自己。）

2. 教师讲述故事

师：俗话说，天生我材必有用，我们每个人都有这样或那样的优点让人喜欢。但是，人无完人，每个人又会有这样或那样的不足。下面老师就给大家讲一个故事，名字叫作——你是特别的，你是最好的。

图 5.1　绘本《你是特别的，你是最好的》封面

3. 观照自我，引发讨论

老师在讲完故事后，结合故事内容引发孩子们讨论（注意要对班级孩子生活中类似的问题进行重点讨论）：

①为什么掉了一颗牙没关系？（六七岁正是孩子换牙的时期，老师要注

意通过故事情景请有换牙经验的孩子谈。）班里谁掉牙了？你们认为掉牙有关系吗？（结合孩子的自身情况，从故事到自身，引导孩子知道：掉牙是一个人发育阶段的正常现象，不用担心会被别人嘲笑。）

②为什么个子太小了也没关系？（引导方式同上。）

③针对故事中"有时候需要别人帮忙没关系"思考：你帮助过谁？谁帮助过你？（引导孩子知道每个人都有需要帮助的时候，助人为乐，被别人帮助要真诚地致谢。）

④你觉得与大家比起来，自己哪些地方是独特的？（引导孩子正确认识自己，接纳自己：有的眼睛小，有的鼻子高……每个人要正确对待生理上的差别。建议对自己外貌不满意的孩子多谈谈。）

⑤世界上，各国人的肤色不同，中国人是什么肤色？你还见过哪些肤色的人？（老师强调中国人是黄色人种，同时，课件出示白色人种、黑色人种、棕色人种的图片，引导孩子了解不管是哪种肤色，每个生命都有平等的权利。）

⑥猜猜故事中的女孩子为什么没有头发？（引导孩子了解，生老病死是自然规律，谁也不能阻止衰老或疾病的发生，要学会勇敢地面对。）

⑦个子高矮对一个人重要吗？为什么？（结合班里的实际情况：杨滨个子又瘦又小，可他数学计算最准确，劳动起来最积极主动。张树权个子最高，每次劳动起来也很卖力，所以个子高矮不是问题，关键要看品行。）

⑧有些孩子为什么戴了眼镜？如何避免？（结合班里孩子眼睛近视的情况，使孩子们认识到保护视力的重要性。同时告诉孩子：有些事情是我们无法改变的，要有"没关系"的心态，但是，也有一些事情可以通过努力去改变，我们应该付诸行动。）

以上是针对小蚂蚁教室的实际情况展开的讨论，在讲述此故事时，教师一定要站在孩子的视角，结合本班孩子的实际情况。

第五章　第一次升级——自信，走进美好的世界

4. 用写绘的形式仿编故事

师：孩子们，你们觉得还有什么事没关系？请你在写绘本上画一画，写一写吧！

（老师要随时注意孩子的消极行为，如有孩子写："写字好不好没关系，只要写对就行！"老师要加以引导，面对通过努力能改变的事情，我们要全力以赴，不能得过且过，抱有"没关系"的心态。）

案例2：《你很特别》

《你很特别》这本书中的微美克人是一群小木头人，他们都是木匠伊莱雕刻成的。每个微美克人都长得不一样，他们整天只做一件事：互相贴贴纸。有才能的人会被贴星星，而那些什么也不会的人，就只有得灰点点的份了，胖哥就是其中之一，因此他丧失了自信心，后来在伊莱的帮助下，他找回了自信。

【学习目标】

①以绘本《你很特别》的故事情节为蓝本，引导学生了解每个人存在的独特性和价值，肯定自我。

②通过故事中的人物对比和生活中的情节再现，学会正确、积极地对待他人的评价，悦纳自己。

【学习过程】

1. 创设情境，走进故事

师：今天老师要带大家去一个美丽的村庄，这个村庄的名字叫作——微美克村。

老师边播放课件边像导游一样解说：经过森林、小溪、小桥……请学生想象经过的地方，分别做出跨越、攀爬等动作。（此部分的用意不是观察能力的训练，而是创设情境，让孩子们走进故事。）

2. 欣赏故事，理解人物

师：我们一路欣赏着美景，来到了目的地——微美克村。大门上写着一段话：凡是进入本村者，都要跳一段自创的木偶舞。（播放节奏感较强的音乐。）老师带领学生模仿木偶机械、迟缓的动作，带领学生融入故事。（跳木偶舞的目的在于创设情境，让孩子融入故事，从而有利于孩子们用角色自居的方式，理解故事中主人公的遭遇。）

（1）走进微美克村，了解主人公。

师：欢迎大家来到微美克村，微美克村的每一个木偶都不一样，请每个木偶用身体、表情、声音、动作表现你的独特性。（孩子们已经融入了故事情节，在老师的启发下，通过想象展示自己。）这里还有三个木偶在欢迎我们呢。（出示伊莱、胖哥、露西亚的图片和简介。）

（2）欣赏故事，了解人物特点。

教师讲故事，边讲边引导学生注意观察灰点点、金星星、木头人的面部表情，并说说这些主人公的特点。

预设点：

①伊莱——和蔼、慈祥、善良、温柔……

②胖哥——特别、沮丧、自卑、走不快、跳不高、贴满灰点点、令人讨厌……

③露西亚——只在乎伊莱的人、每天都很开心、身体很滑、没有任何星星点点、乐观……

（3）人物对比，观照自我。

引导学生对比露西亚和胖哥的行为和心态，思考：自己喜欢谁？在对比和自我观照中发现自己的独特，知道"每个人都不一样"。

3. 模拟情境，指导生活

师：你的生活中有没有像胖哥一样，遇到令自己懊恼的事情？

　　教师要引导孩子讲述自己生活中的遭遇，以便发现孩子生活中存在的问题。可让一位同学扮演露西亚，老师扮演伊莱，引导学生说出自己的心里话。

　　学生说出自己的苦恼后，老师要创设问题情境，帮助孩子们解决困惑。可请孩子们模拟表演生活中的困惑，其他学生帮助解决，最后老师要总结"面对别人的评价，自己要正确看待"。

案例3:《大脚丫跳芭蕾》

　　《大脚丫跳芭蕾》这本书是美国埃米·扬的第一部作品，讲述一个叫贝琳达的女孩很喜欢跳芭蕾，而选拔会的评委嫌她的脚太大而拒绝看她的表演。她只好放弃跳舞，找了一份餐厅的工作，尽管她很喜欢餐厅的老板和客人，可是，她还是常常怀念跳舞。有一天，餐厅里来了一个乐团，在他们美妙的音乐里，贝琳达不知不觉跳起舞来。在老板的邀请下，贝琳达开始为餐厅的客人跳舞，她跳得美极了，餐厅的客人越来越多，连大都会芭蕾舞团的指挥都来看她跳舞，并被她感动了。贝琳达终于又回到了舞台，开始为更多的人跳舞。让所有小孩充满热情地去做自己喜欢的事，追求梦想，是本书的意义所在。

【学习目标】

　　①通过故事，懂得只要树立信心，坚持自己的追求并为之努力，终将获得大家的认可，走向成功。

　　②通过讨论交流，发现身边的榜样，鼓励孩子追求梦想，并帮助他们解决追求梦想时遇到的困难。

【学习过程】

1. 结合生活，谈话导课

师：同学们，刘老师和你们一样大的时候，觉得自己特别神气，我梦想着自己长大后也能成为一名教师，可是许多人嘲笑我，说我个子长得太矮，写字够不着黑板。但我相信当老师个子矮点没关系，于是我努力学习，如今我实现了自己的愿望（板书：为梦想努力）。同学们，你有梦想吗？你的梦想是什么？今天，我们共同走进一个故事——大脚丫跳芭蕾。

2. 讲述故事，走进人物

（1）请同学们仔细看图，猜猜贝琳达遇到了什么问题？（老师补充介绍芭蕾舞的特点，引导学生了解芭蕾舞又被称为脚尖上的艺术，贝琳达脚大不具备跳舞的条件。）

（2）看图猜一猜，想一想，评审委员对贝琳达满意吗？评审委员看到贝琳达的大脚会说什么？老师引读：

贾庄董男爵三世说——

三个评审委员都说——

学生读完评委的话，老师提问：你认为评审委员做得对吗？如果你是贝琳达，当听到评审委员的话后，你会怎么想？怎么做？

（3）看图（画面以灰色为主，天灰蒙蒙的，让我们感受到贝琳达的灰心难过，莲蓬头滴下的水滴仿佛是贝琳达伤心的眼泪）。引导孩子以角色自居，老师提问："贝琳达呀贝琳达，你此时此刻的心情怎样呢？你还想跳舞吗？"（学生回答）。

（4）老师出示画面，继续追问："贝琳达呀贝琳达，你去餐厅工作了，是不是会放弃跳舞？你为什么不快乐呢？"（在不断追问中，引发孩子与自己的内心进行对话。）

（5）男士、女士、大人、小孩甚至可爱的小猫咪，都在目不转睛地欣赏贝琳达跳舞，想一想，他们会说什么？观察指挥的表情动作，你认为他会说什么?

（6）贝琳达最后赢得了鲜花和掌声，她会对观众说什么？（只要树立信心，坚持自己的梦想并为之努力，终将获得大家的认可，走向成功。）

3. 诵读诗歌，总结升华

第一遍讲完故事后，第二遍请学生默默地品味故事，读到封底，老师提问：贝琳达是一个怎样的女孩？（老师出示诗歌，提升学生情感。诗歌内容如下。）

自信的追梦女孩——送给贝琳达

伴着书香你来到我身边，
你这个爱跳芭蕾的女孩——贝琳达。

可是，你偏偏长着一双大脚丫，
你跳芭蕾的梦想，
如刚刚燃起的小火花，
被大家无情地打击而熄灭。

然而，你却像那路边的野花，
即便无人观赏，
你也从未停止绽放自己的美丽。
你又如林中的鸟儿翩翩起舞，
从不因没有掌声，
而终止表演动人的舞蹈。

你执着地追求自己跳芭蕾的梦想，
你把自信变成希望的种子，
悄悄埋在泥土里，

等待时机:
生根、发芽、开花、结果。
当你的梦想变成现实时,
我轻轻地闭上幸福的眼睛,
因为我知道:
拥有了自信而坚持,
就一定能展开梦想的翅膀,
像天鹅一样在天空自由地飞翔。

读完诗歌后,讨论交流:你身边有这样的事情发生吗?在追求梦想的时候,你遇到过挫折吗?

教师总结:贝琳达有一个美好的梦想——跳芭蕾舞,但是她却遇到了常人难以想象的困难,可她从不放弃梦想,经过努力,最终实现了自己的梦想。贝琳达的成功在于她对梦想的坚持,所以,同学们如果喜欢一件事,首先要热爱它,同时还要努力地去做,不管遇到什么困难都要坚持,不放弃,这样才会看到自己的进步,一旦抓住机会,就会取得成功。

三、我们的书——多彩童话世界

德国诗人席勒曾写道:"更深的意义寓于我童年听到的童话故事中,而不是寓于生活教给我的真理之中。"童话是孩子们品行养成和智力发展的有效载体,"多彩童话世界"课程选取了世界经典童话,通过阅读、讨论、故事比赛等方式,带领孩子经历了一年的童话生活,让孩子沉浸在童话的世界,喜欢上阅读,并从经典中汲取营养。具体内容参看表5.2。

表 5.2 "多彩童话世界"课程实施计划

时间安排	阅读内容	课程目标及实施途径
二年级上	《格林童话》	上半年采取"阅读银行"的方式,激发孩子的阅读兴趣,记录其阅读足迹。利用中午的时间,开展"小蚂蚁讲故事"行动,既是对孩子阅读效果的检验,又能锻炼其口语表达能力。每月"小蚂蚁童话之星"的评比,促进了孩子阅读习惯的形成。教室外"童话墙"既展示了孩子们的成长,也是本班学生和外界沟通的桥梁。期末叙事中"好书推荐"和"童话人物猜猜猜"板块,便于提高孩子对经典的甄别能力。
二年级下	《安徒生童话》	下半年采取"以点代面""精读一本书,认识一个人"的方式提高阅读的质量。通过看、听、读、品带领学生走进安徒生童话,置身于童话王国中,引导他们自主阅读,展开想象,体会故事情感,感受求真、向善、立美。多种方式的阅读,在潜移默化中使孩子们将童话人物的品性化为自己的目标,从而提升自己的道德发展水平。

干国祥老师在《童书导读手册》中强调,"千万不要把图画书当作教科书来教",这就告诉我们在指导学生读书时,不要以为孩子必须从中学到点什么才是正途,不要非归纳出一个"教育意义"或"中心思想",这样反而会给一本书判了死刑。因此,读书就是让孩子享受阅读的快乐,潜移默化地受到熏陶。"多彩童话世界"课程的实施要注意以下几点:

(1)讲故事方式。

坚持用"丰富多彩的图画+规范优雅的文字+充满爱的声音"的方式讲述故事。教师讲故事应该关注故事本身,注意不要去破坏孩子享受阅读的过程。课程中依托图文并茂的经典童话故事,老师和父母要用充满爱的声音去唤醒这些美好的形象。

如讲述《白雪公主》时,可以分角色扮演,孩子扮演白雪公主,老师或家长扮演皇后,在善恶的对话中激发儿童的爱心和善良品质。而《海的女儿》融入了安徒生的人生哲学:人有不灭的灵魂,只有人才能够创造不朽和

永恒。这对于孩子来说比较难懂,那么老师可以将故事娓娓道来,孩子一定会为人鱼公主付出巨大痛苦,不惜一切去追求崇高理想而感动,在他们的心中则会种下"追求理想"的种子。《丑小鸭》是安徒生的自传,也是每个孩子都喜欢的故事,可以采用全班分角色朗读的方式,在全班的共同努力下,那只丑陋的鸭子经历种种歧视、挫折、磨难之后,终于变成一只美丽的天鹅。

这样结合图画想象当时的情境,在朗读和模拟表演中,感受童话故事以象征的手法所蕴含的真善美,给孩子"面对成长中的困难和障碍"注入力量,获得信心和希望。

(2)阅读途径。

坚持用"课内共读+课外自读+亲子同读"等多种阅读途径,激发阅读热情。如何保持孩子长久的阅读兴趣和热情呢?小蚂蚁教室调动了老师、同学和家庭的力量,营造读书氛围,创设读书环境。每天一节阅读课,老师带着孩子们共读;每天的午读时间,同学们自读;回到家,孩子和父母一起共读,这也成为家庭中最美好的时光。

(3)激励方式。

坚持用"推荐+交流+评价"等多种激励方式,养成阅读习惯。二年级的孩子毕竟年龄小,阅读习惯还不稳定,需要老师和家长采用多种激励方式,促进其阅读习惯的养成。小蚂蚁教室的阅读激励方式主要包括:

①小蚂蚁故事推荐。每周班会时间,请3~5名孩子面向全班推荐童话故事,并把推荐词贴在小蚂蚁书柜的上方。如果一周内,全班有一半以上同学读了该同学推荐的故事,推荐人就会获得借阅图书的优先权。

②小蚂蚁流动故事会。每天利用上课前5分钟的时间,小蚂蚁轮流讲童话故事,全班同学一个不少,故事也和书一样流动起来,全班共享。

③小蚂蚁展示台。为了展示小蚂蚁们的阅读足迹,将教室外墙布置为"童话墙",孩子们把自己画的童话人物、童话故事、连环画等贴到墙上,展示自己阅读的成果。同时,每月评比"小蚂蚁童话之星",以促进孩子们阅读习惯的养成。

安徒生曾经说过:"对我来说,生活本来就是童话。"因此,在这个年龄阶段我们要通过海量阅读,把美好的经典植入孩子的童年记忆中,就像"丑小鸭"代表"梦想","白雪公主"代表"善良美好","人鱼公主"代表"向往"一样,经典童话中那些美好的形象正如一颗等待岁月滋养的种子,一旦生活中遇到类似的场景,故事中的美好将被重新唤醒,成为人们成长中的一道阳光,照亮生命的旅程。

四、我们的活动——我们都很棒

在故事和童话中,孩子们对自己有了初步的了解,有所认识。但是,这些认识只有在生活中被认可才会打下烙印。"我们都很棒"实践课程就是在生活中通过体验,让孩子真切地感受到自己长大了,自己也很棒。这一课程可以内化孩子的自信心,坚定其"我很棒"的信念,具体课程实施计划参见表5.3。

表5.3 "我们都很棒"课程实施计划

活动主题	活动简介
我长大了——360°的我	此活动主要让孩子知道什么叫作"真正的长大",通过身边亲朋好友的评价全面认识自己,并邀请家人、朋友、老师成为自己成长的见证人,见证自己的进步。
夸夸我自己——亮亮我的绝活	此活动主要通过孩子展示自己的兴趣特长,体验自己的进步,进而欣赏自己,悦纳自己。
心中有榜样——手拉手齐进步	此活动鼓励孩子寻找身边的榜样,并共同约定,互相帮助,共同进步。
做最棒的自己——我的名片	此活动引导孩子看到经过努力后,自己取得的进步和新的变化,从而全面地认识自己,自信地对待自己。

案例1：我长大了——360°的我

什么是真正的长大？在孩子的眼中，长大就意味着长高。此活动利用体验、交流、模拟等多种方式，让孩子从不同角度、不同场景（家庭、学校）理解长大的含义。

【活动目标】

①了解自己的成长和变化，知道"关心、孝敬父母""做力所能及的事"等是长大了的表现。

②通过讨论交流长大的真正含义，通过模拟活动和自编儿歌，巩固对长大的理解。

③知道用"长大了"的标准来要求自己，在家孝敬父母，做力所能及的事。

【活动过程】

1. 比一比，感受身高的变化

师：同学们，你们现在上几年级了？（二年级。）你知道自己刚出生时是什么样子吗？那时你有多高？（学生回答由采访父母得来的结果。）

师：医生告诉我，婴儿刚出生时，平均身高在50厘米左右。你知道50厘米有多高吗？

（1）亲身体验比一比。教师拿尺子让学生感受50厘米这一长度，并画出这一高度，请学生站起来和50厘米进行对比，感受身高的变化。

（2）出示实物比一比。学生拿出小时候穿的衣服，在身上比一比，感受身体的变化。

（3）请学生谈"比一比"后的感受。

2. 抱一抱，感受体重的变化

（1）抱一抱书包，感受出生时的体重。

师：你们知道婴儿刚出生时的体重吗？一般情况下，刚出生的孩子大约

有6斤重,就跟你的书包差不多重。

(2)抱一抱同桌,感受现在的体重。

师:现在你有多重?因为咱们这儿没有体重秤,请抱抱体重和你差不多的同桌,感受一下你现在的体重。怎么样,这跟刚才抱书包时的感觉一样吗?有什么不一样?

(3)根据体重的变化,谈谈自己的感受。

师:通过刚才的体验活动,我们发现所有的同学都长大了,个子长高了,体重增加了,老师祝贺你们!让我们一起自豪地大声说——我长大了!

3. 听一听,体会长大的含义

师:除了个子长高、体重增加外,长大还有别的含义吗?我们通过故事《长大》来了解一下。

故事内容:有一个漂亮的小姑娘,她很想快点长大。有一天,她故意穿上妈妈的衣服和鞋子,在大人面前走来走去,想要别人表扬她长大了,可大人说:"你这孩子,太淘气了。"她伤心极了。

又有一天,她看见家里地上很脏,爸爸妈妈也很忙,她就拿起扫把扫起地来。妈妈看见了,高兴地说:"哟,我的小宝贝长大了!"她高兴极了。爸爸妈妈不在家的时候,她陪爷爷、奶奶聊天,爷爷、奶奶也高兴地说:"我的孙女真的长大了!"

4. 议一议,理解长大的含义

师:小姑娘穿上大人的衣服为什么不是长大?为什么大人看到小姑娘帮助父母就说她长大了呢?

(引导学生明白长大不仅是身体的成长,更重要的是内心的成长。看,小姑娘会帮爸爸妈妈干活了,知道孝敬老人了,这样才是真正的长大。)

师:想一想,你是不是也像这个小姑娘一样,真的长大了呢?在家里、学校你都是怎么做的?(学生畅所欲言,讲一讲自己会干的家务活,在学校

能做的事情。)

5. 演一演，我长大了

情景一：妈妈工作了一天，小丽看到妈妈回家很累……

学生根据自己的生活经验先说一说，如递拖鞋、倒水、帮妈妈拿包……然后学生分小组演一演。教师采访学生这么做的原因，采访"妈妈"的心情怎么样？

小结：虽然妈妈工作了一天很辛苦，但是看到你做的这些，心里很高兴！看来，关心父母就是长大。

情景二：一年级时，奇奇放学后总是要等爸爸提醒才去写作业。这学期奇奇上二年级了，他会怎么做呢？

学生首先在小组中交流自己的做法，然后分小组表演，并请爸爸们到场谈谈感受。

小结：无论在家还是在学校，自己的事情自己做就是长大了。

6. 填一填，儿歌升华情感

我 长 大 了

爸爸妈妈早上好，
我天天都要（　）得早。
自己（　）衣服，
自己（　）鞋袜，
（　）是长大。

爸爸妈妈晚上好，
一天在外勤操劳。
您先坐下喝杯（　），

第五章　第一次升级——自信，走进美好的世界

　　我再给您捶捶（　），
　　　　（　）是长大。

　　爷爷奶奶放心吧，
　　我知道（　）是长大。
　　以后我会听您的（　），
　　不再让您多操心，
　　让您心里乐开花。

小结：如果我们的父母、长辈看到我们的表现，一定会非常欣慰，一定会夸奖我们真的长大了。

最后，再让我们一起自豪地说：我真的长大了！

7. 评一评，落实行动

请家长、老师、同学填写"小蚂蚁行动一周记录卡"（参见表5.4），见证孩子的进步。

表5.4　小蚂蚁行动一周记录卡

内容	内容	见证人
我进步的方面		
我的不足		
我下周努力的目标		

案例2：夸夸我自己——亮亮我的绝活

低年级的孩子对"我很棒"的概念往往局限于学习方面，意识不到自己其他方面的优点。同时，孩子只关心自己有什么长处，很少思考促成长处的

原因,这样会停留在"为夸自己而夸自己"的浅层理解上。因此,在教学中应该引导学生多思考"为什么这样",按照能发现自己的优点—知道保持和发扬自己的优点—懂得应该不断学习他人的优点这一主线落实活动。

【活动目标】

①能够发现自己的优点和长处,并能保持和发扬,全面认识自己。

②乐意在同学面前展示自己的绝活,体验成长的快乐,在生活中树立自信心。

【活动过程】

1. 神秘相册,游戏激发兴趣

(教师拿出一个相册,里面放着一面镜子,故作神秘的样子。)

师:我这里有一个很棒的人的照片,大家想不想看看他是谁啊?老师有一个要求,看过的同学不能告诉别人。

(学生看相册。)

师:同学们,现在大家知道这个人是谁了吧?在老师心目中,你们每一个人都特别棒,请为自己鼓鼓掌吧!

2. 共找优点,全面认识自己

师:今天我们就来使劲地夸一夸自己,让所有的人都觉得你真的很棒。

(1)我能找到自己的优点。老师引导孩子从"学校、家庭和校外"这三个方面找优点。

(2)我能找到同学的优点。同学们在小组中互找优点,由本人对自己的优点进行总结。

(3)展示优点我能行。学生上台大声说出自己的优点,其他同学还可补充该同学的优点。(教师要特别关注那些不自信的孩子,如果这样的孩子不愿意上台,可以坐在座位上,全班同学一起夸夸他,帮助其树立自信心。)

(4)我会继续这样做。老师采访学生:为什么你有这样的优点?你是怎样努力的?(引导学生思考,自己的优势来源于平时的努力,今后要坚持做,保持优点。)

3. 秀秀自己，亮亮我的绝活

每位同学到"小蚂蚁星光大道"上展示自己的绝活：跳舞、唱歌、画画、做饭、踢毽子等。教师要注意引导学生从不同角度展示自己，如干力所能及的家务活、兴趣特长、乐于助人等，不好展示的方面可采用讲述的方式。总之，每位同学都要登上舞台，秀秀自己，找到自信（如图5.2、图5.3所示）。

图 5.2　秀秀我的葫芦娃

图 5.3　秀秀我的毛线娃娃

案例3：心中有榜样——手拉手齐进步

【活动目标】

①知道每个人身上都有优点和长处，正确地认识自己的不足。

②善于学习他人的优点，看到别人的优点和长处不妒忌，愿意取人之长，补己之短，向他们学习。

【活动过程】

1. 会变的优点，激发向他人学习的愿望

（1）听故事，明事理。听故事《会变的优点》，故事大意：一个同学主动学习他人的优点，把别人身上的优点变为自己的。（如果班级内有类似的事例

更佳！）

（2）共交流，激愿望。教师提出问题讨论：你想不想像故事里的主人公那样拥有很多优点呢？你有没有什么好办法呢？

2. 榜样排行榜，寻找身边的榜样

师：我们身边也有很多这样的榜样，在老师眼里，咱们班每一位同学都有值得学习的地方，谁是你心中的榜样？把他的名字写在榜样花上，并采访他平时是怎样做的，记录下来。

（1）一纸一笔，采访榜样。引导学生找到自己的榜样，并采访榜样做得好的原因，记录下来。

（2）一问一答，共享经验。邀请大家公认的榜样上台，答"记者"问，共享榜样经验。

3. 取长补短，我和榜样一起成长

引导学生制作目标卡，写上要学习的优点，并做好自己的学习记录，请榜样当见证人，互帮互助共成长。

（请同学把目标卡贴到教室的成长树上，教师要定期组织评价，督促学生行为的落实）。

师：希望在今后的学习和生活中，我们大家都能拥有一双发现的眼睛，发现别人的优点，取人之长，补己之短，让自己变得越来越优秀，健康快乐地成长。

案例4：做最棒的自己——我的名片

【活动目标】

①认识自己的优点和各方面的进步，增强自信心，懂得进步是成长的阶

梯,努力做最棒的自己。

②培养自我反思的能力,客观地评价自己和他人。

③学会记录自己的成长轨迹,对自己有全面的认识,能看到自己的不足,努力成为最棒的自己。

【活动过程】

1. 回顾活动历程

师:通过"我长大了""夸夸我自己""心中有榜样"这些活动,我们知道了在每个人的身体里都藏着一个最好的自己,只要我们努力做好每一件事,就能成为最棒的自己。(老师播放以上三个活动的照片和资料。)

师:看完你们的表现,此时此刻,你想说什么?(学生畅所欲言,谈谈自己的收获。)

2. 秀秀最棒的自己,提升自信心

(1)小组交流目标卡,学生亲身体会自己的进步。

请同学们拿出目标卡,对照榜样,在小组内说一说自己的进步。

(2)全班展示交流,家校共同见证进步。

请老师、家长、同学们对每位孩子的成长进行评价,夸一夸进步的同学,老师随机采访:你是怎么让自己变得越来越棒的?如何要求自己的?赢得了大家的赞扬后,你心里有什么感受?(见证人的称赞和教师的采访,会让孩子产生成就感和自信心,从而生发继续努力的愿望和决心。)

3. 评选小蚂蚁进步星,展望未来的自己

(1)评选小蚂蚁进步星。

从家庭、学习、纪律、卫生、品行、读书等不同角度评选进步星,让每个孩子看到自己不同方面的进步,产生成就感。

(2)展望未来的自己。

(教师出示诗歌。)

缔造完美教室

> 小鸟说：我要飞向蓝天，展翅翱翔，勇敢的我，就是最好的自己。
> 小种子说：我要迎接风雨，努力成长，积极向上的我，就是最好的自己。
> 小毛虫说：我要努力读书，做一个有思想的自己。
> 小蚂蚁说：我要_____。

（学生补充最后一句话，教师重点引导孩子树立努力的目标，并为之努力。）

4. 歌曲激情，坚定信心

（1）全班齐唱《我真的很不错》。

本活动的尾声演唱此歌曲，目的在于坚定孩子们"我很棒"的信心。

（2）教师小结。

师：世界上没有一个人是十全十美的。每个人只要努力就会有进步，只要我们努力朝向美好，朝向卓越，肯定自己，相信自己，就一定会成为最棒的自己！

五、我们的电影——小蚂蚁的天空

爱因斯坦曾经说过："电影作为一种对人类精神幼年时期的教育方法，是无与伦比的。因为电影可以使思想剧情化，这比用任何其他的方式更容易为儿童所接受和理解。"以建立学生自信为主题，小蚂蚁教室欣赏了一系列的电影，并在看完电影后围绕"自信"进行了主题讨论（见表5.5）。

表5.5 "小蚂蚁的天空"电影课程简介

电影名称	经典台词、讨论主题
《哆基朴的天空》	经典台词：上帝不会无缘无故创造你，他一定会为你做妥善的安排。 讨论主题：狗屎有什么用武之地？
《驯龙高手》	经典台词：大多数人会放弃这片家园，但我们不会。我们是维京人，我们生性如此。 讨论主题：面对困难，小赫卡普是如何保卫家园的？
《功夫熊猫》	经典台词：往往在逃避命运的路上，却与之不期而遇。 讨论主题：熊猫阿宝为什么能成为武林高手？
《看见天堂》	经典台词：上帝为你关上一扇门时，往往会为你打开另一扇门。 讨论主题：一个从小失明的孩子，如何成为闻名全欧洲的声音剪辑师？
《狮子王》	经典台词：这是我的国土，我不为它而战斗，谁为呢？ 讨论主题：辛巴为什么能登上森林之王的宝座？

案例：《哆基朴的天空》

《哆基朴的天空》是一部黏土动画电影，根据韩国畅销儿童文学作家权正生的著名童话作品改编。主人公哆基朴是一坨狗粪，出身卑微的他在泥土大叔、落叶、蒲公英的帮助下，逐渐找到了自身的价值。

【活动目标】

①引导学生明白"天生我材必有用"的道理，并且学会正确地认识自己，树立自信心。

②通过讨论，明白"每个人虽然不同，但只要努力都会实现自己的人生价值"。

【活动过程】

1. 观前引导

影片的主题往往是多元的，比如《哆基朴的天空》就涉及"认识生死""成长与奉献""如何让生命更有意义"等主题,所以在观赏之前,教师要激发孩子的兴趣:"你们觉得狗屎有什么用武之地?看完影片大家就知道了。"老师的引导能带领学生紧密结合主题欣赏,边看边想,有助于后面集中讨论主题。

2. 观看影片

学生静心观看影片,老师不打断,保证故事情节的完整。如果老师在学生观看时打断他们并提出问题,容易造成"为教育而看电影"的印象,会引起学生的反感。

3. 小组自由交流

上文提到本部影片是多元主题的,每个孩子在观看时角度不同,感兴趣的点也不同,教师要给孩子充分的时间自由讨论,交流观后感。

4. 针对主题集体交流

孩子们充分交流后,老师再次提出主题:狗屎有什么用武之地?全班集中交流此问题,碰撞出更多的火花,明确"天生我材必有用",要相信自己。

5. 结合生活,点评升华

教师对主题进行总结,引导学生学会观看电影,比如孩子们仅仅关注人物和情节,而忽略了影片插曲、场景道具、电影对白等细节,而这部分恰恰是影片主题的综合体现。并且,教师要引领孩子们从电影中发现自己生活的影子,结合孩子的生活,重点指导没有自信心的学生。

不管是过去的还是即将到来的,电影就是让我们从另一个角度了解自己,提供一种全身心投入的生活体验,通过不同观念的熏陶,发现主题的价值与意义。

关于如何给学生上好电影课,大家可以参考《教室里的电影院》一书。

六、总结反思，优化效果

（一）本真的童年气质，启蒙孩子的心灵

童话对孩子们精神家园的守护是多元的，重要的是这些童话故事不是用于道德提升，而是让孩子们获得成功的信念，从某种程度上说，童话是儿童的天使。因此，在开展童话课程时要注意以下三点：

1. 营造童话氛围，创造童话世界

童话有如一股无形而巨大的教育力量，让孩子们的心灵世界得以充实，情感生活得以丰富，想象空间变得更加广阔。因此，我们要重视在教室里、教室外营造童话的氛围。如二年级教室可以布置成童话的世界，一进教室就仿佛走进神奇的童话王国，图书角里摆满了童话书籍，墙壁上贴着孩子们画的童话人物、童话故事等写绘作品……教室外墙也可以展示孩子们的作品，给他人讲述美好的童话故事。

2. 遵循儿童规律，打开童心世界

根据《童书导读手册》一书的指导建议，在实践中遵循儿童规律，坚持适时、适度带领学生阅读童话故事。选择什么样的书为孩子打开美好的童话世界，在二年级显得尤为重要。笔者建议选择情节性强，语言通俗易懂，短小精悍且充满童真童趣的《格林童话》和《安徒生童话》，通过多种方式激发孩子的阅读兴趣，打开孩子的内心世界，和孩子一同畅游在美妙的童话世界中。

3. 开展系列活动，呵护童真童趣

按照国家规定，低年级不能留书面作业，如何保证孩子们的阅读时间

呢?小蚂蚁教室各学科老师从自身做起,提高课堂效率,节约出更多的时间,保证学生的课外阅读时间。在阅读活动中除了师生共读、亲子共读和自由阅读的形式外,我们还开展了其他活动,促使孩子阅读习惯的养成。

(1)童话故事会比赛。

通过讲故事的方式,提高孩子的语言表达能力,促进阅读习惯的养成。小蚂蚁班的孩子多次参加省市区的讲故事比赛,他们讲故事认真、投入的态度和惟妙惟肖的讲演,获得评委的一致好评。

此外,小蚂蚁电视台还开辟了"童话故事专栏",专题播放童话故事。

(2)童话人物绘画比赛。

美术老师发现孩子们特别喜欢临摹童话人物,于是鼓励学生在学校的"中华展示台"上进行展览,栩栩如生的作品引发全校学生的"童话人物热"。这种方式既促进了孩子们对人物形象的理解,又发挥了其创造性,激发了孩子们创作的欲望。

(3)童话剧表演。

在开展课程中,我们要关注孩子"乐于表演"的特点,引导孩子们排练童话剧。孩子年龄小,老师可以先将童话故事改编成剧本,学生在小组中自由排演,最后全班演出。学生在表演童话剧的过程中,充分理解故事内容,体会人物心理,在心里种下真善美的种子。

(4)阅读明星评选。

老师要鼓励孩子们开展海量阅读,采用各种方法点燃学生的读书愿望:图书漂流,让学生买好书、借好书、读好书。"阅读小明星""书香家庭"的评选,助力孩子的阅读。

这些系列活动的开展,使学生深入地品味作品的价值和意义,不仅激发了孩子阅读童话的兴趣,而且在这一过程中孩子们一次次地完成阅读任务,他们的自信心开始增强,也印证了怀特海所说的"阅读就是最好的教育"。

（二）润物无声的儿童电影课程，影响孩子的心灵

儿童电影以鲜活的人物形象获得孩子心理上的认同，并促使其移情，从而起到自我教育的作用。这些电影多选择从儿童的视角进行拍摄，且大多数主人公与孩子的年龄相仿，动作、语言、思维水平都与孩子相似，贴近孩子的真实生活，这样的一致性更能得到孩子们的认同，将自己的情感倾注在影片的角色中，从而产生种种情感体验。当被角色打动之后，角色的精神也会潜移默化地影响孩子，人物形象的美好品质也深入内心，从而影响其行为模式。

因此，我们还可以选择不同的电影和孩子一起观看，如《皇帝的新装》《海的女儿》《丑小鸭》《九色鹿》《宝莲灯》《小红帽》《灰姑娘》《白雪公主》《睡美人》《驯龙高手》《狮子王》《功夫熊猫》这样的电影，孩子在观看时就是在和主人公一起经历，逐渐树立自信。

一年的时间，小蚂蚁教室的孩子们观看了40多部电影，也逐渐领悟到观看电影并不只是"看"，还要有讨论和思考。

（三）重在体验的主题实践课程，做到知行合一

我们都知道，孩子的认知容易改变，情感也容易被打动，但是行为塑造是最难的。因此，孩子需要在生活中反复体验，逐渐加强自信心。小蚂蚁教室整合了本年级《品德与生活》教材中的部分课例，设计了"我们都很棒"系列实践活动，带领孩子在活动中认知、体验、实践，"知情意行"在孩子身上得到了统一，从而使其自信心得到内化和巩固。

总之，一年级以百首童谣、百部绘本为内容的入学课程奠定了孩子们的学习基础，二年级"自信是金"课程成为孩子们重新认识自己，悦纳自己，做最好的自己的美好历程。

第六章　难忘这一年
——自律，我要做个好孩子

> 一、学情分析与班本课程总览
> 二、我们的活动——好孩子课程
> 三、我们的社团——五彩社团课程
> 四、我们的节日——好孩子节
> 五、总结反思，优化效果

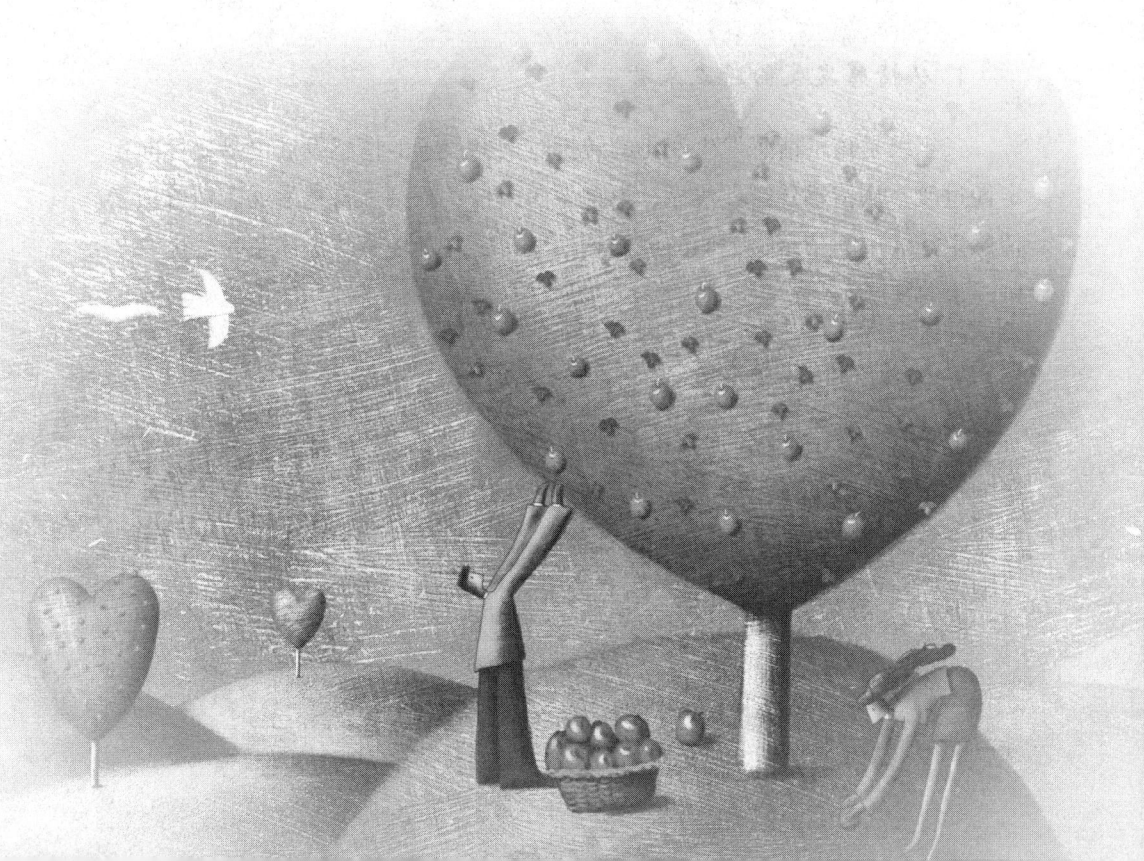

在小学生活中，三年级处于从低段向高段的过渡期。这一年是老师和家长公认的"孩子最难管"的一年。究其原因，主要是随着年龄的增长和智力的发展，孩子有了自己的想法，不再把老师和家长的话当成"圣旨"而言听计从，老师和家长的评价也不再是孩子认可的唯一标准。面对"孩子想自由，家长和老师不放手"的局面，如何带领孩子主动地从"他律"走向"自律"呢？"好孩子课程"就是培养孩子自我教育的课程。"好孩子"不是指大人眼中的"好"，也不是指在他人的监督下表现好的行为，而是指孩子内心想变好的愿望和行动，这个"好"既是标准，又是行动，更是一种态度。

一、学情分析与班本课程总览

（一）学情分析

1. 从情感发展的特点来看

三年级是孩子情感发生变化的转折时期，孩子的情感发展由易变性向稳定性过渡，从情感外露、浅显、不自觉向内控、深刻、自觉发展。随着孩子情感生活的不断丰富，他们的道德感、理智感、责任感、集体荣誉感也有了进一步的发展。

2. 从交往的重心来看

该年龄段孩子交往的重心由家庭逐渐转移到学校，同伴关系和友谊成为影响孩子交往的重要因素。孩子从以自我为中心的自我评价，开始关注外界对自己的评价，特别是来自同伴的评价。

3. 从习惯养成的特点来看

一、二年级孩子的习惯具有不确定性和易变性，三年级是强化良好习惯和改变不良习惯的关键时期。随着年龄的增长，孩子对外部控制的依赖性逐渐减少，但是内部的自控能力又尚未发展起来，还不能有效地调节和控制自己的日常行为，再加上三年级学习任务加重，难度加深，孩子的自制能力有限，意志力缺乏，经常出现课前预习不充分，课上听讲不专心，课下作业不及时完成等系列问题。

4. 从学业成绩来看

三年级增加了英语、科学学科，由原来的两大门（语文、数学）笔试学科增加到三门（语文、数学、英语），出现小学阶段学习成绩的第一分化期。家长和老师要特别关注该年级孩子在生理和心理上的变化，并及时帮助孩子发现问题，解决问题，把"想做个好孩子"的愿望根植于心，并转变为行动，督促孩子养成自觉、自律的好习惯。

（二）年级目标

①帮助孩子渡过学习上的难关，巩固已经养成的良好习惯，克服不良习惯。
②丰富学生的情感，培养其自控能力，在学习上主动学习、主动探究，在生活中做到自觉自律。
③关注孩子的个性发展，继续帮助他们正确地认识自我，挑战自己。

（三）班本课程总览

1. 课程名称

好孩子课程。

2.课程实施途径

①我们的活动——好孩子课程。
②我们的社团——五彩社团课程。
③我们的节日——好孩子节。

二、我们的活动——好孩子课程

本课程以培养主动自律的好孩子为主线,从孩子的视角出发,通过明晰认知、讨论交流、实践体验等方式,引导孩子从阳光健康、喜欢阅读、团结友爱、乐学善思、多才多艺、心灵手巧等方面做到自觉、自律。课程内容见表6.1。

表6.1 "好孩子课程"实施计划

课程主题	课程目标	课程内容
争做阳光健康的好孩子	①学会一项终身受益的健身项目,培养运动的兴趣和习惯。 ②在运动会中,培养孩子合作、自信、勇敢、公平竞争及团队精神等良好品质。	①趣味运动会。 ②阳光体育节。
争做喜欢阅读的好孩子	①以《木偶奇遇记》整本书共读为切入点,学习科学的阅读方法,提高阅读速度、阅读质量,激发自主阅读的愿望,巩固良好的阅读习惯。 ②主动和他人分享阅读感受和成果,在感受阅读快乐的同时,体会书籍对人格培养的影响。 ③通过实践体验活动,培养学生选择好书、爱看益书、自主买书的能力。	①好书推荐会。 ②跳蚤书市。 ③读书沙龙。 ④阅读成果展。 ⑤书香家庭评比。 ⑥书香小明星评比。
争做团结友爱的好孩子	①通过"找朋友"活动中自我推荐、主动交友、帮助朋友等环节,培养孩子的交往能力,学会与人沟通,养成微笑待人、主动打招呼的习惯。 ②通过"英语沙龙"主题活动,让孩子在活动中学会感恩朋友、学会与朋友分享等,同时,提高英语会话能力、社交能力。	①"找朋友"活动。 ②英语沙龙主题教育活动(感恩节、万圣节、圣诞节)。

续表

课程主题	课程目标	课程内容
争做乐学善思的好孩子	①通过比赛,引领学生学会科学探究所需的观察、记录、整理、比较等方法,激发其创造性思维,初步建立科学研究意识,培养热爱科学的兴趣。 ②在各学科课堂养成会倾听、善思考、勤学好问的学习习惯。 ③通过科技创新大赛,展现科技才能,增强团队意识和合作能力。 ④通过参观科技馆,提高实践能力和创新精神。	①我爱发明。 ②科技创新大赛。 ③科幻画比赛。 ④参观科技馆。 ⑤习惯储蓄银行。
争做多才多艺的好孩子	①参加达人秀活动,为孩子们提供展示艺术才能的舞台。培养孩子的个性,激发其热爱艺术的情感。 ②通过"小蚂蚁送欢乐"活动,带领孩子在社区、敬老院进行公益表演,提升艺术修养,培养公益情怀。	①小小音乐会。 ②才艺达人秀。 ③小蚂蚁送欢乐。
争做心灵手巧的好孩子	①通过变废为宝活动,培养孩子的环保意识以及想象、创造的能力。 ②通过"巧手装扮生活"主题活动,围绕主题与同学合作完成一至三幅作品,表达自己美好的愿望,培养积极向上、乐观开朗的品质。 ③参加"小鬼当家"活动,在培养孩子劳动意识的同时,弘扬中华民族尊老爱幼的优秀传统,养成爱劳动、敬亲人的好习惯。	①变废为宝。 ②巧手装扮生活。 ③小鬼当家。

案例1:争做喜欢阅读的好孩子
——《木偶奇遇记》整本书共读

《木偶奇遇记》是意大利作家科洛迪创作的一部脍炙人口的童话,是一本图文并茂、语言诙谐有趣、通俗易懂的童话书。文章讲述了一个木头人变成好孩子的故事,情节扣人心弦:说谎鼻子就会变长,好吃懒做就会变成一头驴……一百多年来,《木偶奇遇记》曾陪伴几代人度过美好的童年。

> ### 什么是共读？
>
> 　　干国祥老师提出"共读"的概念：共读，可以使我们拥有共同的语言，共同的密码，我们将真正地生活在一起。共读，就是共同生活；共读，就是创造共同的语言与密码。
>
> （摘自干国祥老师《童书导读手册》）

【学习目标】

　　①激发孩子的阅读兴趣，提高学生的阅读理解能力，体会书中人物的内心世界。

　　②联系生活实际，体会要想变成一个真正的孩子就必须学会在磨难中接受教训，抵制诱惑，激发学生想成为一个好孩子的愿望。

【学习过程】

　　在共读《木偶奇遇记》时，笔者遵循怀特海提出的"浪漫—精确—综合"的认知规律，设定如下共读方案，见表6.2。

表6.2 《木偶奇遇记》共读方案

阅读阶段	阶段目标	阅读方式
自由阅读	了解故事情节，理清故事脉络，梳理书中主要人物，培养阅读兴趣，享受阅读的快乐。	①老师导读。 ②用"学生自由阅读+亲子共读"的方式，自由阅读，感受故事。
精确阅读	边读边批注，深入人物内心，体悟人物情感，理解人物形象，提高阅读能力。	①师生共读，通过每章的阅读题，推进阅读，提高阅读能力，深入理解人物。 ②集体交流，针对每章的重要话题全班讨论。

续表

阅读阶段	阶段目标	阅读方式
综合阅读	结合生活实际，反思自我，领悟"如何变成好孩子"。	①通过主题探讨课，明晰"匹诺曹如何从木偶成为一个真正的孩子"？ ②采用童话人物漫画展览、手抄报展览、读书沙龙、排练童话剧、评选书香家庭、书香小明星等方式促进阅读。 ③举办"好孩子德育活动"和"好孩子节"，内化好孩子标准，督促学生落实于行动。

1.《木偶奇遇记》导读课设计

（1）动画导入，引出新书。

师：同学们，今天老师给你们带来一段有趣的动画片，请大家一起欣赏吧（播放关于匹诺曹诞生的动画片）。刚才同学们看得真专心，这个神奇的木偶一出生就发生了一系列惊心动魄的故事，你们想了解这个故事吗？答案就在这本书里（出示《木偶奇遇记》这本书）。

（2）了解故事，习得方法。

师：这本书漂亮吗？谁知道书的名字叫什么？一起说——《木偶奇遇记》。从封面你还知道了什么？

①了解作者。

（课件出示，板书：木偶奇遇记。）

《木偶奇遇记》作者卡洛·科洛迪，原名卡洛·洛伦齐尼。科洛迪这个笔名取自他母亲出生的一个镇名。作者于1826年11月24日出生在意大利佛罗伦萨乡下的一个厨师家庭。他的作品以讽刺著称，同时充满了对贫苦人民的同情，这一点在《木偶奇遇记》中体现得十分充分。

②图文结合，欣赏封面。

师：请大家再仔细看看封面，你还了解到些什么？（封面上的人物是个小木偶）你怎么知道他是一个小木偶呢？

（教师及时评价，强化读书方法。例如，你能注意到他的身体有木头的花纹，观察得真仔细！读书时不仅要读文字，还要图文结合。）

（板书：仔细看，图文结合，欣赏封面。）

③观察目录，了解故事。

师：从封面我们知道了这本书的主要人物，打开这本书，你一般会看什么？是开始读故事，还是看目录？

（教师指导：要了解故事的梗概就要先看目录，目录有助于我们了解整本书的故事内容，如这本书共分为36个章节。目录还有助于快速查找需要的故事情节，如果我们要看某段故事就可以先看目录，然后从中查找页码就可以了。）

④集思广益，读书有方。

师：故事这么长，咱们怎么读才能把它读透呢？读的时候要注意什么？谁能想个好办法？大家先在小组里商量商量吧。

（小组讨论后各组派代表交流，教师根据学生的回答相机板书"认真读、想、画"，根据问题"这是一个什么样的木偶"来批注感受。）

师：接下来我们就用这个办法读一读第一章吧，看看谁最会读书，比一比谁的收获多？

⑤自由阅读，相机指导。

学生自由阅读（播放柔和的背景音乐伴读），教师观察学生的阅读情况，相机指导，了解学情，及时表扬读书做批注的孩子，培养学生读书动笔的好习惯。

（3）汇报收获，激发兴趣。

学生汇报收获，老师肯定学生的阅读效果，并激发其阅读兴趣，引导学生继续读完全书。

（教师提问激发孩子的阅读兴趣，比如：这个故事实在是太有趣了，一个木头人怎样成为真正的孩子？真正的孩子需要具备哪些条件呢？匹诺曹被鲨鱼吞进肚子后还能见到爸爸吗？大家想了解这些故事情节就请在书中寻找答案吧。）

第六章　难忘这一年——自律，我要做个好孩子

2.《木偶奇遇记》精确阅读

推 进 题

在共读过程中，根据每章内容，老师设计与本章内容相关的问题，引导学生在阅读时要精读、细读，要理解本章内容，通过对重点词句的理解品味人物形象。推进题是引领学生深入思考，推动其细读的工具，而非在阅读中只囫囵吞枣地"悦读"。

针对第九章"卖课本去看戏"，设计如下推进题：

（1）这章主要讲了什么内容？

（2）你认为匹诺曹是个怎样的孩子？请用简单的词句概括出来。

（3）读匹诺曹在广场中央那段，认真批注：

①什么吸引了匹诺曹？画出相关语句。

②"匹诺曹不知怎么是好，他还有最后一样东西想说出来，可又不敢说。他犹豫不决，拿不定主意，十分苦恼，最后他还是说了。"匹诺曹为什么犹豫不决？他在想什么？请写出他的想法。

（4）匹诺曹没有经住（　　）诱惑，你想对他说什么？

（5）在生活中，你遇到过这样的诱惑吗？你是怎么做的？

3.《木偶奇遇记》主题探讨课

主题探讨课

在细读结束后，利用一节课或几节课，带领学生从精确阅读走向综合阅读。课上整体纵观本书内容，针对精华进行探讨，提炼书中的关键词句，目的为了在学生心中打下烙印，指导其生活。

（1）回顾故事内容和人物。

师：今天就让我们再次走进这本书，走近小木偶匹诺曹，同学们先回忆一下，这本书讲了一个怎样神奇而又有趣的故事呢？

（学生讲述故事的大致内容，教师及时评价，培养学生的概括能力和口语表达能力。例如：你介绍得真清楚，看来这本书给你留下了深刻的印象。）

师：书中有哪几个主要人物？

（木偶匹诺曹、盖比都、樱桃师傅、青发仙女、蟋蟀、灯芯、狐狸、猫、木偶剧团老板、矮胖子等。）

（2）联系生活，研讨主题。

出示研讨话题：匹诺曹是怎样从一个木偶变成真正的男孩的？从书中找出相关语句读一读，联系上下文和生活实际谈一谈自己的理解，并在小组里交流看法。

（小组交流后，全班探讨，老师注意捕捉要点并板书。讨论时教师要引导学生找到文章的重点段落，结合自己的经历说理由，谈感受。）

以下举例说明讨论的过程。

①禁得住玩和懒惰的诱惑，勤奋好学才能变成好孩子。

重点段落：

"我因为某种理由，也要去看看这条鲨鱼！！！可我下了课去。"匹诺曹回答，"我要回家。我要像所有好孩子那样学习，在学校里做个好学生。""祝你成功！""匹诺曹！"小灯芯说，"听我的话，跟我们去吧，咱们会过得快活的。""不去，不去，不去！""跟我们去吧，咱们会过得快活的。"车上又有四个人叫道。"跟我们去吧，咱们会过得快活的。"车上有成百个人同声嚷嚷起来……匹诺曹最后上了车。

交流中老师要引导学生结合自己的生活经历来谈感受：经不住诱惑给你带来怎样的后果？今后你打算怎么做？同时提醒学生千万不能头脑简单，如果经不住诱惑就有可能倒霉，永远不能变成一个真正的孩子。

②改掉撒谎的坏习惯，诚实守信才能变成一个真正的孩子。

第六章 难忘这一年——自律,我要做个好孩子

重点段落:

"那么这四块金元,你现在放在哪里?"仙女问。

"我已经丢失了。"匹诺曹回答。可是他说了一个谎,因为他放在口袋里。

他说了这个谎以后,他本来就不断长长的鼻子,又伸出了两个指头那么长。

"那么在哪丢的?"

"在树林里。"

第二个谎一说,鼻子伸得更长了。

"如果你丢在树林里,那么咱们一块去找找吧,而且一定可以找到的,因为丢在我的树林里的任何东西都不会消失的。"

"哦,现在我记起来了,这四块钱在我喝药水的时候吞进肚子里去了。"

这第三个谎一说,鼻子长得使可怜的匹诺曹在屋子里要转一个身都不可能了。如果他转到这边来,会触到床或者玻璃窗;如果向另一边转过去,那要碰到墙或者房门;如果他要抬起头来,有戳破仙女一只眼睛的危险。

仙女看着他只是笑。

"你为什么笑?"木偶问,他的鼻子伸得这么长,真觉得不好意思并且又奇怪。

"我笑你所讲的是蠢笨的谎话。"

"你怎么知道我说了谎话?"

"谎话,我的孩子,是很容易知道的,因为这有两种方法:一种谎话说了腿会短的,另一种谎话说了鼻子会长的。你似乎是长鼻子的那种。"

匹诺曹听了这话,无法遮掩他的羞愧,想要逃出房间,可又办不到,他的鼻子已经变得那么长,连门都通不过了。

正像诸位可以想象到的,仙女让木偶由于鼻子长得出不了门,哭叫了整整半个钟头,不去理他。这是为了好好给他一个教训,让他改正撒谎这种极坏的毛病。这种毛病小孩子最容易有。可等她看到木偶脸也变了,绝望得眼睛都要突出来时,很可怜他,拍了拍手掌。一听到拍手掌,成千只叫啄木鸟的大鸟打窗子飞到屋里来。它们都聚在匹诺曹的鼻子上,开始"笃笃笃笃"

狠狠地啄他的鼻子，几分钟工夫，这个长过了头的鼻子就恢复了原状。

全班交流时，要充分发挥学生的主动性，先让学生谈想法。例如，我班学生施佳彤读完这一段后说："匹诺曹跟坏孩子学会了说谎话，仙女就向他施了魔法，只要匹诺曹一说谎，他的鼻子就会变长，只有当匹诺曹说真话的时候，啄木鸟才会把他的长鼻子啄掉，匹诺曹才会恢复原状。开始我觉得很好玩，可读到后面我懂了，原来仙女是想让匹诺曹改掉爱说谎的坏习惯。我想对匹诺曹说：撒谎是一种可耻的行为，只有改掉撒谎的坏习惯才能变成一个真正的孩子。"老师要及时引导学生：你有过撒谎的经历吗？你想对爱撒谎的孩子说些什么？

③善于反思，在良心的感召下，不断地变成一个孝顺、懂事、富有爱心的好孩子。

重点段落：

匹诺曹想了想，接着拿定主意说："不要，我不去，这会儿就到家了，我要回家，我爸爸在等着，可怜的老人家昨儿没见我回去，谁知道他有多么焦急呀！真倒霉，我是这么个坏孩子，还是会说话的蟋蟀说得对：'不听话的孩子在这个世界上没有好结果。'我从自己的教训懂得了这一点，因为我遭了许多殃，昨儿晚上在吃火人那里，我差点儿连命都送掉了……"

匹诺曹正要游向海岸的时候，突然觉得爸爸骑在他肩头上，半只脚浸在水里，一个劲地在哆嗦。这可怜的人像发疟疾似的，他是冷得发抖，还是吓得发抖呢？谁知道啊……也许两者都有一点。可匹诺曹认为他是吓得发抖，安慰他说："勇敢点，爸爸！过几分钟就到陆地，咱们就得救了。""可这老天降福的海岸在哪儿啊？"小老头问道。他越来越担心，尖起了眼睛，就像裁缝穿针时的样子。"瞧，我四面八方都看了，就只看见天连水，水连天。""可我还看见岸，"木偶说，"跟您说，我像猫，晚上看得比白天还清楚。"可怜的匹诺曹只不过装出一副喜气洋洋的样子，可事实上呢……事实上他已经开始泄气了。他的力气不够，呼吸越来越困难，越来越急促……一句话，他再也不行了，可海岸还远着呢。

从这天起，整整五个月工夫，他每天天没亮就起来，跑去摇辘轳，换来

一杯牛奶。牛奶使他爸爸虚弱的身体好起来了,可他对这还不满意,因此他又学会了编草篮编草筐,挣来的钱花得很俭省。除此以外,他还亲自做了一辆漂亮的座椅车,天气好就推他爸爸出去散步,让他爸爸吸吸新鲜空气。晚上他读书写字。他花了几个子儿,在邻村买了一本大书,封面和目录都没有了,他就读这一本书。他写字用临时削的干树枝代替笔,因为没有墨水,就用干树枝蘸一小瓶桑子汁和樱桃汁。"真的……噢!我听了你的消息,多么难受啊!噢!可怜的好仙女!可怜的好仙女!如果我有一百万块钱,我就跑去给她了……可我只有四十个子儿……都在这儿了。我们正好要去给自己买一件新衣服。把它们拿去吧,蜗牛,马上把它们拿去给我好心的仙女。"

这天晚上匹诺曹不是十点上床,而是半夜敲了十二点才上床。他不是编八个篮子,而是编了十六个篮子。他一上床就睡着了,好像梦见了仙女。她是那么漂亮,微微笑着,吻了吻他,对他说:"好样儿的,匹诺曹!为了报答你的好心,我原谅了你到今天为止所做的一切淘气事。孩子充满爱心帮助遭到不幸的生病的父母,都应当受到称赞,得到疼爱,哪怕他们不能成为听话和品行优良的模范孩子。以后一直这样小心谨慎地做人吧,你会幸福的。"梦做到这里完了,匹诺曹醒来,睁大了眼睛。现在各位想象一下,他这时候是多么的惊奇,因为他醒来一看,他已经不是一个木偶,却变成一个孩子,跟所有的孩子一模一样!

(此部分可以指名学生配乐朗诵,在读的过程中体会人物形象。)

老师引导学生谈想法:匹诺曹第一天开始很淘气,爸爸带着匹诺曹去学校上课,可是匹诺曹东玩玩西玩玩,害得爸爸被警察抓走了,匹诺曹却很开心,因为没有人逼他上学了。到了晚上,匹诺曹又冷又饿,只好回家去。第二天早上,爸爸被警察放出来了,爸爸还给匹诺曹准备了早点,匹诺曹为了报答爸爸决定去上学。可是匹诺曹的坏习惯还没有改掉,有一位仙女出现并对他说:"如果你能做个听话懂事的孩子,我就把你变成真正的人。"匹诺曹通过努力,学会了编筐,懂得要关心别人。后来他成了真正的人,他的爸爸也不用为他操心了。

小提示

教师要及时总结,提升学生的情感,如匹诺曹热爱工作、勤奋劳动、照顾爸爸、关心仙女妈妈,这样的生活他觉得快乐而充实,心中充满了幸福感,他拥有了一个真正的孩子才会有的爱心,因此也得到了仙女妈妈更多的宽容和疼爱。

(3)书写故事,付诸行动。

(教师小结,引导学生内化情感,付诸行动。)

师:同学们,读了这本书,我们知道了匹诺曹由一个讨厌读书、调皮捣蛋、喜欢玩乐的木偶,历经磨难,终于变成了一个热爱学习、勤奋工作、善良懂事的真正的孩子。其实一个人在成长的道路上总会遇到许多挫折、坎坷,只有正确对待,勇于面对,敢于战胜自己,才能健康茁壮地成长。老师希望你们付诸行动,做一个真正的好孩子。心动不如行动,请同学们也写一写自己是如何经得住诱惑,克服困难的,写一本自己的书《××奇遇记》。

4.《木偶奇遇记》综合阅读活动的总结课

(1)总结回顾,展现阅读成果。

师:同学们,这段时间我们沉浸在《木偶奇遇记》中,匹诺曹的命运时刻牵动着我们的心,我们有时为他的任性、爱撒谎而担心,有时为他经不住诱惑而叹息,有时为他的进步而高兴。同时,我们还在阅读中讨论,分享了读书的感受,写出了许多读后感,办了精美的手抄报,还有的同学和书中的人物交朋友,给书中的人物画了画像,给故事配了插图……主题探讨课上,我们知道了什么是真正的好孩子,并且决心努力做个好孩子,让我们一起回顾这段经历吧。

(出示课件,回顾整个读书活动的过程。孩子们给故事画插图,续写故事,有亲子共读,有表演童话剧,有的孩子还发挥创意,用橡皮泥、旧手套

等材料制作童话中的人物形象……总之,老师要注意在整个过程用相机记录孩子的成长。)

(2)好书推荐,激发继续阅读的愿望。

师:《木偶奇遇记》这本书告诉我们怎样做一个好孩子,你还和哪些好书中的人物交朋友呢?

①学生交流并进行推荐,教师适时地肯定点评。

②老师推荐:《装满愿望的黄书包》《永远讲不完的故事》《小王子》《爱丽丝漫游奇遇记》《特别的女生萨哈拉》《彼得·潘》。

(3)"好孩子和好书交朋友"行动。

在实施过程中,以"小蚂蚁读书排行榜""读书沙龙""好书跳蚤市场"等形式督促孩子们阅读,养成"爱读书、会读书、读好书"的好习惯。

案例2:争做乐学善思的好孩子——倾听习惯养成方案

小学阶段正是学生良好学习习惯养成的最佳时期,而听说读写能力是学习中必不可少的四种能力。倾听是人们接受知识、获取信息的主要渠道之一,人们所获取的知识45%来自听觉,积极的倾听态度,良好的倾听习惯,是个人良好素质的体现,对一个人的学习成长具有重要作用。学生在学习中是否会倾听,直接影响其吸收各种信息的效果,直接影响其学习的效果和效率。由此,提高学生的倾听能力,培养善于倾听的好习惯,是帮助学生打开知识殿堂之门的金钥匙。

【学习目标】

①通过活动体验,认识到倾听的重要性。

②培养学生谦虚、耐心、专心的态度,提高其倾听能力,做到能听清楚、听完整别人的发言,并能简单复述别人的发言。

③养成善于倾听的好习惯,提高其自律能力。

【学习过程】

要培养学生良好的倾听习惯,首先应让其了解倾听的重要性,其次要教给孩子倾听的方法，在实践中训练倾听能力，同时要通过评价巩固效果，激发动力。因此，该活动分为"明理阶段、行为训练阶段、巩固阶段、评价阶段"四部分。下面是小蚂蚁教室倾听好习惯养成月计划，见表6.3。

表6.3 倾听好习惯养成月计划

活动日期	第一周	第二周	第三周	第四周
阶段定位	明理阶段	行为训练阶段	巩固阶段	评价阶段
活动主题	叫醒耳朵	欢乐寻宝	玩转录音机	猫捉老鼠
主题目标及内容	①利用《品德与社会》课例"养成良好的学习习惯"作为活动的切入点，理解倾听的重要性。②采访身边的人，结合采访了解善于倾听给人们带来的好处。③讨论如何做到倾听，总结倾听的方法，制定《小蚂蚁班级"倾听"公约》。	各学科老师、同学、家长记录孩子的倾听情况，及时反馈，帮助孩子养成倾听习惯。	采取游戏的方式训练孩子的注意力，巩固倾听习惯。	通过家长、教师、同学的鼓励评价，强化倾听技能，激发孩子的动力。

1. 第一周：明理阶段

（1）故事导入。

（老师讲《没长耳朵的小八哥》的故事。）

故事的主要内容是老师根据学生"上课听课走神，听别人发言时喜欢插嘴"的现状改编的，讲述了小八哥学不会知识，考试成绩不理想，同学也感觉他不懂礼貌，不喜欢他的故事，引导学生关注自己平时的行为：打断别人说话是一种不礼貌的行为，不认真听讲就会像小八哥那样学不到知识。

（2）小组讨论：为什么要认真倾听？

①学生结合《品德与社会》中"养成良好的学习习惯"一课讨论。

第六章 难忘这一年——自律，我要做个好孩子

②学生结合采访结果讨论。课前要求学生采访身边的人，让他们讲一讲倾听给他们的生活和工作带来的好处。

③老师小结：无论在生活中，还是学习中，只要和人打交道，都离不开倾听。听课时要认真倾听，只有这样才能提高学习效率，使自己更好地学习。

（3）观察体验：怎样做才叫倾听。

以教科书上两个学生的表现做引子，进行讨论，指导学生怎明白样做才叫"倾听"。（请学生观察周围同学的身体动作，判断哪位同学在倾听。）

老师对学生听的姿势给予认真指导：听同学发言时，要求学生心静、手静，做到神情专一。当同学的回答与自己的思考一致时，要以微笑、微微点头表示认可或赞同。

（4）课上演练：比比谁的倾听习惯好。

上课时，老师要用专门的时间进行耐心、专心倾听的专项训练——听说一句话训练。

教师先把自己编的句子传给小组长，小组长再传给小组成员，最后一个同学大声说出，全班核实这句话是否正确。老师编句子时要注意三点：一是要和学生的实际生活紧密联系；二要由短到长，逐渐增加字数，增加难度；三要及时鼓励说对的同学。例如："我是小蚂蚁班的小学生""我爱我的班级""学校是我们大家共同的家""小鸟在林间唱着动听的歌""我是校园的春天""我看见花儿张开了笑脸"。

（5）传经送宝，言说经验。

通过小组讨论的方式，带领学生从眼神、表情、动作、言语四个方面讨论哪些是不良的倾听行为，哪些是良好的倾听行为。全班交流后的结果参见表6.4。

表6.4 倾听习惯对比表

	不良倾听行为的表现	良好倾听行为的表现
眼神	眼神看别的地方，目光呆滞、无神，东张西望。	保持适当的目光接触。

续表

	不良倾听行为的表现	良好倾听行为的表现
表情	严肃、冷漠、皱眉、过度的情绪反应。	适当地微笑,肯定地点头,配合说话内容的表情。
动作	身体背向说话者,双手交叉放在胸前,坐在椅子上身体后仰,转笔,伸懒腰,做其他事情。	身体面向说话者,不做其他事情。
言语	打断别人说话,窃窃私语,不给予回应等。	别人说完,思考后再发言。

(6)制定公约:《小蚂蚁班级"倾听"公约》。

第一,别人说话时,要认真听,动脑筋思考,要在他人发言完毕后再补充或提出异议。

第二,发言时,要等前一位同学发言结束后再举手。

第三,发言声音响亮,让大家都能听清楚。

2. 第二周:行为训练阶段

"兴趣是最好的老师",结合教学内容,小蚂蚁教室在第二周利用各种形式的游戏来训练学生的注意力,收到了很好的效果。如"快乐闯关,快乐寻宝"游戏中"欢乐寻宝""拍电报""声东击西"等游戏,引导学生明白不倾听他人发言会带来很大的麻烦或产生严重的后果,同时训练孩子的倾听技能。学生在"玩中学,学中玩",丝毫没感觉到训练之苦,在不知不觉中提高了倾听的技能。

(1)游戏一:成语接龙。接龙游戏属于听和说兼顾的游戏,只有认真倾听其他学生所说的词语,才能保证自己的回答不出错。此游戏帮助学生增强倾听意识,有助于注意力的培养。

(2)游戏二:拍电报。拍电报属于听和做兼顾的游戏。学生先进入倾听的状态,听老师拍手打节奏发电报内容,接着学生和老师一起拍电报,并不断加大难度，看谁学得又快又准确。此游戏可由老师先拍，再由同学试拍，指名拍，还可以两人一组拍一拍。总之要集中注意力，排除干扰。学生平时生活在充满各种声音、节奏的空间里，各种嘈杂的声音无处不在，有意识地引导他们留心倾听各种不同的节奏，可帮助其养成认真倾听的良好习惯。

（3）游戏三：声东击西。声东击西属于听和做合一的游戏。游戏规则为：听口令，做相反动作。如发令员喊起立，游戏人员就要坐着。动作做错的同学不能继续参加比赛。

教师要注意引导学生谈成功、失败的原因，让每个孩子都品尝到进步的快乐。

（4）游戏四：小小邮递员。小小邮递员是专门训练听力的游戏。游戏时，教师对第一个同学说一句话，然后由该生依次传递，直到传给最后一个同学，最后一个同学再将这句话说给老师听，如果说得正确，可以获得"最佳邮递员"奖章。

总之，这些丰富多彩的游戏符合儿童的天性，训练了学生的倾听技能，增强了反应能力，起到了事半功倍的效果。

3. 第三周：巩固阶段

如何借助游戏培养孩子的倾听习惯？小蚂蚁教室又进行了一系列的行为拓展训练活动"玩转录音机"。活动中，要求学生完全掌握听到的内容，然后说出其主要内容，这是提升学生倾听能力的有效训练方式，从而巩固学生的倾听习惯。

（1）听录音机，录音机里播放文学作品中重要的、经典的语句，学生复述。

（2）教师讲述情节简单、篇幅简短的故事，学生听过一两遍后，复述故事的主要内容。

（3）部分同学倾听录音机播放的内容，听完后转述给另一部分同学，最后再听录音，根据录音进行评判。注意，同伴之间要互相指出优点和不足。

游戏后讨论：通过今天的游戏，你找到"倾听"的金钥匙了吗？你今后打

算怎样做?

教师总结:这把金钥匙可不是从天上掉下来的,需要反复练习才能得到。有了它,学起本领来又快又好。倾听不仅是对别人的尊重,更要讲究技巧,做生活的有心人。今天,老师将这把金钥匙送给每一个同学,请你在以后的学习中坚持运用,这把金钥匙才会真正属于你!

4. 第四周:评价阶段

只在有限的课堂上对学生进行倾听训练是远远不够的,因此,可将倾听训练活动延伸到家庭,设计亲子游戏"猫捉老鼠"。游戏中让学生从家长所读的故事中找出不同类的词语,如描写颜色的词或是成语类的词等,找到一个不同类的词语,相当于抓到了一只老鼠。这样,形成家校共同训练和评价的氛围,以促进倾听技能的形成(如表6.5所示)。

表6.5 "猫捉老鼠"统计表(家庭用)

时间	故事题目	抓住"老鼠"的数量	家长评价

备注:
①时间由家庭自定,一周最少一次。
②家长评价采用鼓励的语言,如听得准确、前后对比有进步、加油等。

此活动深受学生和家长的喜爱,游戏既培养了学生的倾听能力,激发了学生乐于倾听和表达的愿望,也帮助学生积累了词语,同时为学生和家长提供了培养感情的机会,可谓一举多得。

本主题结束后,根据家长填写的评价表、走访任课教师以及同伴的投票,集体评议出"金钥匙"获得者,通过颁奖仪式激发学生的自信心和成就感。

三、我们的社团——五彩社团课程

学生的个性特点越来越明显,仅靠学校的学科课程已经不能满足学生的需要,小蚂蚁教室打破原有的校内课程管理机制,寻找可行的途径和方式,挖掘学校老师的教育资源,引进家长和社会中的爱心人士,针对学生需求,合力开发了适合学生需求的社团课程。

【课程目标】

①为学生的个性发展提供展示的舞台。

②帮助学生形成稳定的兴趣、爱好,获得成就感,激发学生想成为好孩子的愿望。

【社团组建过程】

1. 人员组成

(1)学校各学科有特长的老师。

(2)家长志愿者。

(3)社会专业团体的爱心人士。

2. 时间安排

短期班一般安排在周末或者节假日,长期班一般安排在周五下午第三节课。

3. 活动流程

(1)开学第一周,学生根据自己的兴趣和特长自主申报。

(2)社团老师试讲,学生听课、评课,和老师共同制订社团活动计划。

(3)按照计划开展社团活动。

(4)学期中和学期末,小蚂蚁教室举办各社团交流、观摩活动。

(5)学期末举办汇报活动,为学生提供展示的平台。

具体内容参看表6.6。

表6.6 小蚂蚁社团课程一览表

社团名称	负责人	时间安排
小白鸽合唱团	学校音乐老师：张玉淑	周三下午第三节课
小鹿田径社	学校体育老师：张铁、白敬刚	周一到周五下午第三节课
小巧手社团	学生家长：杨洪花	周六上午
小蚂蚁电影社团	学校语文老师：刘娟	周日下午
小画家俱乐部	学校美术教师：李宁	周五下午第三节课
小孔雀舞蹈团	社会爱心人士：孙艳丽	周五下午
白鹤太极社	社会爱心人士：郭尚武	每天上午阳光体育时间
跆拳道社团	社会爱心人士：赵惠珍	每天下午阳光体育时间
一键通天下社团	学生家长：郭庆学	暑假
科技社团	学生家长：张会欣	周日下午
翰林书法社	学生家长：王景	周日下午

图6.1展示的是小巧手社团在剪纸，图6.2为小孔雀舞蹈团在表演舞蹈。

图6.1 小巧手社团在活动

第六章 难忘这一年——自律,我要做个好孩子

图 6.2 小孔雀舞蹈团在表演

四、我们的节日——好孩子节

【活动目标】

①梳理"好孩子课程"中学生的成长经历,表演童话剧《木偶奇遇记》,激发学生主动做一个好孩子的愿望,并帮助其付诸行动。

②关注每一个孩子的个性发展,帮助孩子感受到不断挑战自己而带来的成就感。

【活动过程】

1. 匹诺曹庆生会——欢度"好孩子节"

主持人甲:匹诺曹经过努力从一个木偶变成真正的男孩,同学们当中也有许多人变成了自觉自律的孩子,你觉得谁已经变成了真正的好孩子?请讲一讲他的故事吧。

(1)故事会。

孩子们的故事内容围绕近段时间的成长变化,老师重点引导孩子们分享

超越自己、进步成长的喜悦。

（2）颁发好孩子证书。

教师要鼓励没做到的孩子继续努力，并约定每月都要给班里的好孩子颁奖，以促进孩子养成主动做事、勇于自律的好习惯。

主持人乙：每个孩子心里都有一个愿望——找到自信，交到朋友，学会沟通和交往，养成微笑待人、主动打招呼的习惯——做个令人喜欢的好孩子。

2. 我们的承诺——齐心协力共进步

主持人甲：我愿做个好孩子，因为好孩子是阳光向上的；我愿做个好孩子，因为好孩子是我们每个人的追求。下面采访一下老师，看看老师眼中的好孩子是什么样的？

（老师讲述好孩子的标准，结合学生的事例来谈，既鼓励学生，又给大家树立榜样，号召大家向榜样学习。）

主持人甲：老师，你想做个好老师吗？

（老师回答，并请学生、家长提出好老师的标准。）

主持人乙：我们愿意做个好孩子，那么，我们的父母是否想当好父母呢？我来采访我们的爸爸妈妈。

（采访家长，并请家长说一说怎样做才是好父母。）

主持人甲：我愿做个好小孩，身体清洁，精神爽快；我愿做个好小孩，读书认真，做事勤快。

主持人乙：我愿做个好小孩，举止文雅，说话和蔼，无论走到哪里，使得人人爱，使得人人爱。

主持人甲：我愿做个好小孩，诚实勇敢，有过肯改，无论走到哪里，使得人人爱，使得人人爱。下面请我们的父母、老师以及全体同学们在这份"三心相连承诺书"上写下我们的承诺吧——我们都要好好的。

（播放音乐《我们愿做个好小孩》，家长、老师、学生共同填写"三心相连承诺书"，见表6.7。）

第六章 难忘这一年——自律，我要做个好孩子

表6.7 三心相连承诺书

我要做个好孩子
我要做到：   承诺人签名：_____ 见证人评价：_____
我要做个好爸爸、好妈妈
我要做到：   承诺人签名：_____ 见证人评价：_____
我要做个好老师
我要做到：   承诺人签名：_____ 见证人评价：_____
我们的约定：让我们互相见证，让我们共同进步！

主持人乙：为了心中的目标，让我们驾起勇气之舟，扬起信心之帆，做一个主动做事、积极向上的好孩子。

主持人合：我们一起努力，让匹诺曹庆生会成为我们积极向上的新起点。

五、总结反思，优化效果

"好孩子课程"通过一系列活动，带领孩子亲自体验，亲身实践，发现好孩子真正的内涵，反思日常生活中自身存在的一些不良现象，并决心加以改正克服。

"好孩子课程"打破教材教参的局限，突破课堂的围墙，从学生的特点出发，将阅读、德育活动结合起来，引领学生的道德从第二阶段走向第三阶段

（从新教育道德发展六阶段的第二阶段"我想要得到奖励"到第三阶段"我要做个好孩子"）。

1. 理念上，正确理解"好孩子"的内涵

教师和家长要正确理解"好孩子"的内涵，"好孩子"不是常人眼中的"三好学生"，也不是"听话的孩子"，而是指"主动约束自己，向着心中的目标付诸行动，能自律"的孩子。无论孩子的天性如何、成绩如何，只要能自律，就是"好孩子"。再者，我们要相信：孩子是变化的，人人都能成为好孩子！

2. 行动上，要细致跟进，重视激励

"好孩子课程"细化好孩子的目标，通过展示、竞赛、参观、表演、体验等不同方式，力图在活动中内化好孩子的标准。但是，孩子毕竟是孩子，自控能力差，教师和家长需要多加引导，细致跟进，激励孩子，使其获得成功的体验。

如何捕捉孩子的进步？这需要老师和家长的慧眼、细心和用心。因此，除了每天填写"小蚂蚁好习惯记录卡"外，老师和家长要用照相机和摄像机捕捉孩子变化的镜头和片段，生动地记录孩子的成长过程。照片和影像的记录也为每次活动的总结提供了有利的证据，当孩子看到这些生动形象的资料时，更会为自己的进步感到高兴。

家长和老师对孩子的信任和激励表现在一言一行上，特别是在夸孩子时，要说清楚孩子在哪些方面能自我控制，给予孩子具体的评价，会让孩子在这方面做得更好。

3. 阅读时，要与生活结合，重视反思

新教育实验提倡"共读、共写、共同生活"的生活方式，"好孩子课程"也要重视此方式，和孩子共读《木偶奇遇记》，共写自己的故事，共同在活动中、生活中体验、践行。

"共读"区别于普通意义上的阅读,它的目的不是单纯地提高阅读能力,提升阅读技巧,它肩负着培养孩子们健全人格的重任。因此,我们要借助故事的力量,把阅读和学生生活结合起来,让孩子以角色自居的方式,走进书中的人物,与他们一起解决问题,从而理解书中的人物,并和他们一起成长起来。

在共写时,教师要引导孩子反思自己的生活,找到不足并加以改正。

打通书籍与生活的桥梁,在阅读中与伟大人物对话,在生活中内化其品质,这是阅读的最终目标。

4. 仪式上,要创设节日的氛围

"好孩子节"是一个隆重的仪式,是为匹诺曹,也是为自己庆生的时刻,教师要注意营造氛围,让每个孩子都参与其中,让每个孩子都为自己的进步而感到开心。仪式过程要注意以下几点:

(1)营造教室氛围,让学生沉浸在"好孩子"的世界里。教室的布置要精美、隆重,如学生表演的舞台要精美,教室的墙壁要贴上"小蚂蚁好孩子榜""小蚂蚁好习惯记录卡"等。

(2)孩子们要盛装参加仪式,穿上自己最喜欢的衣服,接受老师的颁奖。

附文:

宝宝开始"听话"了

我家宝宝是个知识丰富的孩子,酷爱看课外书籍,各种知识竞赛对他来说是"小菜一碟"。在家里,奶奶、爷爷视其为太上皇,凡事对他总是百依百顺,自信、见多识广的他渐渐变得居功自傲、漠视他人、固执己见。刘老师也多次提到他和小朋友们相处时表现出"我说得准对""我说了算"的霸气。课堂上,他那令人难以想象的"活儿"很多:悄悄看漫画书,摆弄玩具等小动作不断,作业也常常不完成。

有一天孩子放学回家说:"老师留了一项作业,就是玩亲子游戏。"于是我们就开始进行"玩转录音机""猫捉老鼠"等游戏,玩时我故意说错话,让孩子来纠正,例如:"美丽的春天到了,地上的小草变黄了。"孩子则很快会纠正:

"美丽的春天到了,地上的小草变绿了。"经过这样有趣、愉快的游戏,孩子倾听的兴趣被激发了,倾听能力也逐渐提高了。

我怎么也没有想到宝宝因为玩游戏开始"听话"了。以往家里来了客人,他总是滔滔不绝地"卖弄"他的嘴皮子,不让别人插嘴,在客人面前我显得特别尴尬。现在,他能够主动听大人说话而不插嘴了,这一点是孩子的进步。看来还是刘老师了解孩子们,一场游戏让孩子学会了倾听。

(家宝妈)

"笨"女孩的故事

以前,我觉得自己是个笨女孩儿,因为每次考完试,我的成绩都不好。考完试不愿意回家,怕爸爸妈妈批评。这个月老师教给我们学会倾听,并说这样就能找到知识宝库的金钥匙,我决心试一试。为了提醒自己能坚持下去,我把《小蚂蚁班级"倾听"公约》抄下来放在铅笔盒里。

说来也奇怪,我感觉自己听讲时坚持的时间越来越长了。更让人高兴的是,我进步了,还被大家评为"倾听小明星"。妈妈知道了这件事,说我并不笨,只是原来上课时不用心听。为了鼓励我,妈妈还特意在我书桌前面写了两个大大的字——"加油",每天上学前我都会看看那两个字。

图 6.3 我的进步章贴花

只要我坚持做到上课用心听讲,相信"倾听"这把金钥匙一定能帮助我学会更多的知识。

(李秋婷)

第七章　孩子们十岁了
——规则，过一种安全的生活

一、学情分析与班本课程总览

二、我们的故事——我们不可以

三、我们的书——《人鸦》

四、我们的活动——安全伴我行，小蚂蚁在行动

五、我们的约定——小蚂蚁好习惯银行

六、总结反思，优化效果

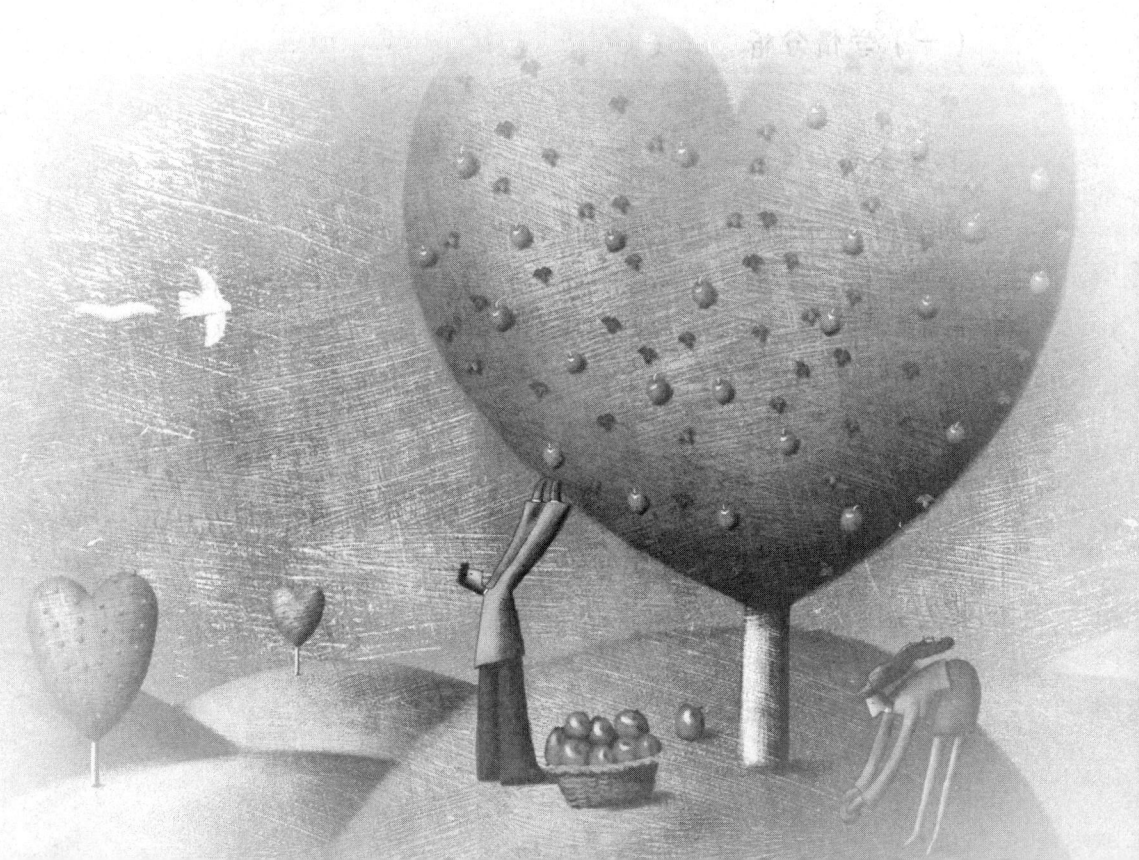

随着年龄的增长,四年级的孩子独自活动的范围越来越大,次数越来越频繁,与此同时,其自护能力却远远滞后,这种不协调极易造成因安全意识淡薄而引发危险。规则能给孩子的生活提供安全保障,可以让孩子在尺度之内自由自在、有礼有节地健康成长。"人人守规则,安全好生活"的班本课程,就是希望对十岁的孩子进行安全教育。

从某种意义上说,规则其实就是一种习惯的养成,遵守规则能让孩子们快乐安全地生活,幸福安康地成长。本课程一方面依托班队会、品德课,从"知"的角度加强对孩子规则意识的培养;另一方面依托实践活动课程,从"行"的角度增强孩子的自护能力,提高其在生活中解决问题的能力,过上人人守规则的安全生活。

一、学情分析与班本课程总览

(一)学情分析

1. 安全意识淡薄

四年级的孩子独自外出的机会和自己独处的时间增加,据香港青少年儿童安全教育中心的数据显示:中国每年有40万~50万儿童因意外而受伤,有2万儿童非正常死亡。更令人触目惊心的是,中国中小学在校生意外伤害发生率正以每年14%的速度递增,孩子们的安全教育已经迫在眉睫。有关专家指出,80%的意外伤害可以避免。因此,培养孩子的安全意识,提高其安全自护的能力,对其进行安全教育是此阶段学校教育的重要责任之一。

2. 心理发育与身体发育不合拍

十岁左右的孩子正处于自我意识形成期,他们对事物有了自己的认识,常常表现出一定的抵抗性,喜欢说"不",有时会很偏执,我行我素。随着他们身体力量的增加,破坏力也开始增强,生活中经常会和别人发生冲突,或在游戏中因抢玩具攻击同伴,或在做事时频繁出错而屡受家长批评,或在学校中因无视学校规则而受到批评……这些现象不是孩子故意捣乱,而是因为他们没有规则意识或者不了解规则所造成的。

(二)年级目标

①培养学生的规则意识,知道生活处处要遵守规则,初步知道规则与安全之间的关系。

②学习常见的应急常识,提高自救自护能力。

③制定班级公约和个人的行为准则,指导学生安全生活。

(三)班本课程总览

1. 课程名称

人人守规则,安全好生活。

2. 课程实施途径

①我们的故事——我们不可以。

②我们的书——《人鸦》。

③我们的活动——安全伴我行,小蚂蚁在行动。

④我们的约定——小蚂蚁好习惯银行。

二、我们的故事——我们不可以

俗话说：国有国法，家有家规。孩子们经常是伴随着家长、老师所说的"不可以""不准""不要做"的声音长大的。本课程以故事共读、主题讨论的方式，引导孩子懂得规则与自由的辩证关系，明白生活中处处需要遵守规则（见表7.1）。

表7.1 "我们不可以"课程实施计划

故事名称	课程目标	探讨主题
《不守规则的丁当狗》	知道在公共场所玩要（做游戏）需要遵守规则，只有遵守规则才能安全。	①做游戏要遵守哪些规则？②你去过哪些公共场所，这些地方应该遵守什么规则？
《大卫，不可以》	知道家庭生活中要遵守规则，自己是遵守规则的最大受益者。	①为什么妈妈总说"大卫，不可以"？大卫这样做的后果是什么？②在家庭中要注意什么规则？
《11只猫做苦工》	知道在旅游时要遵守规则，懂得面对"未知事物"，不要鲁莽，安全第一。	①小猫们不遵守规则的后果是什么？②你见过什么地方写着"禁止××"的牌子？它们是什么意思？③旅游时还应该遵守哪些规则？

案例：《大卫，不可以》

【学习目标】

①通过讨论、辨析，引导学生明白：遵守规则自己是最大的受益者，父母、老师提醒孩子遵守规则也是一种爱的表现。

②培养学生的规则意识，引导学生知道生活中处处有规则，规则就是为了使人们的生活更安全更有序。

第七章 孩子们十岁了——规则，过一种安全的生活

【学习过程】

1. 结合学生生活，谈话导入

师：生活中，爸爸妈妈经常对你说"不可以、不准、不要做"的话吗？你在做什么事情的时候，父母拒绝或制止你？当他们说"不"的时候，你的反应是什么？是乖乖听话照办，还是依然我行我素，或是大哭大闹？

（学生交流。）

教师小结后，过渡：下面我们来看看一个叫大卫的小孩在家里做了哪些事，他妈妈总是对他说"不可以"？

2. 走进故事，交流探讨

（1）播放故事《大卫，不可以》多媒体课件，老师边引导学生仔细看图，边讲故事，了解并熟悉故事。

（2）再次播放《大卫，不可以》多媒体课件，出示故事前，老师提问：大卫在做些什么事情？为什么他妈妈总是说"不可以"？（引导学生带着问题读书。）

（3）小组讨论问题。（让孩子们仔细观察画面，意识到如果妈妈不制止，后果就会很严重！）

（4）集体交流，各组推选代表发言，小组成员可以补充。

（5）老师指导学生观察大卫坐在屋角独自流泪的画面，体会大卫彼时彼刻的心情。

（6）老师引导学生看大卫依偎在妈妈怀中的画面，告诉学生尽管大卫妈妈总是说"不可以"，但她这是"爱子心切"的表现。在多数情况下，父母不让你做一些事情是为了你好，而不是不爱你。

3. 拓展延伸，明确规则意义

（1）联系生活：谁觉得自己像大卫？列举生活中的例子说一说。

（教师指导学生回忆：在学校里，自己做哪些事情时，老师说"不可

以""不准""不要做"。老师要注意表扬那些知错就改的好孩子，鼓励学生自我反思和自我批评。）

（2）引导学生交流：当爸爸、妈妈、老师对自己说"不"时，自己将会怎么做？（讨论制定班级规则，教师要注意让孩子形成正面的引导，比如说：我要怎么做。）

教师提示学生：如果自己被误解，就要跟别人解释清楚，要"怡吾色，柔吾声"。

（3）教师总结：生活中有许多事情是不可以做的，有的规则虽然看似限制了我们的自由，但是这些规则却为我们的健康安全提供了保障。俗话说"国有国法，家有家规"，不管是在家庭、学校还是在社区、社会，我们一定要自觉遵守这样的规则，否则就会危及生命安全。

（4）亲子共读，给家长的建议：在家庭教育中要正面引导孩子，而不是用禁止的方法制定家规。

三、我们的书——《人鸦》

《人鸦》的作者是奥地利著名儿童文学作家埃迪特·施莱伯尔-维克，这部作品被称为充满浪漫奇想的天才作品。作者巧妙借助人鸦互换的传奇经历，形象地渗透了对价值观的理解，引发读者思考自己面对规则时的心态。

本课程通过共读《人鸦》、排练童话剧等方式，引导学生正确地理解规则的意义。同时，把"顺着嘴巴的方向朝前飞""在群体中要用自己的特长承担一项任务"等价值观种植在孩子内心。《人鸦》课程实际计划见表7.2。

表7.2 《人鸦》课程实施计划

实施步骤	课程实施内容及目标
第一步：导读	初步了解故事，激发阅读兴趣。

第七章 孩子们十岁了——规则，过一种安全的生活

续表

实施步骤	课程实施内容及目标
第二步：自由阅读	学生自由阅读，了解故事情节，初步感知人物形象。
第三步：逐章推进	根据老师的推进题批注，细读文本，抓住主要词句，理解各章内容，提升阅读理解能力。
第四步：主题探讨	①理清故事脉络。 ②按照故事情节，把本书内容分为三大主题，进行主题探讨。讨论问题如下： a. 为什么瑞夏德想变成一只乌鸦？ b. 瑞夏德经历了哪些事？从中获得了怎样的收获？ c. 瑞夏德已经成为乌鸦中的佼佼者，为什么还要变回人？
第五步：排练童话剧	①根据书籍，师生、亲子共写剧本。 ②分组排练，深入理解人物，培养学生的团队合作能力。 ③全班表演童话剧，提升学生的语言表达、艺术修养等综合能力。
第六步：课程总结	对照主人公，反思自我，指导生活。

案例1：《人鸦》导读课

【学习目标】

①初步了解故事内容，激发阅读兴趣。

②学习读书的方法（观察封面、细读扉页、浏览目录、阅读封底），形成对书籍的整体印象。

【学习过程】

1. 设置情境，走进故事

师：在学校或家里，当你托着下巴，静静地坐在板凳上或坐在草地上时，

仰望天空,你会想些什么?

师:有一个小男孩,长着一头金发,鼻子上有几粒雀斑,个子矮矮的、小小的,他叫"瑞夏德",整天喜欢东想西想。他曾有过很多愿望,你们猜猜他可能有哪些愿望?

2. 激发兴趣,整体导读

(1)(欣赏书的封面)你从书的封面了解到哪些重要的信息?

(2)(打开书的扉页)介绍作者。从这些介绍中,作者给你留下最深刻的印象是什么?

(3)(欣赏书的封底)自由读一读,了解故事的主要内容。提问:从内容概述中,你最想了解什么内容?

(4)(打开书的目录)齐看目录。

教师提问:读一读目录,你最感兴趣的是哪一章,为什么?猜猜这一章故事情节可能是什么?再打开书读一读,看看自己猜对了多少?

(从书的封面入手,整体了解本书。采用"猜—读—印证"的方式,激发学生对感兴趣话题的关注,引发其阅读的兴趣。)

3. 阅读规划,自主探究

(1)学生制订读书计划,自主阅读。

(2)每周中午在小组内交流阅读收获。

(制订读书计划,有助于培养学生合理安排时间的能力。小组交流,分享读书心得,给学生打开一扇门,使其有时间、有机会向同伴学习。)

案例2:《人鸦》主题探讨课

【学习目标】

①通过交流,引导学生明白做人要勇于承担责任,坦然面对困难,要学会改变自己,做一个有责任心的孩子。

②选取表现小说主题和人物性格的片段，师生共读，生生共读，引导学生交流感悟，提高学生对语言文字的理解、概括和表达能力。

【学习过程】

1. 整体回顾，奇思妙想，引发思考

（1）回顾整本书的主要内容。

（2）假如给你一种魔法，可以让你变成任何一种动物，你希望自己变成哪种动物？说说理由。

2. 主题阅读，深入故事，理解人物

（1）主题探讨问题一：瑞夏德为什么愿意和朗多尔夫交换角色，选择做一只乌鸦？

①学生讨论后，老师引导学生总结：瑞夏德不喜欢被约束，逃避责任，喜欢无拘无束地生活。

②品析重点语句。

（出示课件，学生齐读，思考男孩瑞夏德是怎样变成乌鸦的？）

飞上高空，箭一般俯冲，

天地之间任从容。

用你的翅膀担负起黑夜吧，

你去做乌鸦，我来当儿童！

（2）主题探讨问题二：瑞夏德经历了哪些事？从中获得了怎样的收获？

①老师帮助学生梳理故事情节和脉络：当瑞夏德变成了一只乌鸦后，他快乐吗？

（出示课件，品析重点段落。）

初入鸦群，瑞夏德的日子并不好过。

"有任务要分配！"

"从现在起，你就是我们之中的一员，就得承担某一项义务。说说你的强项。"

"这里容不下我行我素的乌鸦！你需要群体，群体也需要你！"

乌鸦有乌鸦的责任，瑞夏德在个体与群体之间，他选择了群体，选择了承担义务。

教师引导学生明白：任何事情都有两面性，既有好的一面，也有不足的一面。变成乌鸦后的瑞夏德，摆脱了做数学题的烦恼，却出现了令人觉得不快的一面。在乌鸦这个群体中，他得承担义务。

②瑞夏德是怎样一步一步让鸦群喜欢上他并认同他的呢？

（出示课件，品析重点段落，如识别稻草人、讲故事、拯救大头领罗高等部分。）

关键词：识别稻草人

"有一个人？那只是一个稻草人，懂吗你们？一个扎起来的假人！我压根不相信它能起得了什么作用。"

"可是它在动！"

"那是有意做成这样，让它随风而转。"

"既然你这么有把握，为什么你不率先飞过去？"

"我去？"瑞夏德问道。拉尔夫和鲁迪点点头。瑞夏德飞了一道优雅的弧形，落在稻草人的头上。他在稻草人伸直的手臂上散了一会儿步，又飞到它的头上，若无其事地蹦跳了一阵，这才高声叫道："这下你们该相信我了吧！"

鸦群唰啦一声飞了过来，纷纷散落在田地里，包括瑞夏德在内，个个都吃得饱饱的。

老师引导学生对本部分进行总结，并引出下一个情节：这是瑞夏德为鸦群做的第一件事，拉尔夫和鲁迪已经不再对他严加管束，但还没达到他们的要求，乌鸦长老会开会讨论瑞夏德的前途，瑞夏德对于他们这个群体有没有用。在这样的情况下，瑞夏德发挥了第二个强项——讲故事。

关键词：讲故事

"故事不能当饭吃！"

第七章 孩子们十岁了——规则，过一种安全的生活

"这种事在我们这里还不曾有过。"

"况且不听故事我们不也一直活得好好的？"

"不需要不需要！"

（老师和学生共同归纳瑞夏德讲的彩乌鸦和超级乌鸦的故事，并请同学们分角色朗读乌鸦们的话。）

"听故事太有趣了！真不知道以前没有故事听的日子是怎么过来的！"

"我找到了美妙的故事和说故事的能手！"

"就要分别了，最后给我们讲个故事吧！"

教师和学生总结，并引出下一个情节：瑞夏德已经把乌鸦们带进了另外一个世界。由此可见，会讲好听的故事让瑞夏德在鸦群中有了地位，大家都离不开他。不过，能够让他在鸦群里树立威信，受到尊重与信任，最关键的是哪件事呢？

关键词：拯救大头领罗高

a. 在天黑之前找到宠物医生。

瑞夏德知道，这是在和时间赛跑。夜幕降临之前，无论如何罗高应该得到救治。

在他的乌鸦生涯中，他还从未飞过这样快。

在一个不熟悉的城市里，瑞夏德很难找到一个宠物医生。后来在一只鸽子的指点下，瑞夏德终于找到了宠物医生莱娜·兰德科夫。（出示课件。）

他飞起身来，用嘴巴使劲啄按钮。试了好几次后，他听到一阵清晰的嗡嗡声，门自动打开了。

瑞夏德蹦蹦跳跳地往里走，边走边向大家致以很礼貌的问候。不过他心里有数，他的响亮的问候声，在人们听起来不过是乌鸦的呱呱大叫而已。

瑞夏德飞到引擎盖上，用鸦喙不停地啄着挡风玻璃。

b. 饱受鸦群的非议。

"你知道你目前身处什么样的险境吗？万一我有什么不测，整个鸦群都会

把责任归于你,会找你算账!"

"算账就算账呗,我还是请你试一试。"

"他是一个叛徒!""应该召集特别法庭来审理这个案件!大多数都是这个意见……""他们说,是你把大头领出卖给了人,按照鸦群的法律必须处死。"

提问:如果你是瑞夏德,此时遭到了别人的误解,你会怎么做?(提示:让孩子们在冲突中进行选择,不断地去明晰自己的道德观念。)

老师引导学生讨论:解救罗高后,鸦群对瑞夏德又是怎样的态度?

结合文本理解:拉尔夫和鲁迪再也不监督他或者向他宣布什么清规戒律了。长老会的老乌鸦们对他抱有深深的敬意,罗高对待他也像兄长对待小弟弟似的。好朋友洛阿与他几乎形影不离。洛阿总是说:"真是无法想象,一个人会变成这样一只能干的乌鸦。"

教师和学生一起总结:解救罗高之后,瑞夏德感觉到,从现在起才真正和鸦群融成了一片。鸦群完全认同了瑞夏德。这时候瑞夏德明白了:乌鸦也要遵守鸦群的规则,比如按时出发寻找食物、按时归队、群体中依据自己的特长承担一项任务……他勇于承担责任,坦然面对困难,已经在鸦群中获得了友谊、信任和尊重。

(3)主题探讨问题三:瑞夏德已经成为乌鸦中的佼佼者,为什么还要变回人?

①教师提出问题,引发学生思考:成为一只优秀的乌鸦,这不就是瑞夏德所期盼的吗?就在大家接受他、承认他、尊重他的时候,他却决定变回自己,这到底是为什么?

②品析重点语句。

(出示课件,学生齐读,思考:男孩瑞夏德是怎样由乌鸦变成人的?)

云雾迷茫,浪花翻卷,

黑水映射出白光。

云彩是时空的载体,

我是谁,我永远不会忘记。

第七章 孩子们十岁了——规则，过一种安全的生活

③教师小结：做乌鸦做得很成功，这一切的精彩都只是"朗多尔夫"的精彩，瑞夏德只是朗多尔夫的替身。瑞夏德相信自己有能力赢得属于自己的精彩，所以他决定重新变回自己。让我们和瑞夏德再次念这个充满魔力的咒语，开始这奇异的转换。

飞上高空，箭一般俯冲，
天地之间任从容。
用你的翅膀担负起黑夜吧，
你去做乌鸦，我来当儿童！

3. 前后照应，延伸主题，升华情感

（1）你觉得自己是个怎样的孩子？现在你给自己打几分？明天的你能够得几分？为什么？

（2）刚上课时，有的同学谈到想变成一只……想变成一只……如果现在再给你一次机会，你会选择变成什么动物？说一说。

（3）教师小结：同学们，在我们成长的路上，也许会像瑞夏德一样经历艰辛。我们常说"没规矩不成方圆"，人活着就需要遵守各种规则，唯有如此，我们才能生活得更加安全与幸福。请记住大首领罗高的话：

"你就是我们之中的一员，就得承担某一项义务。"

"这里容不下我行我素的乌鸦！你需要群体，群体也需要你。"

"谁改变了自己，就改变了世界。"

同学们，希望你在遇到学习和生活中的困难时，能对自己说——顺着嘴巴的方向朝前飞，不要恐惧，谁心怀恐惧，谁就会丧失力量和内在的智慧。

4. 发挥想象，续写故事，系列推荐

（1）故事续编。
请学生续编故事《人鸦》，写写瑞夏德会怎么面对以后的生活、学习。

（2）推荐"彩乌鸦系列"图书。

老师指导学生欣赏封面，引导学生关注"彩乌鸦系列"图书，并提问：你读过此系列的其他书吗？你还想读哪一本书？班级图书角就有这些书，有兴趣的同学可以借来读一读。

案例3:《人鸦》童话剧

【学习目标】

①通过童话剧的方式内化主题，种下"责任、规则、善良"等优秀品质的种子。

②通过全班排练童话剧，内化此书的核心思想，培养学生的合作能力和责任意识。

【学习过程】

师：伴随着我们的阅读，主人公瑞夏德从"孤独、懦弱、逃避责任"变为"勇敢、坚强、勇于承担"的人，我们也一起经历了一次又一次的冒险，开始思考如何让自己勇于承担责任，快乐成长。人只有在挑战自己认为不可能的事情时，才能够体会到真正的快乐。上次在演《绿野仙踪》童话剧时大家挑战了自己，这次《人鸦》童话剧我们还要继续接受新的挑战！

（教师用学生以前的成就感激发学生挑战的欲望，为排练童话剧做好心理准备。）

1. 根据主题，学生分章改编剧本

按照主题（变成人鸦前、做人鸦、回归人）进行分组，一组改编一章，各组完成任务后教师统稿，根据剧情适当地精简、修改剧本（如图7.1所示）。教师要引导每个人参与剧本的编写，提高学生的写作能力。

图 7.1　齐心协力修改剧本

2. 根据特长与实力"抢角色",领任务

(1)宣布"抢角色"规则,学生自行报名,择优选拔。

第一步,抢角色前,学生根据兴趣自愿申报角色;第二步,选同一角色的演员依次试演;第三步,全班投票选出适合各个角色的表演者(如图7.2所示)。

图 7.2　角色竞选

(2)根据剧本分成五个任务小组,各组撰写方案。

具体分配如下：

①导演组：熟悉剧本，并根据实际需要改编剧本，负责演员的招募工作。

②多媒体组：根据剧本的需要，选择音乐并剪辑，制作演出的课件。

③道具组：根据剧本的需要，负责人物服装和道具的制作，如遇到技术困难可以邀请家长志愿者参与，找出不合理的地方并修改。

④舞美组：根据剧本需要，挑选演员，编排舞蹈。

⑤演员组：仔细揣摩人物的心理，在其他组的帮助下，根据理解精彩呈现人物。

3. 分组排练，组长负责，老师协调

组长负责安排，利用课余时间分组行动，教师要指导各组制订每周计划并督促，必要时邀请家长和老师协助，提供技术支持。排练过程中，导演组要根据效果再次修改童话剧本。

4. 小蚂蚁故事分享会

师生分享排练童话剧的故事，印证书中的精华思想，引导学生不断对照生活，反思自己。

5. 童话剧彩排，确保演出成功

彩排很重要，能确保童话剧顺利演出，也让学生感受到演出的不易，更能体会到成就感。

6. 观看《人鸦》童话剧

童话剧的演出一般放在课程总结仪式上，首先对课程进行总结，最后表演童话剧。表演童话剧时，邀请家长和全校学生观看，使学生获得自我和他人的认同，增加其成就感。

第七章 孩子们十岁了——规则，过一种安全的生活

图7.3 《人鸦》演出现场

案例4：《人鸦》课程总结

【学习目标】

①总结回顾本书内容，梳理本书结构，提炼关键句段进行交流。

②深化主题，培养学生的责任意识。

③引导学生观照自我，从而指导学生在生活中做一个理解规则、勇于担当、遵守规则的人。

【学习过程】

1. 整体感受，师生共话《人鸦》

（教师出示课件：谁改变了自己就等于改变了世界。）

师：这个月，我们沉浸在乌鸦的世界里，共读了《人鸦》，全班同学也正在排练《人鸦》童话剧。此时此刻，你有什么话想对瑞夏德说呢？

（学生谈阅读感受，例如：瑞夏德很幸运，与我们相比，多了一份经历；瑞夏德很爱动脑，遇到问题时总会想办法解决；他很善良，能主动帮助一些有困难的小动物……）

2. 给主人公打分,体会人物形象

(1)变乌鸦前的瑞夏德。

师:在变成乌鸦之前,瑞夏德是一个怎样的男孩呢?如果让你给他打打分,你会给他打几分?为什么?

生:我给他打75分,因为他虽然不爱学习,但他的作文还是写得不错的。

生:我给他打60分,因为他也像我们一样有不少缺点:挑食,不爱喝牛奶,不喜欢做算术题。

师:说得好!他也像我们一样是一个普通的孩子,有优点也有缺点。

(2)人鸦瑞夏德。

师:变成乌鸦之后,瑞夏德是一只怎样的乌鸦呢?如果让你给他打打分,你会给他打几分?为什么?

(学生畅所欲言,可以从以下几个方面谈。)

①个人与群体之间的关系:瑞夏德必须服从集体,不能脱离群体。瑞夏德只有依靠群体才能生活,群体也需要瑞夏德。

(引导学生针对如何在群体当中发挥个人的作用来谈,要避免发生空洞地喊口号、板着脸说教的错误,要结合文本,采用角色自居的方式引领孩子们思考。)

②要想赢得他人的尊重,就要在集体中发挥特长,为集体做事。

(此环节教师可提问:如果你也变成了一只乌鸦,你会为群体做什么呢?带领孩子们不知不觉地走进角色,想象自己在群体当中如何发挥作用。老师切记:答案无所谓优劣,比如为他们唱歌、为他们站岗放哨等,只要是孩子们的真心话就可以。)

③善良,为他人着想,就会得到别人的信任。

(结合拯救罗高的事例谈,做到有理有据。同时可提问:除了信任、友谊和尊重,他还有哪些意外的收获?引导学生从不同角度认识瑞夏德,比如,他懂得了如何与动物相处,乐于助人,帮助蝴蝶、鹿、山雀等。)

(3)回归人的瑞夏德。

第七章 孩子们十岁了——规则，过一种安全的生活

师：回归自我后的瑞夏德是怎样的一个男孩呢？请你再来给他打打分。

生：我给他打100分。因为有了人鸦这段经历后，他的表现一定比以前棒多了，不再那么挑食了。

生：我给他打95分。因为他的表现肯定比以前好，但一定还会有一些缺点的，因为人无完人。

生：我给他打100分。因为他肯定不挑食了，还会善待动物。

3. 创设两难问题，考验学生认知，指导生活

（1）创设情境。

师：如果老师会施一点小小的魔法，使你成为一个亿万富翁，拥有无数财富，但代价是你必须失去所有的记忆，你将如何选择？

（教师要关注学生内心的成长，以下为小蚂蚁教室的课堂讨论片段。）

生：我还是做原来的我。因为失去了记忆的话，我就会不认识自己的爸爸、妈妈了。

生：我是愿意失去记忆的，希望成为一个亿万富翁。因为成为亿万富翁后，别人可以告诉我这是我的父母，我重新把他们记住。

生：我反对你的看法，即使别人告诉你，你对他们也是没有感情的，那又有什么用呢？

生：我也觉得这样不好，除了失去爸爸妈妈，也会失去以前所有的朋友。

生：我也愿意失去记忆，因为失去记忆可以忘记以前一些不好的事情。

师：在你们的生活中，值得记忆的事情多呢，还是不好的事情多？

生：那还是好的事情多。

师：那你还愿意失去记忆吗？

生（不好意思）：不愿意。

师：当然，你也可以保留自己的意见，因为每个人都有自己的想法。

（教师不要强迫孩子们答案一样，要保留孩子独特的想法。此环节还要指导学生，生活中我们难免会遇到这样那样的问题，我们应该积极地去面对，

而不是逃避。)

（2）反思自己。

师：这个月，我们跟着瑞夏德经历了一次人鸦的特殊转变，你会给将来的自己打几分？为什么？

（教师要引导学生总结反思自己在《人鸦》课程中的变化。）

4. 表演《人鸦》童话剧，共祝收获

此环节全体学生表演童话剧《人鸦》，以此庆祝学习收获。

（原创的《人鸦》童话剧本详见本书附录。）

四、我们的活动——安全伴我行，小蚂蚁在行动

安全教育对孩子的意义重大，但是其内容广泛，通过梳理《品德与生活》《品德与社会》教材的相关内容，针对学生年龄特点，小蚂蚁教室以学生当下生活为主线，从"家庭生活、校内生活、校外生活"三方面入手，对学生进行安全教育。课程实施时，以"知行合一"的教育理念为指导，引导学生"由知到行，以行践知，以知促行"。在"知"的方面，主要借助品德课堂，共同了解安全对于自身的重要性，学习安全常识，提高安全意识；在"行"的方面，主要通过实践模拟活动，训练学生自救自护的能力。因为每年3月最后一周的星期一为中小学生"安全教育日"，所以，建议本课程在3月开始实施，便于整合学生的生活。具体内容见表7.3。

表7.3 "安全伴我行，小蚂蚁在行动"课程实施计划

课程主题	课程内容及目标
居家安全与自护	学习家庭里的安全常识，如安全用电、厨房的安全、饮食安全等，学会打电话（110、112、119）求救，提高学生的家庭安全防范意识和自我保护能力。

第七章 孩子们十岁了——规则，过一种安全的生活

续表

课程主题	课程内容及目标
校外安全与自护	重点学习交通安全和自然灾害中的防范常识，知道不遵守交通规则带来的危害，培养学生自觉遵守交通法规的规则意识，懂得生命的可贵，珍爱自己的生命。
校内安全与自护	掌握一些校园安全常识，如紧急避险、火灾中的自救等，学会使用灭火器，学习校园逃生自救方法，提高学生的自救意识，培养学生的应变能力。

案例1：安全伴我行——校园生活的安全

学校是一个特殊的场所，这里人多且场地有限，学生年龄小，自我保护意识差。因此，安全问题永远是学校最关注的问题。

【活动目标】

①懂得校园生活中安全的重要性，树立安全防范意识和自我保护意识。

②掌握一些校园安全常识，如紧急避险、火灾中的自救等，学习校园逃生自救方法，提高学生的自救意识，培养其应变能力。

③寻找学校生活中存在的安全隐患，给学校和其他同学提出合理化建议，培养学生的主人翁意识。

【活动过程】

1. 校园安全事故，引发思考

（教师出示校园安全事故的事例，请学生默读，并说说读后的感受，以此引发学生的思考。）

事例：2006年10月25日晚，四川省巴中市通江县广纳镇小学四年级至六年级寄宿制学生晚自习结束后，在下楼梯时发生拥挤踩踏事故，造成8名学生死亡，45名学生受伤。

新疆生产建设兵团农一师第二中学附属小学学生在下楼参加升国旗仪式时，发生拥挤踩踏事故，造成1名学生死亡，12名学生受伤。

学生谈感受后，教师总结：安全警钟在向我们发出警示，校园生活，安全第一！1996年3月，国家七部委联合发布通知，决定自1996年起建立全国中小学生安全教育日制度，并将每年3月最后一周的星期一设立为中小学生"安全教育日"。因此，3月为小蚂蚁教室的"安全月"，我们将要学习安全知识，提高自我保护的能力。

2. 创设情境，小组合作模拟

情境一：周一同学们下楼参加升旗仪式，这时，大家突然听到有一个女生大喊："前面有人摔倒了！"此时，你刚刚下到二楼，还有很多同学在你后面，你会怎么办？

情境二：下课了，你正在操场上玩，突然，你发现有低年级的孩子在烧树叶，火苗越来越大，看到此种情境，你会怎样做？

（1）以上情境，以小组为单位进行模拟。

模拟前，为了避免学生不严肃，老师要提醒学生，上面的事例就发生在我们身边，安全无小事，学习安全技能就是爱护生命的表现。

（2）学生模拟演习。

老师要相机采访学生，你为什么这样做？还有别的方法吗？以此打开思路，让学生明白遇到问题要灵活多变，帮助学生了解更多的安全常识。

（3）教师讲解灭火器的使用方法，如图7.4所示，总结顺口溜：一摇，二拔，三压。学生模拟练习。

第七章 孩子们十岁了——规则，过一种安全的生活

图 7.4 老师指导灭火器的用法

（4）学生模拟以上情景后，老师和学生共同总结。

根据需要，学生出错较多的情景，可以再模拟一次，以强化安全技能。

3. 我是校园小当家，火眼金睛找隐患

（1）以小组为单位寻找校园生活存在的安全隐患。

（2）全班讨论，针对安全隐患提出合理化建议，并写成建议书，由学生代表送至校长室。

4. 我是安全宣传员

引导学生把自己学到的安全常识介绍给低年级的小同学，号召全校师生手拉手，共建安全校园。

案例 2：安全伴我行——居家的安全与保护

【活动目标】

①引导学生关注家庭生活中的安全问题，提高安全防范意识。

②通过角色扮演、模拟情境等方式，了解家庭安全知识，提高自我保护的能力。

【活动过程】

1. 身边故事，以情唤情，引发共鸣

师：家是我们生活的港湾，家是我们成长的摇篮，家是让我们感到最安全的地方，可是在家庭生活中经常会出现小差错，而这些小差错往往会酿成大祸。就在去年11月11日，我区某小学四年级学生的妈妈，在洗澡时因触电而亡。如果懂得家庭生活中的安全常识，也许就会避免这样的悲剧发生。

今天，就让我们学习这些安全常识，回家向父母宣传，和父母共同承担起家庭中的责任！

2. 辨别是非，提高认识，总结方法

（1）观察图画辨是非。

教师出示图片：孩子从窗户探出头、湿手插电源、煤气灶被开水浇灭。引导学生看图、说图，同桌讨论，全班交流。

（老师要引导学生细致观察，并能叙述图中小朋友在做什么？他们这样做对吗？依据生活经验，大家谈谈可能会引起什么后果？学生交流后可以引入生活中看到或亲身经历过的安全事故来谈，提高学生的安全意识。）

（2）小组讨论得办法。

教师引导学生针对以上三幅图片，小组讨论并制定"防高空坠落、防电、防煤气的安全应急方案"，并说一说如何做到防患于未然？

3. 搜查隐患，模拟表演，获得能力

（1）家庭隐患大搜查。

教师出示某位同学家中的照片，如厨房里菜刀乱放，碗不按大小次序摆放，卧室柜顶上放置花盆等，让学生找一找，并且对照照片说一说居家安全要注意哪些方面？

（2）模拟表演。

根据孩子们常出现的安全问题,如热水烫着手、脚崴了、削水果划破手等事情改编情境,小组模拟并演示自救办法。

(教师引导时要教会孩子们正确处理问题的方法,提高自护能力。)

4. 安全歌谣,美好祝愿,情感升华

(1)师生共同总结《家庭安全童谣》,学生回家后向父母宣传。

独自在家要注意,
防火防电防煤气。
热水千万别倒满,
药品不能当点心。
扒窗探身太危险,
有事相求找邻居。
遇事别慌想主意,
胆大心细要牢记。

(2)同唱《祝你平安》,美好祝愿。

师:希望同学们在日常生活中注意安全,学会保护自己。祝愿每位同学都平平安安、快快乐乐!

案例3:安全伴我行——火灾中的自救

据统计,我国几乎每天都有火灾发生,无论是在家庭中、学校里,抑或是社会上,火灾是比较常见的灾害。俗话说"水火无情",因此,学习火灾自救常识非常重要。

【活动目标】

①了解火灾发生的主要原因,提高学生的防火意识,明确防火自救的重要性。

②掌握消防安全常识及逃生自救的方法,培养学生的团结合作精神和应

变能力。

③学习利用各种方法查阅、收集、处理信息资料,培养学生搜集和处理信息的能力和获取新知识的能力。

【活动过程】

1. **短片导入,引发触动**

师:人们常说"水火无情",上节课我们学习了预防火灾的方法,但在现实生活中,有时候火灾还是不可避免地发生了。今天我给大家带来了一个短片(多媒体演示)。

师:看了这个短片,此时此刻你想说些什么?(学生发言。)

师:看来火灾带给人们的危害是巨大的,一把火可以瞬间把人们创造的物质财富化为灰烬,甚至还会夺去人们宝贵的生命。如果有一天碰到了火灾,你会怎么办?今天我们就一起来学习火灾自救知识。课前同学们搜集了很多火灾自救的方法,现在请同学们小组交流。

2. **探究火灾中的自救方法**

(1)集体交流。

师:刚才看到大家讨论得特别热烈,相信你们已经掌握了很多火灾自救的知识。现在我扮演一名记者来采访采访大家,看看谁掌握的火灾自救知识最科学、最有效。(随机采访各小组成员。)

师:当发现火情时,首先要做什么?

师:在自救的同时怎样获得科学的救援?

(学生回答时,教师提醒学生要及时扑救、拉闸断电或拨打119火警电话。)

(2)视频演示电话报警。

师:正像这位同学所说,我们要拨打119火警电话。那我们该怎样拨打119,消防宣传员奇奇给我们带来了一个宣传片,我们一起看一下。(视频演示如何拨打119。)

师:看完视频演示,我想大家对拨打119的注意事项已经有了清楚的

了解。下面我们两人一组来表演,一个人扮演119接线员,一个人扮演报告火灾的人。

师:看来我们在拨打119时一定要说清楚起火的地址、联系电话、起火原因、火势情况等,以争取更多的救援时间。

师:火警电话119为我们社会的公共安全提供了有力的保障,在平时的生活中我们不能随便拨打119。如果随意拨打,不但会造成人力、物力、财力的浪费,还会给真正需要帮助的地方带来困扰。

(3)情景模拟,学习火灾中的自救自护常识。

情境1:家里油锅着火,你该怎么办?

(学生模拟演习,老师相机指导。)

教师总结方法:火势较小时,可以利用盖上锅盖或是放入切好的蔬菜等方法来灭火。如果火势已经无法控制,就要迅速离开火灾现场并及时拨打119。

情境2:电器着火怎么办?

(学生模拟演习,老师相机指导。)

教师总结方法:当电器着火时,首先要拉闸断电,如果只是外壳着火且火势较小时,可以用湿棉被将其紧紧包住使火熄灭。当火势较大被困在家里时,一定要躲到没有火的房间,并用湿棉被塞住门窗的缝隙,不断向上泼水来延缓火势的蔓延。如果烟雾大,要用湿毛巾捂住口鼻,向外呼救等待救援。

情景3:当你在商场、超市等公共场所时,发生火灾了怎么办?

学生模拟演习,老师追问:如果身处较高的楼层,你该怎么办?楼层较低时怎么办?

教师总结方法:寻找安全通道,保护好自己,从安全出口逃生。如果楼层很低,可以结绳自救;如果楼层很高,在窗口挥动衣物呼救。

情景4:在学校里遇到火灾时,你该怎么办?

(学生模拟演习,老师相机指导。)

教师总结方法:要听从老师指挥,有秩序地撤离。衣服着火要赶紧用水

浇灭或就地打滚。

情景5：你在公交车上，着火了该怎么办？

（学生模拟演习，老师相机指导。）

教师总结方法：火势较小时，可用衣物包住全身从车门逃生。火势较大时，用应急锤敲碎玻璃，跳窗逃生，也可打开应急天窗逃生。

3. 总结火灾中自救的方法，强化学习效果

（1）观看视频，总结火灾自救的方法。

师：大家的方法还真不少，奇奇也给我们带来了一些火灾自救的方法，我们一起来看一下（播放视频）。看来在遇到火灾时，我们一定要根据实际情况以及所处的位置，选择科学有效的方法进行自救。

（2）自救知识大闯关。

老师根据视频出题考查学生，强化学习的效果。

（3）自编儿歌，内化自救知识。

师：刚才同学们的表现真不错，我们一起把自救知识变成儿歌吧，这样记起来就方便多了。

　　　　　　火灾起，怕烟熏，
　　　　　　鼻口捂上湿毛巾，
　　　　　　身上着火地上滚，
　　　　　　不乘电梯往下奔，
　　　　　　阳台滑下捆绳索，
　　　　　　盲目跳楼会伤身。

4. 集体逃生演练，以行践知

（1）集体逃生演练（如图7.5所示）。

图 7.5　集体逃生演练

（2）教师观察并进行总结：火灾情况复杂，同学们要牢记十六个字——临危不乱，清醒果断，争分夺秒，脱险巧妙。希望同学们在真正遇到火灾的时候能开动脑筋，想出巧妙的办法安全脱险。

案例 4：安全伴我行——地震中的避难

地球上每年约发生 500 多万次级别不等的地震，即每天要发生上万次地震。地震带来的危害是可怕的，面对这种自然灾害，我们该如何保护自己呢？

【活动目标】

①了解地震前的征兆。

②学习地震时的自救常识，提高学生的自救能力。

【活动过程】

1. 图片对比，触动情感，明确自护意义

师：今天老师给大家带来几张图片（出示唐山市新城的图片），大家感觉怎么样？

师:(出示唐山大地震后的图片,老师边出示课件,边深情叙述)画面上的这座城市是我们河北省的唐山市,这座美丽的城市在三十多年前曾经发生了震惊世界的大地震,在短短的五秒钟内,这座拥有百万人口的城市瞬间被夷为平地。下面我们就来看看那触目惊心的场面。

师:(出示照片)唐山大地震之后,大街上满是人们乘轮椅出行的照片。大家看到的这幅画面可不是残疾人在开运动会,而是地震中因砸致残的人们,他们在平时生活中只能以轮椅代步。大家知道吗,在这次大地震中有24万人丧生,16万人被砸成重伤。而在洛杉矶也曾经发生过这样的大地震,但是他们仅伤亡了58人,为什么有这么大的反差,你们想知道吗?主要是因为当时人们缺乏地震中避难的常识,今天我们就来共同学习地震中的自救自护知识。

2. 自主学习,信息搜集,了解避难方法

(1)采用多种途径,自主寻找避难方法。

(上网查阅、到书店查找书籍、采访他人等。)

(2)课上交流避难方法和搜集途径。

(3)教师和学生共同总结避难方法。

学校避震:在操场或室外时,可原地不动蹲下,双手保护头部,注意避开高大建筑物或危险物。不要回到教室去,不要站在窗外,不要到阳台上去!

家庭避震:室内房屋倒塌后形成的三角空间,是人们得以幸存的相对安全的地点,如床沿下、坚固家具附近;内墙墙根、墙角;厨房、厕所、储藏室等空间小的地方。

公共场所避震:听从现场工作人员的指挥,不要慌乱,不要涌向出口,要避免拥挤摔倒,要避开人流,避免被挤到墙壁或栅栏处,用书包等保护头部。

3. 全班合作,模拟演练,践行认知

(1)老师创设情境:假如我们正在上课,突然发生了地震,老师倒计时三秒,看谁能选择正确的避难方法。

(2)学生演练,互相评价,指出正确的避难方法,纠正错误的做法。

4. 歌谣总结,了解地震先兆

(1)事例说明地震先兆。

师:在唐山大地震时就有先兆,地震前几天,渔民们发现鱼特别好捕捞,一个劲儿往上蹿,但是这种异常现象并没引起人们的重视,几天后大地震就发生了。

(2)儿歌总结地震先兆。

震前动物有预兆,密切监视最重要。
骡马牛羊不进圈,鸭不下水狗狂叫。
老鼠搬家往外逃,鸽子惊飞不回巢。
冰天雪地蛇出洞,鱼儿惊惶水面跳。

5. 实践行动:我是安全宣传员

把所学的自救自护安全知识总结成简单易记的话,写到卡片上,对家人和低年级小同学进行宣传,让大家都学一些自护知识,因为多一份知识,生命就多一份保障。

案例5:安全伴我行——交通安全你我他

小学生每天上下学都要过马路,有的还要乘坐公交车,他们自身的安全意识不强,因此,必须让他们掌握一定的交通安全知识。

【活动目标】

①知道交通规则和常识,了解不自觉遵守交通规则带来的危害。培养学生自觉遵守交通法规的意识,知道生命可贵,懂得珍爱生命。

②观察本地的交通秩序现状,养成留心观察生活的习惯,从生活中发现

问题,寻找解决问题的办法。

【活动过程】

1. **关注生活,明确交通与人们的生活息息相关**

师:今天早晨,你是如何来上学的?

(学生畅所欲言:乘公交车、走路、家长骑自行车或开车送等。)

师:单单上学这件事,我们就可以知道生活中时时刻刻离不了交通。结合生活说一说,你在生活中做什么事情时也离不开交通呢?

2. **生活小调查**

(1)结合课前调查(参见表7.4)说一说:小学生有哪些违反交通规则的现象?

(课前调查,引导学生根据调查表观察生活,发现问题,为课堂的学习、讨论打下基础,从而体会交通和我们的生活密切相关。)

表7.4 安全连着你、我、他——违反交通规则调查表

调查时间		调查地点	
调查人		调查方式	
调查发现	小学生违反交通规则的事:		
调查感受	这样做引起的后果:		
调查思考	他们为什么这样做?		
家长期望	在遵守交通规则方面家长会对你说:		

(2)选取典型事例在小组讨论分析。

学生分小组交流调查到的违反交通规则的现象,辨析生活实例。教师要引导学生分析:画面上的人这样做会导致什么后果?小组选出发言人在全班汇报,充分发表自己的观点和看法。

3. 集体交流，活动体验，感悟生命价值

（1）播放视频"篮球女孩儿"的故事并谈谈感受。

学生汇报交流，教师相机引导学生谈自己的观点，感受"交通事故猛于虎"，警示学生时刻注意交通安全。

（2）活动体验，体验健康的重要。

让学生用绳子绑住双脚双腿走路，体验靠双拐走路时带来的不便。体验活动之后，让学生摸摸健康的双腿，感受健康的可贵，唤醒孩子珍惜健全的身体的意识。

（3）反思行为，指导生活。

教师引导学生反思：你违反过交通规则吗？现在怎么看自己以前的行为？（老师要在学生明理后趁热打铁，回到现实生活中，引导学生反思自己的行为，以指导生活。）

（4）明确行为，践行认知。

教师出示学校附近的交通现状图，提问：你打算怎么做来保障自己的安全？你能编一句警示自己时时刻刻自觉遵守交通规则的话吗？（老师把这节课的教育内容延伸到生活中，从生活中总结方法，到生活中印证方法，时时提醒学生提高交通安全意识，珍爱生命，同时结合学校附近的交通现状，指导学生的实际生活。）

4. 课堂小结

师：最近，我们学习了很多安全知识，同学们的安全意识也增强了，有时候危险就发生在你的一念之间，希望你们把学到的知识落实到行动中。

案例6：安全伴我行——小蚂蚁在行动

【活动目标】

①通过采访调查，指导学生自觉地、逐步深入地反省和思考，从而引起

对生命的关注与热爱。

②通过网上调查、社会考察、采访、问卷等方式，观察活动中身边的安全隐患，制定防护措施。

③了解安全常识，提高自救自护能力。

④参与社会实践，逐渐培养学生的交往能力以及实践、创新、合作、反思等综合能力。

【活动准备】

①老师事先与相关人员确定安全讲座的内容。

②邀请家长志愿者担任安全监督员。

【活动过程】

1. 教师出示并介绍实践活动任务

"安全伴我行，小蚂蚁在行动"实践活动中，校园系列活动由老师负责组织联系，社区和亲子活动需要家长参与。分组时，教师要根据学生的家庭住址，协调分组情况。内容参见表7.5。

表7.5 "安全伴我行，小蚂蚁在行动"实践活动任务表

活动主题	活动参与人员	活动内容及目标
校园活动——小蚂蚁在校园	负责人：班主任 参与者：小蚂蚁班级全体成员 协助者：大队辅导员樊晓云、交警、消防官兵	①邀请交警支队的民警开展交通安全专题讲座，组织参观"平安出行交通安全教育活动"图片展。 ②邀请消防支队官兵举办消防知识讲座，模拟演练安全逃生等。 ③开展"校园安全隐患大搜索"活动，引导学生把发生的事情写成故事并巡回演讲。 ④撰写《校园安全倡议书》，引导学生进行自我教育与相互教育。

续表

活动主题	活动参与人员	活动内容及目标
亲子活动——小蚂蚁在家庭	负责人：家长志愿者 参与者：小蚂蚁班级全体成员 协助者：家庭成员	①通过"给家长的一封信"，让全体家长明白小蚂蚁安全行动的方案以及要求。 ②组织开展"家庭安全宣传展""平安家庭评选"等活动，以此带动家长共同遵守法规，为创建"平安家庭"共同努力。 ③开展"小手牵大手，文明路上一起走"的亲子活动，制定家庭安全手册。
社区活动——小蚂蚁在社区	负责人：家长志愿者 参与者：小蚂蚁班级全体成员 协助者：居委会工作人员	①向社区的人们进行安全宣传，教社区小朋友唱安全歌谣。 ②和父母一起做一天社区安全协查员，将社区不安全的隐患反映给居委会。

2. 自愿结组，分组实践

（1）根据任务，小组讨论，制订具体方案。

比如校园安全隐患大搜索活动前，教师要引导学生确定调查的范围：

①调查班内的安全隐患。

②观察校园内厕所、操场、多功能教室等地方的安全隐患。

③采访校医，了解本校学生发生意外的原因。

④采访体育老师，了解体育课发生意外的原因。

（2）细化方案，做好准备。

①教师指导学生细化每一次行动的方案，填写"安全隐患调查表"。

在校园安全隐患大搜索活动中，教师要引导学生从不同角度、不同地点进行观察：在楼道里踢球；在走廊、楼道里追逐打闹；集体上下楼时不讲秩序，拥挤；拿小石子或其他小物件互相丢着玩；手持棍棒互相打斗；打扫卫生时用劳动工具打闹；攀高并从高处往下跳；趴阳台；进入多功能教室拥挤；爬墙；玩铁门、教室门；高空抛物等。

②指导学生找到安全隐患后，及时阻止或向相关负责人反映。（用手机和数码照相机拍摄活动过程中的重要片段和镜头。）

（3）分组完成任务，并填写活动后记表（参见表7.6）。

表7.6 "安全伴我行，小蚂蚁在行动"安全隐患调查表

活动时间	
活动地点	
参与人员	
安全排查	
整改建议	
整改效果	

3. 全班交流，集体汇报

（1）小组汇总，准备集体交流。

调查结束后，先在小组内进行汇总，形成完整的调查报告和演示文稿，用于班级交流。

（2）发出倡议，做安全小主人。

班级制定《校园安全守则》，在班级汇报之后，学生还要将讨论结果向学校有关部门汇报，并向全校学生发出安全自护倡议。

4. 小蚂蚁校园安全行动

（1）组成小蚂蚁安全巡逻小队，课间在校园内巡逻，为学校安全尽自己的一份力。

（2）设计安全警示标志和标语（设计的标志、标语要美观、醒目），贴在校园里，警示全校师生。

（3）在大队辅导员的帮助下，利用"红领巾广播"宣传安全知识，在"国

旗下讲话"中通报一周的校园安全检查情况,帮助学生逐步实现自我管理。

五、我们的约定——小蚂蚁好习惯银行

为了培养学生的规则意识,小蚂蚁教室不仅在安全上"打井",同时,还制定了本教室的规则——班规。

小蚂蚁好习惯银行制度是在班规基础上产生的,是学生民主商议后共同遵守的约定,目的在于培养学生的自我管理能力。小蚂蚁好习惯银行也是针对孩子喜欢玩游戏的特点而设计,提倡每个人有工作、有奖金,重要的是要用自身的行动点亮每一个日子,每天自己和自己比:是否努力、是否尽心、是否进步。希望小蚂蚁班级的每个人每天都有收获。每个月最后一个周五是一个特殊的时刻,师生一起盘点一个月的收获。

小蚂蚁好习惯银行里发行虚拟的电子蚁币,这不是培养"见钱眼开"的孩子,而是以新教育道德人格发展六阶段为参考标准,每个同学都是观察员,一个学期评选一个自觉遵守班规的孩子,作为道德发展第五阶段"将心比心,推己及人"的升级选手。这是每个小蚂蚁都希望得到的荣誉,只有长期坚持,在做到慎独的基础上才会升级。小蚂蚁们为实现道德的最高境界——"己立立人,己达达人,惠泽天下"而努力!

小蚂蚁"好习惯蚁币银行"管理办法(试行办法)

小蚂蚁班级底薪:每人每天享受的福利底薪为10元蚁币。

【岗位及薪水】

1. 卫生部门

值日生:日薪10元蚁币

卫生监督员:日薪10元蚁币

实施细则:

①申请卫生值日职位的员工,每日需勤勉有序,把本职工作做到最好。

接受卫生监督员和学校的检查。

②卫生监督员，有权让值日生返工重来（责任比较大）。

2.班级管理部门

班委：日薪20元蚁币

3.学习辅导部门

图书馆管理员：日薪20元蚁币

课代表：日薪20元蚁币

作业管理员（语、数、英）：日薪20元蚁币

辅导小老师：日薪20元蚁币

【奖惩制度】

1.奖励制度

（1）奖金一：常规管理。

①一月内出勤率满分：100元蚁币。

②一月内作业全部做完：100元蚁币。

③一月内被学校表扬一次：10元蚁币。

④作文、作业展评优秀一次：30元蚁币。

⑤积极参加学校、班级组织的活动，圆满完成任务者，奖励30元蚁币。

⑥任课老师在课堂就纪律、发言等情况表扬一次，奖励5元蚁币。

（2）奖金二：读书写作。

国学学习：

①"中华游学"课程：课前搜集资料和积累知识达标者，奖励20元蚁币。

②国学力行活动中被家长或者老师、同学表扬一次奖励10元蚁币。

③太极扇学习每节奖励10元蚁币。

④学校、班级的社团活动参加一次奖励20元蚁币。

⑤诗词积累：背10首诗歌奖励20元蚁币（20首起，前后不得重复）。

读书活动：

阅读一本课外书籍奖励10元、5元蚁币不等（在完成学习任务的前提下，家长或同学出示阅读证明，老师检查合格）。主动积累词语，写读后感的奖励

第七章 孩子们十岁了——规则,过一种安全的生活

10元蚁币(抄袭者等额罚款10元蚁币)。

写作方面:

①坚持每周天天写日记,周记坚持一个月(每篇字数不少于200字),奖励40元蚁币;

②作文在小蚂蚁论坛被评为优秀,或是日记被选入班级故事集的,每篇奖励20元蚁币。

2. 处罚制度

①迟到:罚10元蚁币(重犯翻倍)。

②旷课:罚10元蚁币。

③一科作业一次未按时完成,罚10元蚁币。

④出现不文明现象(打架骂人)或玩危险游戏,一次扣罚50元蚁币。

⑤违反学校纪律,一次罚10元蚁币(情节严重者加倍)。

⑥自己座位周围或抽屉不整洁,一次罚5元蚁币(提出警告不听劝阻者翻倍)。

⑦校园内追逐打闹,罚50元蚁币(提出警告不听劝阻者翻倍)。

⑧校内吃零食,上课玩玩具,一次罚10元蚁币。

【实施说明】

(1)人人有岗位原则。

全班学生分为八大组,每组为一个小团队。每个小组里都设置记账员、检查员、监督员各一名。每个小组的记账员负责工资表,工资表里除了奖金和罚金两项,每一项都要写明款项、金额以及组员的名字。组员自己的收入自己记录,在月底的时候,记账员会发放工资条,可与本人的记录核对。各个小组的记账员有单独的工资表,由各小组的监督员管理记录,这样,每个孩子的工资情况都是两份,月底发工资时一一核对。

(2)奖惩有序原则。

①只要你遵守规则,能自律,就会成为万元户!

②小蚂蚁银行的核心是规则意识和自我管理能力的形成。"人人有岗位,人人都是监督员,人人都能挣工资,人人都能得到奖励",这样,班内没有了

班干部,人人都是管理者,人人都是监督员,职责分明,奖惩分明。

(3)灵活原则。

班级岗位和奖惩项目不是一成不变的,而是随着年级的增高,由全班商议制定。

【蚁币消费】

①蚁币200元购买座位的使用权(蚁币存款额度高者优先选择,使用期限一个月),如果你还有足够的钱,可以买下同桌的座位。

②如果不想买座位,就可以继续攒钱,购买游学活动的外出名额。

③100元蚁币存款可以参加班级无作业日活动。

注:最终解释权归班委所有,操作中遇到特殊情况,全班民主商议决定。

六、总结反思,优化效果

(一)课程实施前,紧密围绕主题,选择课程内容

孩子们最喜欢故事,如何做才能让故事的教学效益最大化呢?

第一,采用三个故事组成"我们不可以"小课程,通过绘本故事从不同的角度阐述规则与自由的关系,唤起孩子们对规则和自由之间辩证关系的思考。

第二,通过经典书籍《人鸦》打开孩子们的心扉。《人鸦》可以说是一个规则和自由的故事,也可以说是一个关于"学会理解"和"尝试改变"的故事(当然,这本书还可以有其他解读)。在共读时,如何把握主题?小蚂蚁教室根据学生当下的生活——缺乏规则进行了选题:出现问题(不愿意遵守规则)—经历困难与抉择(理解规则)—解决问题(改变自我),即梳理出三个关键词"理解""勇气""改变"。

共读后,以下三句话成为班级名言,也成为小蚂蚁勉励自我的警句:

①谁改变了自己就改变了世界。

第七章 孩子们十岁了——规则，过一种安全的生活

②面对困难要有勇气，不要恐惧，谁心怀恐惧，谁就会丧失力量和内在的智慧。

③面对责任时要主动发挥自己的强项，因为群体需要你，你也需要群体。

随着共读的深入开展，孩子们的内心也有了很大触动。通过一个月的师生共读交流，共编剧本，PK角色等活动环节，小蚂蚁们变得灵动善思，一张张精美的手抄报，一份份有模有样的剧本，见证了孩子们对"爱、责任、勇气"的理解。下面是李家豪同学在日记中记录的《人鸦》课程中自己的心路历程：

我喜欢主人公瑞夏德，在角色竞争中，我竞争的是瑞夏德。第一次竞选角色时被李菁宇"抢"走了，但是我没有放弃目标，为了争夺回这个角色，我不断地揣摩人物心理，并根据我的理解修改剧本，使得这个角色更加适合我的声音和身体特点。当然对手很优秀，我不敢放松，我要接受的第一个挑战就是尽快把台词背下来，因为只有背下台词才能通过动作、表情把角色表现得淋漓尽致。

周末休息时间，我在家反复练习，但是听到窗外小朋友们嬉笑打闹的声音，我的心早已飞到了窗外，我背台词的意志不再那么坚定，也想出去玩一小会儿。可是转念一想："瑞夏德的台词还没有完成！怎么办呢？"我忽然有了个好主意！小朋友们在外面也是瞎玩儿，我和他们一起排练童话剧不也是玩嘛！于是，我拿着剧本，把院里玩耍的小朋友召集到一起，开始排练起社区版本的《人鸦》童话剧。院子里的小朋友们觉得很好玩，大喊过瘾，于是大家相约每天写完作业就一块排练。功夫不负有心人，竞赛的结果可想而知，我战胜了李菁宇，打了一个漂亮的翻身仗，抢回了我喜欢的瑞夏德这个角色。此时，我明白了乌鸦首领的话：只要顺着嘴巴的方向朝前飞，不怕困难，就能成功。

小蚂蚁教室的家长在参与课程的过程中也看到了孩子的变化：

今天是我在小蚂蚁班级时间最长的一天，老师与同学们的热情和认真感

染着我。在家长义工招募活动中，我参与了道具制作，大人和孩子们在一起剪剪贴贴，欢声笑语不断，我仿佛又回到了童年。在角色竞选活动中，让我特别难忘的是，史少康和李广龙进行PK，少康胜出，李广龙掉下了眼泪，少康很认真又很细心地为李广龙擦去眼泪。虽然这只是一瞬间的画面，却让我印象很深刻，我非常感动。这个举动能看出孩子们多么善良，从他俩身上不难看出这个班级的同学们个个都很优秀，非常认真努力，不论成败都会勇敢挑战自我。我为同学们能保持这样良好的心态而感到高兴，更为小蚂蚁班级加油，愿你们快乐地成长！

（摘自马胜楠家长日志）

（二）课程实施中，抓好"三个结合"提升教育效果

1. 自控和他控相结合

在安全课程中，老师要以高度的责任感狠抓安全教育，严格落实到位，同时班里的孩子们成立安全检查小组，查细节、查设施、查隐患，相互配合，形成师生互动安全网络。比如："小蚂蚁安全巡逻小队"课间在校园内巡逻。在大队辅导员的帮助下，利用"红领巾广播"宣传安全知识，在"国旗下讲话"中通报一周的校园安全检查情况，帮助学生逐步实现自我管理。

"小蚂蚁好习惯银行"课程把班规落到实处，用游戏的操作模式实现了班级管理自控和他控相结合。

2. 知识和实际生活相结合

教育的内容和形式必须贴近儿童的生活，反映儿童的需要，让他们从自己的世界出发，用自己的眼睛观察社会，用自己的心灵感受社会，用自己的方式研究社会。所以，安全意识的培养主要是引导学生观察、思考自己生活中的问题，结合学生的生活实际找到解决的办法，让安全意识深入学生心中，从外化逐步过渡为内化，培养学生的自我保护意识，为他们的健康成长打好

基础。

实践出真知，家校共管出效果。现在，学校的安全教育多以学校、老师灌输为主，真正实践的少，而我们的班本课程，通过家校齐抓共管，在活动中寓教于乐，在实践中践行知识，效果非常明显。安全课程引导孩子在生活中主动了解家庭、校园、社会等不同地方的不同规则，主动遵守各项规则制度，并依托实践培养孩子们的安全意识，同时还让孩子把学到的自护自救应急办法运用到具体情境中，提高其解决问题的能力。

3. 短期主题活动与长效教育相结合

安全教育要常抓，一定要摒弃"今天一阵风，明日松一松"的麻痹思想。主题活动中，小蚂蚁教室采用活动、知识竞答、讲故事、即兴表演等多种形式，巩固对自护知识的理解和运用，培养学生各方面的能力。

孩子在生活中面临的危险是不可预料的，家长和老师都不可能为孩子排除一切危险因素。"授之以鱼，不如授之以渔"，所以在课程结束后，小蚂蚁们自编《小蚂蚁自救自护安全手册》，目的就是让孩子们经历"学习—演习—整理"的过程，这是长期教学活动中最重要的一项。

第八章　喜忧参半五年级
——仁爱，过一种快乐的生活

一、学情分析与班本课程总览

二、我们的诗——友谊之花

三、我们的书——共读爱心书

四、我们的节日——朋友节

五、我们的活动——小蚂蚁爱心行动

六、我们的行动——游学课程

七、总结反思，优化效果

随着年龄的增长，五年级的孩子开始有了自己独特的价值判断，但因为年龄小、阅历浅等原因，对许多事情的判断存在偏颇却仍然固执己见，"仁爱"课程针对孩子的这一特点，以培养仁爱之心为目标，引导学生学会推己及人，恰当地处理自己和他人之间的关系。仁爱教育倡导人与人之间的亲善关系，即能够处理两个人之间的关系，如亲子、师生、朋友之间等。"仁爱"课程内容广泛，所以开发、实施课程主要采取"井上打眼"的方式进行，以学生生活中矛盾交集点——友爱危机作为课程的切入点与抓手，推而广之，学会换位思考。"仁爱"课程不仅学习、理解"仁爱"的思想，更重要的是引领他们把认知转化为"推己及人""己所不欲，勿施于人"的具体行为中，进而培养宽容律己、与人为善、有仁爱之心的孩子。

一、学情分析与班本课程总览

（一）学情分析

1. 竞争意识增强

无论在学习还是在生活中，五年级的孩子竞争意识很强，不甘落后。如果说一、二年级学生是为了应付老师而写作业，那么，五年级学生则是为了不输给别的同学而积极努力。动力不一样，比照对象也就不同。

2. 有了一定的价值判断

五年级学生不轻信别人的话，不愿顺从别人，喜欢用反驳别人意见的方式来表明自己长大了。所以，"哄小孩"的方法用在五年级学生身上已经不奏效了。他们对许多事情有了自己的打算和想法，愿意自己安排时间和活动。这种情况下，师生、亲子、同学之间特别容易产生矛盾。

3. 自尊心增强，做事不能把握分寸

随着年龄的增长，此年龄段的孩子自尊心增强，他们特别愿意开玩笑来博取别人的关注，但往往把握不住开玩笑的分寸，常常伤害了他人的感情还蒙在鼓里。例如，对身体有缺陷的同学开玩笑，殊不知伤害了他人的自尊心，而对于别人的不理解又碍于面子，不愿意主动与其交流，导致友情破裂。

（二）年级目标

①引导学生正确对待分数，分数低的不嫉妒，分数高的不骄傲。

②培养学生"推己及人""己所不欲，勿施于人"的换位思考方式，促进同学之间建立和谐的关系，增强班级凝聚力。

③正确认识别人，能够正确处理自己和他人、社会、自然万物之间的关系，培养仁爱之心。

（三）班本课程总览

1. 课程名称

解除友爱危机，培植仁爱之心。

2. 课程实施途径

①我们的诗——友谊之花。

②我们的书——共读爱心书。

③我们的节日——朋友节。

④我们的活动——小蚂蚁爱心行动。

⑤我们的行动——游学课程。

二、我们的诗——友谊之花

小蚂蚁教室坚持"用诗歌擦亮每一天","友谊之花"晨诵课程通过诗意的方式,让学生了解什么是朋友,体悟交友之道,进而营造班级仁爱的教育氛围,丰盈学生的精神生活(详见表8.1)。

表8.1 "友谊之花"晨诵课程计划

诗名	诗人	诗歌内容
《友谊》	茹科夫斯基	从高山之巅滚落下来/橡树遭到雷击,躺在尘埃/但常春藤却紧紧抱着它,不肯分离……/啊你,这就是友谊!(魏荒弩译)
《给友人》	汪国真	不站起来/才不会倒下/更何况/我们要去浪迹天涯/跌倒是一次纪念/纪念是一朵温馨的花/寻找/管什么日月星辰/跋涉/分什么春秋冬夏/我们就这样携着手/走呵/走呵/你说,看到大海的时候/你会舒心地笑/是呵/是呵/我们的笑/能挽住云霞/可是,我不知道/当我们想笑的时候/会不会/却是潸然泪下
《朋友》	钱万成	朋友不是人和影子/一个总是/要做另一个的随从/朋友不是两只鞋子/一只破了/另一只也会出洞/朋友是一群小马/放开四蹄/就想较一较脚力/朋友是一片小树/齐心合力/就能够抵挡风雨/朋友是两面镜子/站在一起/谁也不隐瞒谁的缺点/朋友是两颗星星/相携相伴/永远坦荡永远真诚
《千屈菜》	金子美玲	长在河岸上的千屈菜/开着谁也不认识的花/河水流了很远很远/一直流到遥远的大海/在很大、很大的大海里/有一颗/很小、很小的水珠/还一直想念着/谁也不认识的千屈菜/它是/从寂寞的千屈菜花里滴下的那颗露珠

续表

诗名	诗人	诗歌内容
《感谢》	汪国真	让我怎样感谢你／当我走向你的时候／我原想收获一缕春风／你却给了我整个春天／让我怎样感谢你／当我走向你的时候／我原想捧起一簇浪花／你却给了我整个海洋／让我怎样感谢你／当我走向你的时候／我原想撷取一枚红叶／你却给了我整个枫林／让我怎样感谢你／当我走向你的时候／我原想亲吻一朵雪花／你却给了我银色的世界

晨 诵

新教育给晨诵取了一个非常诗意的名称：与黎明共舞。希望孩子在每一天太阳升起的时候，心怀期待，以快乐饱满的精神状态开始一天的学习。晨诵的目的不在于记忆未来可能用到的知识，不是记忆力的强化训练，而是要丰富儿童当下的生命，让诗歌与孩子的生活建立关系，润泽学生的心灵。

案例：晨诵诗歌《朋友》

什么是朋友？对于五年级的孩子来说，朋友就是一起玩，一起闹，坦诚相待。《朋友》这首诗就是钱万成先生对朋友的理解。

【学习目标】

①正确、流利、有感情地朗读诗歌，知道同学之间要团结友爱。

②用自己和朋友的故事诠释诗歌，营造友爱的班级氛围。

【学习过程】

1.播放课程主题歌，导入诗歌

播放课程主题歌《好朋友》，课件视频配上本班学生平时亲密合作、团结

友好的生活照片,唤醒他们甜蜜的回忆。

好 朋 友

(作词:李广平 作曲:林静)

好朋友是爱串起的珍珠,
好朋友是彼此都很在乎,
真心为你加油为你喝彩,
一起分享快乐分担痛苦。

好朋友是一生最美的礼物,
好朋友是陪你笑陪你哭,
默默为你付出为你祝福,
一起走过风雨迎来日出。

真心的关注真诚的帮助,
我们一起找幸福,
真情的流露真爱的旅途,
用心拼起爱的地图。

2. 学习新诗,浪漫感知

(出示新诗,老师诵读诗歌《朋友》。)

朋 友

(钱万成)

朋友不是人和影子
一个总是
要做另一个的随从
朋友不是两只鞋子
一只破了

另一只也会出洞

朋友是一群小马

放开四蹄

就想较一较脚力

朋友是一片小树

齐心合力

就能够抵挡风雨

朋友是两面镜子

站在一起

谁也不隐瞒谁的缺点

朋友是两颗星星

相携相伴

永远坦荡永远真诚

3. 唤醒生活，理解新诗

教师出示问题：你的好朋友是谁？你觉得你们之间是影子朋友、鞋子朋友、小树朋友、小马朋友、镜子朋友还是星星朋友，或者是其他的关系？为什么？

（学生讲自己和朋友之间的故事，理解诗歌，教师有针对性地进行指导。）

4. 编织生活，仿写诗歌

（1）仿写诗歌。

师：朋友是小马，是小树，是镜子，是星星……关于朋友，我们班同学还有自己独特的诗行。

（教师出示诗歌，学生仿写，续编自己的故事。）

朋　友

亲爱的_____啊
我们不是彼此的影子
一个总是
要做另一个的随从
亲爱的_____啊
我们不是两只鞋子
一只破了
另一只也会出洞
我们是上路的小马
放开四蹄
就想较一较脚力
我们是一起的小树
齐心合力
抵挡生活中的风雨

亲爱的_____啊
你是我的镜子
我是你的镜子
谁也不隐瞒谁的缺点

亲爱的_____啊
我们就像两颗
相携相伴的星星
永远坦荡永远真诚

（2）师生诵读改编诗歌。

朋　友

朋友不是人和影子
　一个总是
　要做另一个的随从

朋友不是两只鞋子
　一只破了
　另一只也会出洞

亲爱的孩子们啊，
你们就是一群小马
　放开四蹄
　就想较一较脚力

亲爱的孩子们啊
你们就是一片小树
　齐心合力
　就能够抵挡风雨

小蚂蚁班的孩子们啊
你们都是彼此的一面镜子
　站在一起
　谁也不隐瞒谁的缺点

小蚂蚁班的孩子们啊
你们就像是天上的星星
　要相携相伴
　永远坦荡永远真诚

亲爱的孩子们啊
朋友就是要把关怀放在心里
把关注藏在心底

（3）教师总结。

师：孩子们，朋友是两只脚，共同前进才能走向更远的地方；朋友是太阳和月亮，共同努力就能照亮白天和黑夜；朋友是画笔和纸，只有合作才能画出美丽的图案；朋友是蝴蝶的翅膀，离开身体就再也不能飞翔。请大家走到自己的朋友身边，手拉手共读诗歌《朋友》。让我们用甜蜜的声音再读一遍这首诗，把它作为礼物献给自己的好朋友吧！

三、我们的书——共读爱心书

现在，大多数孩子习惯了被爱包围的生活，他们感受不到爱，无视亲人的爱。"共读爱心书"课程就是通过阅读经典书籍，与书中的人物对话，以人物为镜，让心灵变得敏感且细腻，并学习体会身边的爱，进而理解"仁爱"的不同含义。此课程针对人的不同需要，把对"仁爱"的理解分为三个层次（参看第一章介绍的马斯洛需求层次理论），具体实施方法见表8.2。

表8.2 "共读爱心书"课程实施方案

书名	作者	内容简介	目标及共读重点
《青鸟》	莫里斯·梅特林克	讲述两个伐木工人的孩子代表人类寻找青鸟的过程。作品中提出了一个对人类具有永恒意义的问题：什么是幸福？作品得出的结论：其实幸福并不那么难找，幸福就在我们身边。	①针对马斯洛需求层次理论中"归属感的需要"，理解仁爱的第一个层次：对于自己来说，幸福并不那么难找，因为幸福就在我们身边。②共读重点：你能找到身边的爱吗？记录你找到的幸福。

续表

书名	作者	内容简介	目标及共读重点
《一百条裙子》	埃莉诺·埃斯特斯	这是一个怀有梦想的小女孩的故事,旺达家境贫寒且有着一个奇怪的名字,班里的女生都不关注她,她是被人漠视的边缘人物。直到有一天,旺达说她家里有一百条各式各样的裙子,可是随之而来的是更多的嘲笑,这成为大家作弄她的理由,旺达只能默默地忍受着。最后捉弄她的玛蒂埃和佩琪真正意识到自己的做法是错误的,并且主动改正了错误。	①针对马斯洛需求层次理论中"人对荣誉、地位的需要",理解仁爱的第二个层次:对于他人来说,爱就是要相信、理解、尊重他人,爱就是将心比心。 ②共读重点:什么是玛蒂埃决定?面对同学,如何做到将心比心?
《夏洛的网》	E.B. 怀特	这是个关于友谊的故事,讨论生命意义的故事。故事中小猪威尔伯让我们明白真正的爱乃是用一颗无私的爱心带给他人精神享受。人只有为别人着想,带给他人真正的幸福,才是生命的价值与意义所在。	①针对马斯洛需求层次理论中"自我实现的需要",理解仁爱的第三个层次:生命的意义就是实现自己的价值,己立立人,己达达人。 ②共读重点:我们为什么活着?现在学习是为了什么?你的理想是什么?如何实现?

图 8.1 为童话剧《青鸟》的演出花絮。

图 8.1 童话剧《青鸟》演出花絮

案例1:《一百条裙子》导读课

【学习目标】

①了解本书的主要内容,激发学生读书的兴趣。

②初步感受文章的重要主题,引发学生思考。

【学习过程】

1. 生活导入,引出此书

(1)播放背景音乐《好朋友》,视频中配上学生互助友爱的细节照片。

(2)谈话,引出作品。

师:大家在生活中有没有受到冷落的时候?谁能简单地说说?(引导学生谈感受。)

师:今天老师要向大家介绍这样一个女孩——旺达,她是《一百条裙子》中的主人公。旺达和一百条裙子有何关系呢?让我们走进书中去看一看。

2. 认识旺达,了解主人公

(1)出示图片,欣赏裙子。

(教师出示裙子的图片。)

师:如果女孩子拥有这么多漂亮的裙子,男孩子拥有这么多漂亮的衣服,心情会怎么样?(学生谈自己的感受。)

师:拥有这些裙子的旺达穿上它们会多么开心呀!让我们读一读书中的相关内容吧!

(2)出示语段,学生自由读。

就在走进教室的那一瞬间,眼前的情景不禁让他俩惊呆了,他们倒吸一口气:教室里到处都挂满了图画,在每个窗台上,在黑板上方的空白墙壁上,甚至把墙上的评比表都覆盖住了。每幅画都有着令人炫目的颜色和极度华美的设计,而且全部都画在大幅的包装纸上,足有一百幅那么多,全都整齐地一排排地贴在墙上。

每一幅作品都与众不同,而且全都美丽至极!根据评委们评议的结果,单拿出她这些画中的任何一幅都是可以赢得大奖的。

(3)全班交流,初步谈谈对主人公的印象。

师:读了屏幕上的语段,说说你了解到什么信息?你能用书中的词语来评一评这个未谋面的主人公吗?这样的一个小女孩,画出了如此特别的作品,你想用什么词来形容她?

(4)大胆猜测主人公的特点。

师:旺达是怎样的一个女孩?你能猜测一下吗?

(教师引导学生从不同角度大胆猜测关于旺达的情况,激发其阅读此书的兴趣。例如,她为什么画这么多裙子?是不是有很多漂亮的裙子?她有没有朋友?性格怎样?喜欢什么?老师喜欢她吗……)

3. 走进旺达的教室,了解其生活环境

(本环节采用"教师提出问题,引导学生思考,分享读书心得"的方式开展。)

(1)提问:这样一个才华横溢的女孩所在的班级是怎样的?找出有关段落,你读懂了什么?谈谈你的感受。(出示语段。)

今天,星期一,旺达-佩特罗斯基的座位是空着的。没人注意到她没来上学,就连佩琪和玛蒂埃也忽略了这一点。

第二天,星期二,旺达还是没来。除了老师和大个儿比尔·拜伦,其他人依然没有注意到她的缺席。

旺达的座位在十三班最靠里一排倒数第二个位置,坐在这个属于学习成绩差而且举止又粗鲁的男生们的角落里,坐在地面上总是又脏又乱的教室角落里。

(师生共同总结旺达的特点和处境:孤独、沉默寡言、没有朋友、不起

眼、被漠视等。）

（2）提问：佩琪是怎样捉弄旺达的？你有什么问题要问佩琪和旺达吗？（出示语段。）

"旺达，"佩琪会很认真地问她，同时还用胳膊肘捅捅身边的朋友，"旺达，你说你的衣柜里有多少条裙子来着？"

"一百条。"旺达回答。

"一百条！"周围的女孩子都尖叫着表示怀疑，就连玩"跳房子"游戏的女孩子们也会停下围过来仔细听。

"是的，一百条，挂满了我的衣柜。"旺达说完紧紧闭上嘴唇。

"都是什么样的？我想都是丝绸的吧？"佩琪说。

"是的，全是丝绸的，各种颜色都有。"

之后她们会放她走，在她没走多远的时候，女孩子们便忍不住爆发出刺耳的笑声来，一直到笑出眼泪为止。

（引导学生思考佩琪这样做的原因，学生可以提问：为什么佩琪不相信旺达的话？旺达为什么说有一百条裙子？到底有没有？）

（3）提问：如果你每天这样被人嘲笑，被人捉弄，你的心情会怎样？

（从书中的人物回归学生的生活，引导学生从他人角度思考问题。）

（4）提问：旺达忍受不了同学的嘲笑，转学了。读读旺达爸爸的来信，说说你了解到了什么？还有什么问题想知道？

（通过引导，带领学生了解主人公的处境，从整体上把握书的主要内容。）

4. 解读旺达的来信，激发读书愿望

（1）读旺达来信。

旺达在圣诞节来临之前写给同学们一封信，请同学们自己先读一读旺达的信。

（2）提问：从这封信中，你们都读懂了什么？还有什么想知道的？

（老师引导学生学会提取书中的信息，并培养学生根据信息提问题的能力。学生可问：到了新学校，同学们会不会瞧不起她？有没有交到新朋友？旺达还会不会继续画裙子？佩琪捉弄她，为什么送裙子的画给她？听了来信，佩琪和玛蒂埃心情怎样？会有什么改变？会回信吗……）

5. 了解本书及相关信息

师：拿到一本书，我们可以从哪些方面入手了解书的信息呢？（教师帮助学生回顾，通过封面、作者、目录等方面了解。）

（1）了解封面信息。

（课件出示本书封面。）

教师引导学生观察封面，说说自己了解到什么信息。

（2）了解作者。

（教师出示作者简介。）

本书作者埃莉诺·埃斯特斯是美国著名的儿童文学作家，曾经担任儿童图书馆管理员的工作，直到1941年，她的首部小说《莫法特一家》出版并荣获纽伯瑞儿童文学奖银奖后，她才决定开始写作生涯。她所描述的人物通常都可以在生活中找到原型，所以她的作品十分贴近生活。直到今天，她的作品仍被世界各国的小读者津津乐道，永远也不会因为时间的流逝而褪色。

（3）看目录。

教师出示目录，请学生自读目录，并猜测故事情节。

（4）阅读故事梗概。

6. 留下悬念，引发阅读期待

师：旺达，一个贫穷的女孩，一个备受冷落的女孩，她的身上到底发生了怎样的故事呢？书中还有哪些人物？他们和那一百条裙子又有什么关系？"一百条裙子"到底象征着什么？这一切问题，会在你打开书后得到答案。

（教师的问题引发了学生思考和深入阅读的欲望。）

案例2:《一百条裙子》推进课（第一课时）

【学习目标】

①通过第一至第四章的推进题，学生细读文章，品味重点词句，走进人物内心，理解人物。

②通过换位思考，感悟本书的"自省"主题，学会处理交友中的矛盾。

③通过和文中人物对照，在阅读中获得经验，正确理解竞争的含义，学会谅解别人，思考仁爱的含义。

【学习过程】

1. 总结阅读情况，引领读书方法

（1）学生分享阅读收获。

（教师出示导读测试题，学生回答，分享阅读收获。）

仔细阅读《一百条裙子》的第一至第四章，认真回答下列问题：

①旺达没来上学，佩琪和玛蒂埃是在第几天才发现的？谁是第一个发现的人？全班同学什么时候才发现的？为什么会出现这样的现象？

②旺达的座位在哪里？佩琪和玛蒂埃的座位又在哪里？为什么会这样？你认为我们班的座位应该根据什么来编排呢？

③旺达、佩琪、玛蒂埃、塞西莉这几个女孩分别穿的是怎样的裙子？请用书中的语言来描述。

④同学们为什么会觉得旺达－佩特罗斯基这个名字很奇怪？你认为呢？你觉得自己的名字怎么样？为什么？

⑤佩琪在嘲笑旺达的时候态度怎样？她认为自己这样对待旺达残酷吗？你这样对待过别人吗？别人这样对待过你吗？

⑥在佩琪嘲笑旺达的时候，玛蒂埃又是怎样的表现？为什么她希望佩琪不要再嘲笑旺达了？

⑦别的女孩又是怎样帮着佩琪一起嘲笑旺达的？如果你看到有人在嘲笑

别人，你会怎么想，怎么做？

⑧旺达在说自己有一百条裙子和六十双鞋子的时候，是怎样的表情？她为什么会这样？

⑨你认为旺达是先画了一百条裙子再说这件事呢？还是她说了后才画出来的？

⑩如果旺达说的真的是一个谎言，佩琪应不应该嘲笑她？

（2）教师总结：一周的时间，我们读完了《一百条裙子》的第一到第四章。从你们的回答中，老师可以看出，你们确实很喜欢这本书，而且读得很认真，很细致，懂得在书中找关键词句，揣摩人物心情，思考背后的原因。读书就要这样，不能囫囵吞枣，要边读边想。

（3）表扬认真阅读的孩子，树立读书榜样。

2. 解读人物，品味主题

（1）提问：第一至第四章中你认识了哪几个人物？他们给你留下了怎样的印象？

①旺达。

师：在第一至第四章中，旺达是一个怎样的女孩子？

（引导学生寻找依据，说出理由。）

教师小结：孩子们，我们身边有许多像旺达一样的同学，他们是那么渴望自己得到别人的关注。记得陈大伟教授说过：不被看见的人，多么渴望被人看见。是的，在我们生活的群体里，我们不应该排斥他人，不管他是不是乡下的，脚上是否"沾满了泥土"，不管他的名字有多么奇怪，他都应该有属于自己的位置，有被接纳和平等交流的权利，我们不应该"看不见"他们。人和人之间千差万别，我们无法选择自己的身世，无论贫穷与否，无论聪明与否，人和人永远是平等的。

②佩琪。

师：佩琪是一个怎样的女孩子？

（引导学生寻找依据，说出理由。）

教师小结：也许我们中间就有佩琪这样的孩子，他们生活条件优越，学习成绩好，有许多好朋友，无法体会孤独，从没有感受过被嘲笑的感觉，他们就像小公主、小王子一样被人宠着，过着快乐的生活。

③玛蒂埃。

师：玛蒂埃是一个怎样的女孩子？

（引导学生寻找依据，说出理由。）

师：你喜欢玛蒂埃吗？为什么？（可以组织喜欢的和不喜欢的同学展开辩论。）

教师小结：玛蒂埃觉得自己真是不可饶恕，因为她一下子"看见"了旺达，看见了旺达美好的心灵，也看见了她们对旺达的伤害，但玛蒂埃却不敢出来阻止。她无法原谅自己。是啊，如果我们面对伤害而无动于衷，那就是更残忍的伤害。玛蒂埃同样有丰富的内心世界，可贵的是她在不断地反省自己。她认识到自己比佩琪更恶劣，因为她是懦夫，是"帮凶"，这让她坐立不安。没有哪一种责备比自我反思更加重要！因为自我反思是一种优秀的品质，自我反思会让自己不断成长，不断进步。

（2）对照人物，进行反思。

教师提问：你是谁？你喜欢自己吗？你会如何改变自己？

（教师引导学生对照书中人物，反思自我，指导学生的生活。）

3. 设置悬念，激发阅读兴趣

师：在本书第一至第四章中，这三个女孩都各有不足，但是到了后三章，我可以说，这三个女孩都是了不起的。到底是怎么回事呢？请大家接着阅读并思考本书的后三章。

案例3：《一百条裙子》推进课（第二课时）

【学习目标】

①通过第五至第七章的推进题，学生细读文章，品味重点词句，走进人物内心，理解人物。

②通过换位思考,感悟本书的"自省"主题,学会处理交友中的矛盾。

③通过和文中人物对照,在阅读中获得经验,正确理解竞争的含义,学会谅解别人,思考仁爱的含义。

【学习过程】

1. 检测阅读情况,引领阅读

(1)教师通过第五至第七章的推进题检测学生的阅读情况。

仔细阅读《一百条裙子》的第五至第七章,回答以下问题:

①大家都说班里佩琪画画最好,为什么她的作品却没有获奖?你认为怎样的作品才是优秀的作品?

②旺达的一百条裙子获奖后,被挂在哪里?为什么她的画能获奖?难道是因为她画了一百条而不是一条?

③当佩琪看到旺达画的一百条裙子时,她是怎么说的?当她听说旺达要转学时,她又是怎么做、怎么说的?

④佩琪除了嘲笑旺达有一百条裙子外,还嘲笑过旺达什么?

⑤旺达家周围的环境怎样?请抓住重点词语进行描述。

⑥关于老斯文森,镇上的人们有哪些传闻?你认为这些传闻是真的吗?

⑦为什么玛蒂埃不敢给佩琪写纸条制止佩琪?

⑧在和佩琪一起去旧金斯山寻找旺达而不得相见的那个晚上,玛蒂埃做出了什么重要决定?

⑨旺达用怎样的信纸给十三班的老师和同学写了一封信?你认为旺达在写这封信时是怎样的心情?

⑩旺达分别送给佩琪和玛蒂埃怎样的两条裙子?你想拥有一百条裙子吗?为什么?请画出心中最美的裙子,并说说要把它送给谁?

(2)表扬阅读认真和进步的孩子,树立读书榜样。

2. 走进书本,进一步认识旺达

(1)回顾第一至第四章旺达留给我们的印象。

（2）提问：读完第五到第七章，你对旺达又有了什么新的认识？

（学生先简单述说第五至第七章的故事大意，再回答问题。）

故事大意：旺达转学了，但她真的画出了一百条精美绝伦的裙子，而且她原谅了曾经嘲笑过她的女孩们。尽管曾经被漠视和嘲笑，但她的心里没有埋下仇恨，而是充满着爱和感恩。

旺达：宽容，懂得感恩。

（3）教师提问，引发学生思考。

师：当我们面临被冷落的境遇时，我们应该怎么做？

（学生从旺达身上学习宽容的品质，指导今后的生活。）

3. 人物对比，感悟旺达的宽容与感恩

（1）走进书本，认识老斯文森。

出示关于老斯文森的文字，提问：老斯文森给你留下了什么样的印象？

（2）人物对比。

提问：老斯文森和旺达有哪些相同点？（都遭受冷漠、嘲笑，老斯文森就是老年版的旺达。）他们又有什么不同的地方？

（3）旺达是怎样改变这一现状的？

①旺达兴奋地说："我有一百条裙子。"她认为这样说了就能和她们一起快乐地交谈，所以旺达坚定地说："我有一百条裙子。"

师总结：孩子们，旺达说她有一百条裙子，其实是在表达她对（　）的渴望。（朋友。）

一百条裙子的游戏带给旺达太多的伤害，但是旺达无论遇到怎样的嘲笑，怎样的伤害，都没有停止过追求自己的愿望！她一直都在默默地、用心描绘着藏在心中的那"一百条裙子"，用心描绘着自己的愿望。她是多么坚强呀！终于有一天，同学们都看见了那"一百条裙子"。

②一百条裙子的出现让旺达得到了什么？（肯定、赞扬、怀念、记忆。）

（4）教师总结升华。

一个有着高贵灵魂的人，不在于她有没有漂亮的衣服，重要的是，她充

满了美好的向往。有这样一颗心的人,永远是谦逊、宽容的,也能永远被人记住和怀念。

4. 深化阅读主题,理解玛蒂埃决定

(1)出示玛蒂埃思考的段落,师生共同讨论理解"玛蒂埃决定"。

(2)提供交流平台。

引导学生说一说自己在生活中对朋友犯下的无心之过,或是谈谈自己被朋友无心伤害的事例,给学生提供交流沟通的平台,帮助学生打开心结。

(3)真诚道歉,我们还是好朋友。

让班里的"玛蒂埃"们向曾经伤害过的朋友致歉,并且在生活中积极改正自己的错误。

(4)把"玛蒂埃决定"贴到班级墙壁上,时时提醒学生。

5. 展示裙子,送出愿望

(1)你想拥有一百条裙子吗?为什么?

(2)画一幅画,展示自己心中最美的裙子,并说说要把它送给谁?为什么?

6. 阅读总结,主题升华

师:在我们的生活中,我们有时觉得自己像佩琪一样优秀,有时觉得自己像旺达一样遭人讥笑,受人冷落,但更多的时候我们觉得自己是玛蒂埃。如果我们能够自我反省,学会换位思考,像玛蒂埃一样正确地处理交友之间的矛盾,那么"玛蒂埃决定"会让我们的生活多一份幸福和快乐!

四、我们的节日——朋友节

【活动目标】

①通过开展仪式活动,引导学生自我反思,学会珍爱自我、关爱他人、

感恩他人。

②体会生命的尊严与价值。

【活动过程】

（播放背景音乐《找朋友》。）

1. 故事开启，引发思考

（1）教师讲绘本故事《找到一个好朋友》，作者为马克斯·维尔修思。

（2）引发思考：被弗洛洛找到的小熊是只真正的小熊吗？弗洛洛教会了小熊哪些事情？小熊为什么想离开？最后为什么又回来了？

（3）结合晨诵的诗歌、阅读的书籍和自己的生活，谈谈什么是朋友？怎样才能成为好朋友？

2. 讲述友情故事，共享甜蜜友谊

（1）讲述朋友的故事。

（2）我的烦恼。

师：俗话说"勺子没有不碰锅沿的"，你和朋友之间有没有发生误会或者摩擦？你们是如何解决这些问题的？

（学生互相交流，老师也可帮助孩子们消除误会，进而解决孩子生活中的实际问题。）

3. 学习交友之道，增进朋友情谊

师：朋友是我们人生路上不可缺少的伙伴，如何才能交到好朋友呢？（教师推荐《交友之道》。）

交友之道

第一，以德交友，患难与共。要如何交朋友呢？如果希望交到真心的朋友，自己就要用真心来交往。如此得来的朋友，在最紧要的关头，大都能同甘共苦，这就是所谓的"患难见真情"。

第二，以诚交友，肝胆相照。和朋友相处，彼此要讲究知心，双方以真

实的言语、真实的感情交往，摒除利害关系，能相知相惜，相互关爱，彼此扶助，拥有手足般的义气情谊，讲究坦诚，讲究肝胆相照。

第三，以知交友，见多识广。见识广博或具有专业知识的人，会受到朋友的尊重与信赖。同样，要结交有内涵的朋友，也要先充实自己；懂得随时吸取新知的人，智能容易开启，也会吸引许多见多识广的人到身边来。

第四，以道交友，其乐融融。所谓"与善友交，入芝兰之室，久而不闻其香，即与之化矣"。有道德的人、有修养的人，无人不欣喜，不论远近，大家都会争相来亲近。和他交往的人，也都会以他自勉而得到提升。

孔夫子有言曰，古有朋友，三益三损。三益：友直、友谅、友多闻，为益。三损：友便辟、友善柔、有便佞，为损。常言道，"近朱者赤，近墨者黑"，可见朋友对我们的影响之大，所以真正的好朋友是能互相规劝、砥砺的。

4. 欢度朋友节，留下美好回忆

师：俗话说"人生得一知己足矣"，人的成长中离不开朋友的帮助，平凡的日子，因为朋友而变得温馨。今天这个平凡的日子，因为身边的朋友而变得不再平凡，因为它将成为我们班级的节日——朋友节。让我们走到朋友身边，给他一个热情的拥抱，说一声谢谢！并邀请他和你一起合影，共同记住这美好的一刻吧！

（在歌曲《朋友》的伴奏中，学生合影留念。）

五、我们的活动——小蚂蚁爱心行动

就像歌中唱的那样："只要人人献出一点爱，世界将变成美好的人间！""小蚂蚁爱心行动"主题实践课程，就是要通过公益活动培养学生有颗大爱之心，让孩子在关注家庭、社区的同时，学会帮助身边的弱势群体，体验"送人玫瑰，手留余香""帮助别人，快乐自己"的人生境界（详见表8.3）。

表 8.3 "小蚂蚁爱心行动"课程一览表

课程主题	课程内容	课程目标及途径
争创幸福家庭	幸福家庭计划——全家总动员	通过家庭座谈会,全家共同商议,一起做一件有意义的事情,比如旅游、家庭故事会、家庭大扫除、为长辈送欢乐等活动,促进家庭成员之间的凝聚力。
	幸福家庭计划——小鬼当家	①孩子当一天家,体会爸妈的辛苦。 ②身为家庭的一员,给爸妈提出合理建议,并请父母给自己提建议,提高家庭的幸福指数。
争创和谐社区	和谐社区计划——感受邻里亲情	①做一件礼物送给曾经帮助过自己的邻居,感受人与人之间和睦相处、互相帮助的快乐。 ②给自己曾经伤害过的邻居写一封道歉信,懂得远亲不如近邻,邻居要和睦相处必须学会互相谅解的道理。
	和谐社区计划——我用巧手美化社区	①学生结成小组,为社区做两件有意义的事情,知道爱护家庭周边的环境和设施的重要性。 ②带领社区的小伙伴一起为社区做一件事,促进社区的和谐,体会为他人服务的快乐。
争创仁爱社会	仁爱社会计划——真情助学,共享一片蓝天	倡议学生捐出自己的零花钱或文具、衣物等物品,帮助贫困山区的孩子。
	仁爱社会计划——幼吾幼以及人之幼,走进福利院	通过通信交友、共度佳节等方式,让福利院的孩子享受到友谊的芬芳以及家庭的温暖。知道自己是幸运的,懂得要心存感恩,并将感恩心化为行动,把爱带给更多的人。
	仁爱社会计划——老吾老以及人之老,走进敬老院	通过到敬老院献爱心的实践活动,指导学生践行孝道:用双手净化环境,用才艺送快乐,让敬老院的老人因为孩子们的到来而感到温暖!

案例 1:幸福家庭计划——全家总动员

【活动背景】

　　随着社会的发展,人们的生活节奏加快,家庭成员之间很少沟通与交流,因此家庭中出现了亲子关系紧张的局面。

【活动目标】

①通过家庭座谈会，全家商议一起做一件有意义的事情，比如旅游、家庭大扫除、为长辈送欢乐等活动，促进家庭成员之间的凝聚力。

②引导学生热爱家庭，学会感恩和孝敬长辈。

【活动过程】

1. 我为长辈送欢乐

利用节假日时间，让爸爸妈妈带着孩子为长辈做一件有意义的事情。晚辈们的行为不仅能温暖老人的心灵，也是家庭和谐的最重要因素。同时做父母的率先示范，让孩子们明白孝亲敬老是我国的优良传统。

2. 家庭亲子热线

家庭成员之间难免会有误会，可以通过座谈会或者是亲子日记、家庭亲情会的方式为亲子之间交流牵线，引导学生懂得"经常交流沟通，才能增进了解，加深亲情"。（亲子日记便于保存和回味，对于成长中的孩子更有意义。）

3. 快乐全家游

随着生活节奏的加快，孩子和家长共同活动的时间日益减少，全家可以制订假日出游计划，在游玩中家长享受天伦之乐，孩子也开阔了视野，增进家庭成员之间的感情。

4. 家庭大扫除

现在的家庭中，孩子们的劳动意识越来越淡薄。家庭大扫除活动不仅让孩子们体验父母劳动的辛苦，还可以锻炼孩子们的劳动能力，改善家庭环境，也让家庭成员之间更加和谐。

5. 活动效果

实践活动让孩子体验到了父母的辛苦,明白了在家庭中也要学会沟通、理解,大家相亲相爱、互帮互助,亲子关系得到了很大的改善,家庭关系更加和谐。

案例2:和谐社区计划——感受邻里亲情

【活动背景】

俗话说:远亲不如近邻。城市里的高楼越来越高,而邻里之间的感情却越来越淡漠,经常出现邻里之间不交流,面对面走来都不认识的现象。为了改善这一局面,创建和谐的生活环境,小蚂蚁教室开展了"和谐社区计划——感受邻里亲情"实践活动。

【活动目标】

①知道邻里之间应该和睦相处、互相帮助、互相谦让;懂得邻里和睦相处可以让每个家庭得到帮助,又可以促进社会的安定团结。

②愿意与邻居和睦相处,感受人与人之间和睦相处的快乐,爱护家庭周边的环境。

③培养学生与人交往的能力,做到与邻里友好相处。

【活动过程】

1. 开展邻里故事会——感受邻里亲情

(1)故事导入,引发思考。

(课件出示,图中讲的是一位同学和邻居阿姨亲如一家的故事,反映了邻里之间互相帮助、互相照料的情景。)

师:同学们,请看大屏幕,说说这位同学和邻居发生了什么故事?大家看了这个故事,有什么感想和体会呢?

(2)邻里故事会。

师：我们经常说"远亲不如近邻"，你还知道哪些远亲不如近邻的故事呢？（学生讲"我和邻居"之间的感人故事。）

（3）讨论交流，学习邻里相处之道。

①邻里之间如何和谐相处？

（学生根据自己的生活经验，交流曾经为邻居做过哪些力所能及的事情，如帮助邻居收信件、替邻居看小孩儿、倒垃圾等事情。老师总结与邻居和睦相处的常识：见面问好、互相帮助等。）

②相处不和谐，与邻居出现了矛盾怎么办呢？

（教师出示情境，请学生模拟做法。）

a. 听到邻居家有噪声，你会怎么做？

b. 看到有人破坏公共设施，你会怎么做？

c. 楼道里总是有人乱扔垃圾，你会怎么做？

（教师引导学生：邻里之间要学会相互谦让，相互体谅，不做损害公众利益的事情。邻里之间热情相助，和睦相处。只有这样，才能创造一个和谐的氛围，大家才能更好地生活。）

2. 感恩邻里，小蚂蚁在行动

（1）行动一：做一件礼物送给曾经帮助过自己的邻居。

（2）行动二：给自己曾经伤害过的邻居写一封道歉信。

3. 开展和谐社区计划——我用巧手美化社区

师：爱护社区环境，美化社区环境，人人有责，每个人都要付出自己的努力，你打算为社区环境做哪些贡献呢？

（学生集体讨论，制订社区爱心小组行动计划。老师指导学生行动的难度要设置得适当，如"定期清扫楼道，美化居住环境""组成社区护青小分队，提醒大家爱护花草树木"等。老师还可组织学生调查自己社区有哪些不够方便的地方，向居委会提出建议。）

4. 活动效果

通过实践活动，学生知道了邻里之间应该和睦相处、互相帮助、互相谦让；培养了公德意识，促进了和谐社区环境建设，让孩子们感受到了社区大家庭的温暖。

案例3：仁爱社会计划——走进敬老院

【活动背景】

目前，中国正面临着严重的人口老龄化带来的问题，许多老人因为子女工作无暇照顾而进了敬老院。敬老院能保障老人的物质生活，却无法排除老人内心的孤独寂寞。小蚂蚁教室的孩子通过小手拉大手的方式，全家总动员，经常利用节假日时间到敬老院，陪老人们聊天、下棋，为老人送去温暖与快乐。

【活动准备】

①确定实践地点：石家庄深县敬老院。
②确定方式：慰问演出送快乐，义务劳动送洁净，游戏活动送温暖。
③确定参与人员：小蚂蚁班级的孩子以及部分家长志愿者。

【活动目标】

①通过敬老院的实践活动，让孩子们践行孝道，让敬老院的老人感到温暖。
②弘扬孝亲敬老的志愿者精神，培养学生具有大爱的公益情怀。

【活动过程】

1. 活动前期准备

（1）参加人员任务分配。

①班主任刘娟负责联系敬老院，召集参加活动的家长和孩子们开会，介绍敬老院的情况，组织大家商讨活动内容，制订活动方案。

②学生家长刘恺负责联系车辆。

③学生家长谢艳彩、刘波根据敬老院的具体情况,负责购置慰问品。

④学生施佳彤、冯易鑫负责主持慰问演出并排练文娱节目。

⑤学生家长房书艳负责义务劳动人员的分配。

⑥滴水公益负责人高智负责此次活动所需道具。

(2)出发前清点人数,途中不得走散,有急事必须先向负责人请假,切实保证纪律性和组织性。

2. 活动进行时

(1)抵达敬老院后,清点学生及家长人数,在工作人员的带领下熟悉环境,分组行动:快乐演出组陪老人下棋、聊天;温暖劳动组帮助敬老院打扫卫生,发放慰问物品。

(2)进入敬老院不得大声喧哗,以免影响老人休息。为了老人的安全,在室内没有他人陪护的前提下,不得随意扶老人下床去室外活动。

(3)午餐时间,快乐演出组在餐厅表演节目,与老人们一起玩互动游戏;温暖劳动组给老人端饭、送水果,演出完毕后送老人回房间。

3. 活动结束

(1)送老人回房间后,全体成员到活动中心打扫卫生,把东西整理好,物归原位。

(2)返程车上大家交流心得体会,分享公益活动中的体验和快乐。

4. 活动效果

在此次活动中,慰问演出让老人们感到非常开心。游戏互动过程中,大家其乐融融,笑声不断,真正做到双方互动。在活动的筹备和进行过程中,家长和孩子之间更加团结、互助,体会到了志愿者的公益精神。

六、我们的行动——游学课程

前面的课程主要是让学生感受人与人之间的仁爱关系，而游学课程扩展了仁爱的范围，通过游学的方式，在实践中践行仁爱之心。其实游学是一种传统的学习教育方式，但是由于各种原因，现在的游学变成了"旅游"，从某种程度上说，其作用大多是休闲娱乐。而小蚂蚁教室的游学课程则采取虚实结合的方式，通过阅读"大自然"这本无字之书，既丰富了学生的体验，也是实现班级目标"行万里路，读万卷书"的重要途径。六年来，小蚂蚁在全国各地实际行走了近7000余里路。

【活动目标】

①在游学期间参观游览各地的名胜古迹，开拓视野，思考人与人、人与社会、人与自然、人与世界如何和谐相处的问题，进而培养学生的仁爱之心。

②激励学生在自主学习、主动探究、亲身体验中重新架构原有的认知。

③培养学生自主学习、主动探究的好习惯，磨炼其意志，提高其综合素养和各种能力。

【活动过程】

游学区别于普通意义的旅游，它是有计划、有主题、重体验的一种实践课程。为了避免课程流于形式，保证游学效果，需要精心制订课程实施计划，内容参见表8.4。

表8.4 "小蚂蚁游学课程"实施计划

阶段	方式及目的	负责人
神游准备阶段——小蚂蚁讲坛	①方式：按照班本课程的主题，利用具有当地特色的文学作品、文化名胜等资源，虚拟游览祖国的名山大川，了解当地的风俗文化。 ②目的：这种方式既可以让孩子们对即将出游的地方有所了解，又可以避免实地游学时因为季节、天气、时间等原因造成的"走马观花"现象。	由学生申报承担主讲人的角色，然后制定旅游路线，并制作讲座课件。

续表

阶 段	方式及目的	负责人
游学体验阶段——小蚂蚁走四方	①方式：按照班本课程的主题，针对班本课程的目标设计活动方案。让孩子在游览祖国名山大川，了解各地的风俗文化的同时，通过自己的观察用心感受世界。 ②目的：俗话说"耳听为虚，眼见为实"。实地考察时，学生在大自然中与山水对话，将在游学之前了解的内容与眼前的事物互相印证，互为补充。	班主任根据主题和学生的实际情况设计游学时的路线，策划体验活动方案；各任课老师和家长志愿者负责学生衣食住行中的安全工作；学生负责导游讲解的工作。
内化分享阶段——小蚂蚁论坛	①方式：利用网上班级论坛的方式，大家分享自己的所见、所闻、所感。 ②目的：出游后通过游记与更多的同学分享游学的乐趣。	全体师生及家长。

没有阳光，就没有温暖；没有水源，就没有生命；没有父母，就没有我们自己；没有亲情、友情和爱情，世界就会是一片孤独和黑暗……这些都是浅显的道理，没有人不懂，但生活中的我们在理所当然地享受着这一切的同时，却常常缺失了一颗仁爱之心。下面是"仁爱主题"课程中小蚂蚁走四方阶段的实施方案，内容参见表8.5。

表8.5 "仁爱主题"游学课程一览表

小蚂蚁游学主题	参观游览地	游学目的
爱家乡之旅	参观游览：石家庄赵州桥、石家庄西柏坡、保定白洋淀、吴桥大世界、邯郸蜗皇宫、鹿泉抱犊寨、平山驼梁、邢台云梦山等风景名胜古迹。	①游览家乡的名胜古迹，感受河北勤劳淳朴、善良智慧的民风。 ②激发爱家乡的情感。

续表

小蚂蚁游学主题	参观游览地	游学目的
爱国之旅	参观游览：南滚龙沟（王二小故乡）、山西娘子关、北京（长城、故宫、圆明园、北大、清华）、冀中烈士陵园等。	①在南滚龙沟和山西娘子关游览的过程中感受无数英烈抛头颅洒热血的英雄精神。②在参观圆明园的过程中体会落后就要挨打的道理。③参观北大、清华校园，明白"少年强则国强"的道理。
爱自然之旅	参观游览：滹沱河滑雪场、清明"山前大道"徒步、藁城农村的亲近自然之旅。考察黄壁庄水库（有"石家庄的大水缸"之称），参观桥东污水处理厂，校园科学实验室的环保之旅等。	①考察黄壁庄水库的现状，了解石家庄的缺水情况，唤醒大家的节水意识。②参观桥东污水处理厂，了解水的二次利用情况。③通过科学社团的学习，动手发明家庭节水器。

图8.2 在南滚龙沟听史林山爷爷讲王二小的故事

图 8.3 站在废墟上诵读《少年中国说》

案例：藁城亲近自然之旅

【活动目标】

①开拓学生的视野，增长知识，体验春天，亲近自然，感受生活，激发孩子热爱自然的情感。

②整合学科资源，充分利用课程资源的"相似块"，开展综合性的主题教育活动。

③增进学生和家长之间的情感。

【活动过程】

1. 春之美——文化阅读篇

（1）以"走进春天"为主题，以语文教学和晨诵阅读课程为主，以师生和家长搜集整理内容为辅。

（进行"走进春天"资料收集，描写春天的文章、古诗、儿歌、对联、成语、谚语，并把具体内容采写在本子上。）

（2）将师生合作搜集编制的"春文化"系列阅读课程内容印发或抄写给孩子，指导孩子每天利用早读、午读或课外时间阅读、背诵，学习、了解丰富的知识、文化。（责任人：刘老师。）

（3）利用电视或多媒体，播放系列"春之歌"。（责任人：刘老师。）

（4）利用课余时间，学唱至少一首关于春天的歌曲，具体歌曲由家长和孩子自愿选择确定。（责任人：家长。）

2. 春之乐——拥抱自然篇

（1）"呵护生命"亲子活动。

家长指导并帮助孩子，在家学习喂养春蚕、小鸡、小鱼等，培养孩子的爱心、责任感，指导孩子写好观察日记。

①种：种植一粒"聪明豆"，感受植物的生命力。

让孩子先在课前收集各种各样豆类的种子，如黄豆、绿豆、赤豆等，然后利用瓶子、塑料杯、花盆等器皿，将种子种在班级绿意角里，大家共同关注"聪明豆"的生长。

②搭：搭建一座"爱心房"，善待每一个生命。

由于城乡到处是钢筋水泥结构的楼房，鸟儿已经很难找到可以筑巢的屋檐了。发动孩子和家长共同制作"爱心房"（在小木箱、竹筒、铁质包装盒里塞进稻草，铺上棉絮，或挂在树梢，或钉在墙壁上），为小鸟搭建"人工鸟巢"，这个春天让鸟儿在新家里安全地繁衍，快乐地生活。善待鸟类，就是善待人类自己。

③养：养护一个"小生命"，培养一份对生命的责任感。

以小组为单位，继续养护好绿意角里的花花草草，同时建立饲养角（如饲养小鱼、春蚕等），饲养员或养护人员要按时饲养或养护，写好观察日记，做好观察记录。

（2）"踏青、觅春、颂春"班级集体活动。

①表演小组（组长：边琳霏、赵航轩）。准备在藁城大戏台现场展示的舞蹈、歌曲等节目。

②科学小组（组长：安家宝、董劲满）。研究校园里的花草树木，为花草

树木制作个性化名片。可以根据不同的兴趣爱好选择研究话题，如哪些花儿在春天盛开？花儿为什么五彩缤纷？为什么花儿有香味？哪些小动物在春天苏醒？春天的星空是怎样的？

③绘画小组（组长：冯易鑫）。画一画"我眼中的春天"或者进行剪纸等。

④朗诵小组（组长：施佳彤）。查找有关春天的文学作品，从中挑选经典的古诗、名家名篇（打印或抄写在纸上），展示朗诵才华。

3. 春之思——展示篇

根据孩子的特长、兴趣爱好，整合音乐、美术、科学、计算机、品德等学科，以综合实践活动的形式，成立各种研究小组，利用校园红领巾广播展示孩子的才华。

①种植小组（组长：任子琨）。孩子自己养的蚕宝宝、小鱼，种植的小草、小花等。

②多媒体小组（组长：刘孜成）。活动结束后可以制作电子相册等影音作品，可以配上关于春天的歌曲，内容、形式不拘一格。

③画报小组（组长：史少康）。制作手抄报，阅读有关春天的书，制作以春天为主题的读书小报，也可以诗配画（挑选描写春天的古诗，打印或由孩子抄写在纸上），由孩子在空白处配上符合诗歌内容的图画。

④写作小组（组长：徐晓雨）。以春天为主题，引导孩子创作优秀的日记、随笔、小练笔（诗歌、散文均可）等。

⑤书法小组（硬笔书法小组组长：李家豪；软笔书法小组组长：郭佳睿）。可以准备"春之系列"书法作品。

⑥手工小组（组长：胡雪诗）。无限春光尽在相框中。由家长和老师共同指导制作富有创意的手工相框，材料不限，如铅丝、卡纸、花瓣、树叶等均可组合，并把外出活动时拍摄的照片镶嵌其中。

总之，要根据孩子的年龄特点，引导孩子选择较小的切入口，让孩子自主、自动、创造性地展开特色活动，并从中树立自信心。

（教师引导学生注意：活动日期不同，一人可以报多个小组，同时鼓励家长积极参与展示。)

4. 春之乐——收获篇

(1) 根据孩子以及家长的综合表现颁发奖品。

(2) 对在活动中表现突出的家长和孩子,推荐参加本学期的榜样学生和榜样家长的评选,在全校大会上给予表彰奖励。并在期末优秀家长和优秀孩子评比中酌情加分,积极推荐家长和孩子的优秀文章,参加杂志投稿或作文比赛。

这类活动给孩子留下的不仅是简单的快乐,在各种各样的体验中,孩子成长的心田留下了春的印痕,让我们共同走进春天、拥抱绿色、亲近自然、感受生活吧!

"仁爱主题"小蚂蚁走四方系列活动后,孩子们在班级论坛中纷纷写下了自己的游记,让我们跟随他们的故事,体会孩子们的成长吧!

我放飞了春天

春天来了,刘老师让我们在家长的帮助下养护一个小生命。有的小朋友在家学习喂养春蚕、小鸡、小鱼等,我也要求妈妈去花鸟鱼虫市场买个小宠物,妈妈爽快地答应了。

妈妈领我来到花鸟鱼虫市场,我看见一个卖小鸟的。笼子里的小鸟很多,都是全身毛茸茸的黄色羽毛,尖尖的小嘴,长长的尾巴,好看极了!小鸟"叽叽叽,喳喳喳"的叫声很是清脆。妈妈见我喜欢,毫不犹豫地给我买了两只。我开心极了,于是就给它们起了名字叫"叽叽"和"喳喳"。

我把"叽叽""喳喳"当成宝贝一样,经常给它们添水加食,有空就把它们挂到窗前的大树上,让它们享受阳光。有一天,我听不见小鸟的叫声,跑过去一看,"叽叽"不见了,鸟笼的门半开着。我想,小鸟可能嫌笼子里憋得慌吧!我站在鸟笼边,里面的"喳喳"歪着头用无辜的眼神看着我,我想了很久,最后决定把剩下的"喳喳"也放飞。我打开鸟笼,"喳喳"扑扑翅膀也飞走了。它边飞边叫,好像在说:"谢谢你,小姑娘!"

妈妈知道后并没有责怪我,可是没几天我就后悔了。老师从日记里知道了这件事给我写道:"爱它不是拥有它,而是让它们过得更好。"为了纪念"叽叽""喳喳",我把鸟笼挂在窗前的大树上,期望它们能回到这个"爱心房"。每次放学回到家,我都会抬头往树上看看,当然"爱心房"里什么也没有。

不知过了多长时间,我听到窗外传来了叽叽喳喳的鸟声,我欣喜地发现大树上的"爱心房"里住了几只麻雀,麻雀在"新家"里快乐地啄食着我给"叽叽""喳喳"准备的小米。妈妈告诉我:放飞了"叽叽""喳喳",就是让鸟儿去拥抱天空,麻雀在"爱心房"里会一代代繁衍,我们听着它们的鸣叫声,其实就是得到了一个"永恒的春天"。

放飞小鸟,就是放飞春天。如果人人善待小鸟,人们就会得到永恒的春天!

(摘自施佳彤的日志)

壮哉,少年游!

在"壮哉,少年游"活动中,刘老师带领着我们小蚂蚁们来到了首都北京。

这次的北京之行,我们先来到圆明园遗址公园参观游览。从绮春园的宫门走进去,这里正在举办第十四届荷花展。眼前的景色美不胜收,真是接天荷叶无穷碧,映日荷花别样红呀!看完荷花展,我们来到西洋楼遗址。只见到处是残垣断壁,荒草遍地,眼前的景象让人有些伤神。胡雪诗给我们介绍道:"圆明园是清朝的皇家园林,号称'万园之园',有独一无二的建筑和价值连城的珍宝。1860年,英法联军攻入北京,大肆抢掠园内文物,还下令焚毁建筑,大火三天三夜不灭。1900年八国联军攻入北京时,园内残存的文物被洗劫一空。"两次浩劫使这座皇家园林变成了眼前的这片废墟,我们明白了一个道理:落后就要挨打。我们一定要牢记国耻!当老师让我们站在废墟上再次朗诵《少年中国说》时,我才真正地体会到:我们现在只有刻苦学习,将来才能为祖国的繁荣富强尽自己最大的力量!

最后,我们参观了清华大学、北京大学。学生会的大姐姐带我们参观了美丽的校园,刘老师让我们在两所学校中挑选一个心目中的大学,作为我们的目标,并在校门口合影留念。回到家,我把清华大学门口的合影放在了书桌前,它就像一座灯塔,当我学习想偷懒的时候,"清华大学"四个金光闪闪

的大字就激励我努力学习!

(摘自任子琨的游记)

七、总结反思,优化效果

五年级以"仁爱"为主题的教育意在帮助孩子实现自我教育,在新教育实验中被称为道德仁爱境界,也是道德发展的最高境界(此境界包括儒家将心比心和惠泽天下两个阶段)。大多数成人都无法达到仁爱境界,但小蚂蚁教室却要引领孩子朝向道德的更高发展阶段,意在培养卓越的人。下面,从一线教师实践的角度,介绍班本课程结合理论进行实践的方法。

本课程以"诗歌浪漫感悟—经典书籍精确分析—实践活动中综合体验,加深认知—仪式对照生活,反思行为—日常生活追踪评价"为内容达成目标,促进道德人格的发展。

为了带领学生达到卓越,小蚂蚁教室从四个方面做出努力:一在环境上营造氛围,墙上贴有新教育道德图谱,小蚂蚁可时时与自己的行为对照;二让道德图谱和孩子的生活相联系,帮助孩子理解这一系统;三是带领学生阅读经典书籍,与伟人对话;四是在生活中树立榜样,践行仁爱,体验幸福。

根据以上内容,仁爱课程采取了三步走的教学策略:

1. 经典书籍中,理解仁爱

道德发展的这一境界,相当于孔子仁学体系中的"克己复礼"。道德发展的最高境界,我们称之为道德仁爱境界,包括儒家的将心比心和惠泽天下两个阶段,即从消极意义上的将心比心,从而不害人,到积极意义上的推己及人,从而惠人、爱人。"共读爱心书"课程包括阅读三本书,从不同的角度,分层次丰富了"仁爱"的含义。其中《一百条裙子》中的"玛蒂埃决定"成为小蚂蚁教室共同的语言密码,是"将心比心,互相理解"的代名词。

2. 践行中，认同仁爱

道德人格的培养，即人心中内在的"仁"的培养，是一种对于普世价值的追求。在没有利害关系的情况下出现的仁爱行为，并不表示一个人的道德发展已经成熟地到达该境界的水平。相反，只有一个人在利害相关的处境下，总是会自由地做出某种抉择，思想和行为已经具有高度的稳定性，这才能反映出他的道德发展处在何种水平上。

如果说从书籍中获得的是静态的知识，让学生明白"将心比心""己所不欲，勿施于人"的道理，那么"小蚂蚁爱心行动"计划则是让孩子在实践中获得成功的情感体验，进而认同"仁爱"。"争创幸福家庭、争创和谐社区、争创仁爱社会"实践活动，从不同场所让孩子体验"人与人之间'仁'的和谐"，而游学课程把仁爱的含义从关注"人与人"之间的和谐，拓展为还要关注"人与家乡、人与祖国、人与自然"之间的和谐。学生在游学过程中探究、体验并内化，这促使其产生"仁爱行动"，避免了"胡萝卜加大棒"的教育模式，有效激发了孩子道德体验的自由。

3. 仪式中，烙下道德发展的印记

美国明星教师克拉克强调班级纪律，而雷夫老师的教室从一开始就着眼于自律（借助道德发展六阶段）来进行人格教育，帮助学生发展道德认知。可见道德不是外在的纪律，而是内在的自我约束。小蚂蚁教室的节日——朋友节，则让孩子依据"将心比心"的标准，定期反观自己的生活，引导他们在生活中学会换位思考，自觉规范自己的言行。

课程结束后，"己所不欲，勿施于人"已经成为小蚂蚁共同的语言密码。当然，仁爱的举动并不是一个人一时冲动的行为，在今后的生活中还需要老师长期细致地观察和引领，"仁爱教育"是孩子们成长路上永远的必修课。它成为人的内在道德原则之后，孩子们在道德生活中才会由被动进入主动的阶段，才会达到道德的最高境界——仁爱境界。

第九章 毕业了
——挑战，在成长中认识自己

一、学情分析与班本课程总览

二、我们的书——战胜困难，我们在成长

三、我们的诗歌——中华经典之旅

四、我们的活动——中华达人秀

五、我们的节日——毕业典礼

六、总结反思，优化效果

六年级的学生面临小升初的压力,他们的学习压力开始增大,好好学习,上一个好中学,成为摆在他们面前最主要的问题。当学习成绩成为学生生活的核心后,其心理、情绪各方面都会发生很大的波动。于是,"正确认识人生中的各种遭遇,知道困难与挫折也是成长中的营养,学会全方位地认识自己"就显得尤为重要。

依据多元智能理论设计的"大家来挑战"课程,采用以非智力因素促进智力因素发展的办法,为每个学生搭建展示自己的平台,让他们在挑战中找到自己的优势,体验挑战带来的快乐与成就感。同时,引导学生把优势智能领域的思维方式迁移到弱势智能中,鼓励学生扬长避短,发挥优势,学得自然,学出兴趣,学出属于自己的精彩。

一、学情分析与班本课程总览

(一)学情分析

1. 心智发育方面

此阶段的孩子智力发育较快,注意力容易集中,记忆力逐渐增强,抽象思维和逻辑思维能力都有所加强,但意志力较弱,分析问题的能力还在发展中,所以遇到困难和挫折时容易灰心。再加上六年级的孩子即将面临小升初这一关卡,他们时间紧张,学习任务多,内心压力增大。这就要求老师密切关注学生因学业压力引发的各种心理变化。

2. 生理发育方面

六年级孩子的自我意识、自我评价和自我教育的能力得到了发展,他们开始从少年期向青春期过渡,情绪不稳定,比较敏感,自主意识增强,喜欢用批判的眼光看待其他事物，有时还对师长的正当干涉反抗抵制。所以，带领孩子全面地认识自我，学会自我调节、自我教育就显得尤为重要。此阶段的孩子如果能认清自己的优势和劣势，并能正确看待自己的优势和劣势，就会获得内心的平和。

（二）年级目标

①引导学生正确处理成长带来的不适，学会自己调控自己的情绪，积极迎接人生的各种挑战，促进其心理健康发展。

②引导学生知道困难与挫折也是成长中的营养，要正确认识人生中的各种遭遇，平和地对待眼前的困难，对自己有信心。

③帮助学生找到自己的智能优势，引导学生把优势智能获得的能力迁移到弱势智能中去。

（三）班本课程总览

1. 课程名称

大家来挑战。

2. 课程实施途径

①我们的书——战胜困难，我们在成长。
②我们的诗歌——中华经典之旅。
③我们的活动——中华达人秀。
④我们的节日——毕业典礼。

二、我们的书——战胜困难，我们在成长

关于成长主题的书籍，小蚂蚁教室选择了《草房子》和《西游记》这两本，带领学生在阅读经典中反思自我，拥有勇于面对挫折和挑战困难的决心和信心。具体内容见表9.1。

表9.1 "战胜困难，我们在成长"课程实施计划

书名及作者	书籍简介	课程目标
《草房子》 曹文轩	作品描写了男孩桑桑刻骨铭心、终生难忘的小学生活。讲述了一群孩子在磨难中成长的故事：男孩桑桑与疾病抗争，杜小康与命运抗争，秃鹤战胜自卑，获得尊严……	①了解故事及人物，换位思考，体会人物的内心。 ②重点批注"面对挫折和困难，文中人物的具体做法"，对照人物，反思自我，指导生活。
《西游记》 吴承恩	中国四大古典名著之一，由明代小说家吴承恩所著。书中描写了孙悟空、猪八戒、沙和尚保护唐僧西天取经，历经九九八十一难的传奇历险故事。	①了解故事情节及人物特点。 ②知道"磨难是人生的营养品，只有经历磨难，才会成长"。 ③懂得在生活中挑战自己，超越自己，感受挑战后的快乐。

案例：《草房子》主题交流课

【学习目标】

①结合书中的故事，引导学生知道困难与挫折也是成长中的养料，学会正确认识人生中的各种遭遇。

②抓住小说中的精彩片段，品味人物的性格特点，观照自我，能勇敢面对生活中的挑战、挫折，引导学生形成积极的人生态度和正确的价值观。

③激发学生广泛阅读的兴趣，体会读书的意义，学习阅读的方法，提高阅读能力。

④感受经典书籍中文字的魅力，提高学生听说读写的能力，积累语言，培养语感。

【学习过程】

1. 创设情景，回顾主要内容和人物

师：中华南大街小学这座"草房子"见证了我们的成长，那么，在成长中你最难忘的人是谁？孩子们，不要说，默默地把他记在心里吧！先让我们一起走进油麻地小学，见证另一群孩子的成长。

（教师播放《草房子》视频片段。）

师：《草房子》主要讲了什么故事？书里有哪些孩子？

（教师出示人物肖像图，学生猜一猜。）

2. 交流品析文本，分享人物成长的故事

师：这些人物中，你看到谁成长了？他们是怎样长大的？

（1）秃鹤的成长。

①关键词：秃子。

佳段赏析：秃鹤应该叫陆鹤，但因为他是一个十足的小秃子，油麻地的孩子，就都叫他为秃鹤。但在桑桑的记忆里，秃鹤在读三年级之前，似乎一直不在意他的秃头……秃鹤一直生活得很快活。有人叫他秃鹤，他会很高兴地答应的，仿佛他本来就叫秃鹤，而不叫陆鹤。秃鹤读三年级时，偶然地，好像是在一个早晨，他对自己的秃头在意起来了，秃鹤的头现在碰不得了，谁碰，他就跟谁急眼，就跟谁玩命。人再喊他秃鹤，他就不再答应了，并且，谁也不能再用东西换得一摸。秃鹤不再快活了。

（教师重点引导学生交流以下问题。）

预设交流点：陆鹤开始懂得自尊了，有了自尊心的陆鹤如何面对自己

"明显"的缺陷？你呢？你是否也有"缺陷"或者"短处"？

②关键词：遮掩。

佳段赏析：秃鹤一直走了过来。他见到这么多人在看他，先是有点小小的不自然，但很快就换到了另样的感觉里。他挺着瘦巴巴的胸脯，有节奏地迈着长腿，直朝人群走来。现在最吸引人的就是那顶帽子：雪白的一顶帽子，这样的白，在夏天就显得很稀罕，格外的显眼；很精致的一顶帽子，有优雅的帽舌，有细密而均匀的网眼。它就这样地戴在秃鹤的头上，使秃鹤陡增了几分俊气与光彩。

预设交流点：陆鹤用帽子遮掩自身的缺点，你觉得陆鹤该不该在意自己的秃头？这顶帽子带给陆鹤的是什么？

③关键词：帽子。

佳段赏析：秃鹤发现了自己的帽子。他推开人群，走到旗杆下，想爬上去将帽子摘下，可是连着试了几次，都只是爬了两三米，就滑跌在地上，倒引得许多人大笑。秃鹤倚着旗杆，瘫坐着不动了。他脑袋歪着，咬着牙，噙着泪。

……

秃鹤不肯起来，泪水分别从两眼的眼角流下来，流到耳根，又一滴一滴落在泥土上，把泥土湿了一片。

预设交流点：从陆鹤的泪水中，你能体会到他的内心感受吗？

④关键词：报复。

（教师截取电影中的片段。）

预设交流点：你是否欣赏陆鹤的这种行为？为什么？如果是你，你打算怎么做？

⑤关键词：失落。

佳段赏析：但秃鹤换得的是众人的冷淡，因为他使大家失去了荣誉，使油麻地小学蒙受了"耻辱"。孩子们忘不了那天汇操结束之后，一个个灰溜溜地从人家眼皮底下退出场外,退回教室的情景,忘不了事后桑乔的勃然大怒与劈头盖脑的训斥。

预设交流点:教师带领学生体会陆鹤渴望被重新融入的感觉,体会陆鹤做错事的自我反省和自我修正的心理。

⑥关键词:英俊。

佳段赏析:秃鹤演得一丝不苟,他脚蹬大皮靴,一只脚踩在凳子上,从桌上操起一把茶壶,喝得水直往脖子里乱流,然后脑袋一歪,眼珠子瞪得鼓鼓的:"我杨大秃瓢,走马到屠桥……"在与纸月周旋时,一个凶恶,一个善良,一个丑陋,一个美丽,对比得十分强烈。可以说,秃鹤把那个角色演绝了。

桑桑听到了秃鹤的啜泣声。油麻地小学的许多师生都找来了,他们沿着石阶走了下来,对秃鹤说:"我们回家吧。"桑乔拍了拍他的肩:"走,回家了。"秃鹤用嘴咬住指头,想不让自己哭出声来,但哭声还是克制不住地从喉咙里奔涌而出,几乎变成了号啕大哭。纸月哭了,许多孩子也都哭了。纯净的月光照着大河,照着油麻地小学的师生们,也照着世界上一个最英俊的少年……

预设交流点:陆鹤最在意自己的秃头,为什么却要站出来扮演"伪军连长杨大秃瓢",这不是现自己的丑?

结合学生实际,提问:秃鹤在捍卫自己尊严的过程中长大了,并通过自己的努力在学校中找回了尊严。对于自己的缺陷,你是如何看待的呢?

(2)细马的成长。

师:《草房子》中还有一个人和秃鹤有着相似的经历,他就是细马。如果说秃鹤的缺陷是生理上的,那细马的缺陷是属于精神上的,让我们看看细马是如何面对苦难,战胜苦难的。

①关键词:压抑、孤单。

佳段赏析:蒋一轮终于摆了摆手,让细马停下,不要再读下去了。

细马从蒋一轮脸上明确地看到了失望。他不知想表达一个什么意思,反

复地向蒋一轮重复着一句话。蒋一轮无法听懂,摇了一阵头,就用目光看孩子们,意思是:你们听懂了吗?下面的孩子全摇头。细马终于明白了:他被扔到了一个无法进行语言沟通的世界。他焦躁地看了看几十双茫然的眼睛,低下头去,觉到了一个哑巴才有的那种压抑与孤单的心情。

蒋一轮摆了摆手,让细马坐了下去。

预设交流点:你能体会细马的心情吗?
②关键词:嫉妒、敌意。
佳段赏析:细马的手仍在北风中不时地产生一种切割样的疼痛。每逢此时,他就对那些坐在门上挂了厚厚草帘的教室中读书的孩子们产生了一种嫉妒,一种敌意。

预设交流点:这疼痛仅仅是身体上的吗?
③关键词:失望。
佳段赏析:细马越来越喜欢将羊群赶到离油麻地小学比较近的地方来放。
……
他在油麻地首先学会的是骂人的话,并且是一些不堪入耳的骂人的话。他知道,这些骂人的话,最能侮辱对方,也最能伤害和刺激对方。当一个孩子向他的羊群投掷泥块,或走过来逗弄他的羊,他就会去骂他们。他之所以骂他们,一是表明他讨厌他们,二是表明他现在也能讲油麻地的话了。油麻地的孩子们都已感觉到,这个江南小蛮子是一个很野蛮的孩子。知道了这一点,也就没有太多的孩子去招惹他。这使细马很失望。他希望有人来招惹他,然后他好去骂他们。他甚至在内心渴望着跟油麻地小学的某一个孩子狠狠地打一架。

预设交流点:细马为什么希望有人招惹他?(指导学生关注细马的心理。)
④关键词:离开。
佳段赏析:邱二爷把细马送到县城,给细马买了一张长途汽车票,又买

第九章 毕业了——挑战，在成长中认识自己

了一些路上吃的东西。

预设交流点：此时的细马在想什么？

⑤关键词：回家。

佳段赏析：第二天黄昏时，桑桑正要帮着将邱二爷的几只在河坡上吃草的羊赶回邱二爷家时，偶然抬头一看，见路上正走过一个背着包袱的孩子来。他几乎惊讶得要跳起来：那不是细马吗？但他不相信，就揉了揉眼睛，双脚不由自主地往前走着，仔细地看着：细马！就是细马！

预设交流点：细马为什么回来了？他是怎么想的？

⑥关键词：医治父亲。

佳段赏析：细马挥镐砸下去，那冻土居然未被敲开，只是留下一道白迹。细马往手上吐了一口唾沫，咬着牙，用了更大的劲，又将镐砸了下去。这一回，镐尖被卡在了冻土里。细马将镐晃动了半天，才将它拔出来。总算见到了柳树须子，一撮一撮的，像老头的胡子。

桑桑说："这一棵柳树的须子，就够了。"

细马说："不够。"因为细马在挑这些柳树须子时很苛刻。他只要白嫩白嫩的，像一条条细白的虫子一样的须子，黑的或红的，一概不要。一棵柳树，他也就选一二十根。

细马穿好棉袄，戴上帽子，扛了镐，又去找第二棵柳树。

桑桑几次说："够了，够了。"

但细马总是说："不够，不够。"

……

不一会，桑桑就看到，细马本来就有裂口的手，因连续受到剧烈震动，流出血来。血将镐柄染红了。

这柳树的根仿佛就没有须子，刨了那么大一个坑，树根都露出一大截来了，还未见到须子。桑桑很疑惑：能弄到柳树须子吗？但细马不疑惑，只管一个劲地去刨，头上出了汗，他把帽子扔在地上，头在冷空气里，飘散着雾状

247

的热气。他把棉袄也脱下了。

预设交流点：从细马的动作、语言中，你体会到了什么？

⑦关键词：寻找母亲。

佳段赏析：第二天一早，细马来到桑桑家，将门上的钥匙给了桑桑的母亲："师娘，你帮着看一下家，我去找我妈。"

细马满身尘埃。脚上的鞋已被踏坏，露着脚趾头。眼睛因为瘦弱而显得更眍，几颗大门牙，显得更大。

令人惊奇的是，邱二妈却仍然是一番干干净净的样子，头发竟一丝不乱。人们看到，那枚簪子上的绿玉，在霞光里变成了一星闪闪发亮的，让人觉得温暖的橘红色。

预设交流点：妈妈的干净和细马的脏形成了鲜明的对比，你体会到了什么？

⑧关键词：购买羊。

佳段赏析：细马要买羊，要买一群羊，但细马并不着急买。他要仔细打听价钱，仔细审察那些羊。他一定要用最低的价钱买最上等的羊。他很有耐心。这份耐心绝对是大人的。有几回，生意眼看就要做成了，但细马又放弃了。船主就苦笑："这个小老板，太精。"

细马居然用了十天的工夫，才将羊买下。一共五十只。只只白如秋云，绒如棉絮。船主绝对是做了出血的买卖，但他愿意。因为，他一辈子还没有见过如此精明能干的孩子。

大平原上，就有了一个真正的牧羊少年。

预设交流点：为什么说细马是"真正的牧羊少年"？

⑨关键词：买砖造房子。

佳段赏析：桑桑读六年级时，细马的羊群就已经发展到100多只了。这年秋天，他卖掉了70多只羊，只留了5只强壮的公羊和25只特别能下崽的母羊。

第九章 毕业了——挑战，在成长中认识自己

然后，他把卖羊的钱统统买了刚出窑的新砖。他发誓，他一定要给妈妈造一幢大房子。

预设交流点：责任使细马返回了家，责任使细马挑起了家庭的重担，细马长大了！在班集体中，在家庭中，你承担了什么责任？你是怎样做的呢？

（3）杜小康的成长。

师：小说用了两章来写杜小康的成长。如果同样用一个词语来形容红门一中的杜小康，你准备用哪个词语？（物质的优越、高傲。）红门二呢？（精神的富有、坚强。）

①关键词：红门。

佳段赏析：油麻地家底最厚实的一户人家，就是杜小康家。杜小康家有油麻地最高大也最结实的房子。小青砖，小青瓦，一看就是用钱堆成的好房子。后三间，左两间，右两间，前面立起一道高墙，连成一个大院。院门两扇，为红色。虽然已多年未上新漆，但那门在擦拭过之后，依然很亮，照得见人影。

油麻地一般人家的小孩，一年四季，实际上只勉强有两季的衣服：一套单衣，一套棉衣……杜小康却有一年四季的衣服，一年四季，完全可以根据天气的冷暖来增减衣服，来加以很好地调节。因此，一年四季的杜小康，身体都是很舒服的。杜小康不会缩头缩脑地被凉意拴住全部的心思。杜小康身上也没有酸溜溜的汗臭……杜小康身上，只有一股很清洁的气味……到了严冬，杜小康的形象就最容易让人记住：他上学时，嘴上总戴一个白口罩。那白口罩很大，只露出一双睫毛很长的大眼睛。远看，他整个的脸，就是一个大白口罩。在油麻地小学，除了温幼菊也戴口罩之外，就只有他一个人了。杜小康的白口罩总是很白，因为杜小康不是只有一个白口罩。戴着白口罩，穿过寒风肆虐的田野，来到学校时，杜小康看到其他孩子用手捂住随时要呛进寒风的嘴，就会有一种特别的好感觉。大约是在杜小康上四年级时，他变得更加与众不同了。因为，他有了一辆自行车。当时的油麻地，几乎没有一辆自行车，即使油麻地小学的老师，也没有一个有自

行车的……杜小康的成绩还特别好,除了纸月可以跟他比,谁也比不过他。因此,杜小康一直当班长。

杜小康总能做成许多其他孩子想做但做不成的事情……那些依然站着的孩子……一个个都很感激地看着杜小康,而杜小康对这些目光无所谓。

预设交流点:杜小康是个怎样的孩子?这和他的家庭有什么关系?

②关键词:过河。

佳段赏析:暮色里,杜小康走在高高的断桥上,身子显得更加细长。他一副悠闲的样子,仿佛走在一条秋天的田埂上。他走过去,走过去,就这么不慌不忙地走过去。然后,似乎双脚有一半站到了桥外,动也不动地立在晚风里、夕阳中。再然后,他坐下了,将两条长腿很轻松地垂挂在桥头上。

一个男孩叫起来:"杜小康!"许多孩子一起叫起来:"杜小康!杜小康!"很有节奏。

杜小康头也不回,仿佛这天地之间,就他独自一人坐在犹如万丈深渊的断桥上。

预设交流点:此刻,杜小康心情怎样?他是怎样想的?

③关键词:吃柿饼。

佳段赏析:桑桑要回家了。黑暗里走出了阿恕:"桑桑!"

"他们人呢?"

"都被杜小康叫到他家吃柿饼去了。"

预设交流点:如果杜小康听到这些话,会怎么想?

④关键词:敢做敢当。

佳段赏析:这里正准备实施包括"攻心战术"等诸如此类的方案时,杜小康却在全校大会上,走上了台子:"你们不用再查了,火是我玩的。"杜小康一副平平常常的样子。台下的孩子,顿时觉得杜小康是个英雄,是个好汉,差一点没为他鼓掌。即使是老师,望着面不改色的杜小康,也为之一振:这是一

250

个什么样的孩子呀？杜小康在众人的注视之下，走下台去了。大红门滋长并支撑了杜小康敢做敢当的傲慢。

预设交流点：你认为杜小康是个英雄吗？为什么？

⑤**关键词**：借道具。

佳段赏析：这个节目里头，最让人心动的是30个女孩儿都一律转过身去，只将辫子留给人。30根小辫，一律扎了鲜亮的红头绳，一律插了白绒花。白绒花插得好，远远地看，觉得那黑辫上停了一只颤颤抖抖欲飞未飞的白蛾子。这一朵朵白绒花，把月色凄清和卖唱姑娘的一片清冷、哀伤、不肯屈服的情绪烘托出来了。若换了其他颜色的绒花，效果就不会这样好。

预设交流点：是谁借来了道具？为什么他能而别人不能？

⑥**关键词**：大火。

佳段赏析：那天，学生们都在上课时，桑乔站在办公室的廊下，望着校门外的杜小康，正在冬季的第一场雪中，稳稳地坐在树下，对另外几个也在廊下望着杜小康的老师说："日后，油麻地最有出息的孩子，也许就是杜小康！"

……

过了一个星期，杜小康在校园门口出现了。他挎一只大柳篮子，柳篮里装了零七八碎的小商品……他坐在校门口的小桥头上。令油麻地小学的老师和学生们都感到震惊的是，这个当初在油麻地整日沉浸在一种优越感中的杜小康，竟无一丝卑微的神色。他温和、略带羞涩地向那些走过他身旁的老师、学生问好或打招呼。最初几天，几乎没有一点生意。

桑桑替他感到失望。

杜小康安慰桑桑："会有生意的。"那时，杜小康又想起了那次鸭被惊散了，还有最后十几只没有找到的情景。父亲说，算了，找不到了，别找了。他却说，能找到的。结果真的找到了。

渐渐地，油麻地的孩子们，再去杜小康那里买东西时，就没有异样的感觉了，仿佛只不过是从一个朋友那里取走一些东西而已。他们可以先不给钱，

先在心中记住。而杜小康知道,他们绝不会白拿他的东西的。

对于杜小康来讲,无论到哪一天,他也不会忘记在芦荡度过的那几个月——那是一个荒无人烟的世界。天空、芦荡、大水、狂风、暴雨、鸭子、孤独、忧伤、生病、寒冷、饥饿……这一切,既困扰、磨难着杜小康,但也在教养、启示着杜小康。

当杜雍和因为鸭群连续几次误入人家的鱼塘,几乎吃尽了塘中刚放养的几万尾鱼苗,被愤怒的当地人扣下小船与整个鸭群,而陷入一贫如洗的绝望时,他万万不会想到这段时间的生活给了儿子多少珍贵的财富!杜雍和不吃不喝地躺在鱼塘边上时,杜小康也一动不动地坐在了他的身边。他有父亲的悲伤,却并无父亲的绝望。现在,倒什么也不怕了。他坐在那里,既没有向人家哀求,也没有向人家发怒。

他反而觉得父亲这样做是没有必要的。因为他们的鸭子毁掉了几十户人家的一片希望,就像他们也被毁掉了希望一样。杜小康是坐在那里咀嚼着油麻地的任何一个孩子都不会去咀嚼的,由大芦荡给予他的那些美丽而残酷的题目。他不可能立即领悟,但他确实比油麻地的孩子们提前懂得了许多……

桑桑现在再见到的杜小康,已经是一个远远大于他的孩子了。

当桑桑向杜小康问起他以后怎么办时,杜小康并没有太大的惊慌与悲哀。他与桑桑坐在打麦场上的石磙上,向桑桑说着他心中的打算。他至少有十项计划,而他最倾向于做的一个计划是:在油麻地小学门口摆个小摊子卖东西。

而这个计划是桑桑最感吃惊的一个计划:他怎么能在学校门口,当着大家的面做小买卖呢?满眼全是他的同学呀!

杜小康却是一副很坦然的样子:"你是怕大家笑话我?"

预设交流点:你赞同桑乔校长的话吗?你能从书中找到理由吗?杜小康的这种"气度"从何而来?为何桑桑现在见到的杜小康已经不是过去的杜小康了?

教师总结人物:从优越中走出来,经历了磨难的杜小康变得坚强且自信,

那么,他经历了哪些磨难呢?这些磨难有来自自然界的狂风暴雨,也有身体上的饥饿、劳累、疾病和寒冷,更有心灵上的孤独与忧伤。磨难是一笔财富,难怪桑校长说杜小康或许会成为油麻地最有出息的人(出示桑校长的话)。你同意桑校长的观点吗?

(学生谈自己的观点,如重友情、守信用、在逆境中拼搏。)

优越使杜小康高贵,而灾难赋予了他真正的"高贵"。杜小康长大了!从他的身上,你学到了什么?我们的身边有没有像杜小康一样优秀的同学?

(引导学生抓住人物特点,共同品味成长,分享感受。)

(4)桑桑的成长。

①调皮,异想天开。

师:用蚊帐做渔网捞鱼虾,把爸爸的奖品——笔记本据为己有……其实,每个人都会在童年干一些傻事,当我们长大成人后,最难忘的还是那些乐事、傻事。

预设交流点:你做过哪些爸爸妈妈不满意的事情?你是如何与家长沟通的?(孩子们的话可以给家长写下来,进行书面交流,尝试让家长理解孩子的天性,正确引导孩子,用智慧而不是采用暴力的方式,从另一个角度去理解孩子。)

②乐于助人、善良、勇敢。

预设交流点:给蒋老师和白雀送信;为了替蒋老师洗脱罪名,选择最远的县城去找证人;为了帮助纸月,和比自己大、比自己壮实的孩子打架;卖掉自己心爱的鸽子为杜小康筹钱进货;第一个买杜小康的东西;杜小康家的大红门被债主摘走时,抓住他的手,给杜小康以安慰……

③坚强,信守诺言。

预设交流点:带着重病,带妹妹进城玩,面对死亡,不是恐惧,而是平静……

教师总结:秃鹤长大了,杜小康长大了,细马长大了,桑桑在经历生死中也长大了。

3. 结合生活，关照成长

（1）结合人物，交流感受。

教师提问：在《草房子》众多的人物中，谁给你的印象最为深刻？他（她）给了你怎样的影响？结合小说有关故事情节和自己的实际生活，与大家分享你的感受。

（2）书写故事，畅想未来。

（音乐《同桌的你》响起，播放孩子们的生活照片，唤醒孩子们的美好回忆。）

师：在草房子里，桑桑想起了秃鹤，想起了纸月，想起了……许多年后，谁来写我们自己的故事？谁来写我们自己的歌？谁来写我们自己的诗？谁来记录我们六年精彩的旅程？

（3）布置作业，留下永恒。

师：天若有情天亦老。即将告别一同成长的小伙伴，即将告别无比关心自己的老师，即将告别这片朝夕相处的梦里水乡，桑桑的心里百感交集。那些亲切的名字，那些曾经灿烂如花的笑脸，永远定格在桑桑的心中，也定格在我们大家的心中。让我们从今天开始，用心感受同伴的真善美，用笔记录身边真实发生的故事，把那些精彩的瞬间化作美好的记忆吧！

三、我们的诗歌——中华经典之旅

诗词、国学是中国文化的重要组成部分，在中国文化根系中，最主要的组成部分是儒家思想（达济天下，坚守理想，入世担当，立己正人）和道家思想（独善其身，潇洒旷达，融于自然，物我两忘）。"中华经典之旅"课程，就是在儒道思想中寻找符合学生个性特质的榜样，并向他学习，让优秀人物的精神激励自己，让优秀品质变成智力挑战的不竭动力，让儒道精神调节生命的律动，使其自由成长。"中华经典之旅"包括"中华诗词经典"和"中华国学经典"两部分内容，详见表9.2。

表9.2 "中华经典之旅"课程实施计划

课程主题	课程架构	课程目标
中华诗词经典	以《千家诗》为蓝本，参照常丽华老师编写的《农历的天空下》，徐健顺编著的《我爱吟诵》和山西绛县的诗词课程内容，根据中华南大街小学孩子的生命特质创编了"中华诗词经典"。课程以二十四节气为线索，历时一年。根据四季的变化，诵读经典诗歌，观察自然景物，体验民俗活动……这也是一种综合性学习的过程。课程中结合国画、音乐、舞蹈等，涉及唐诗宋词、农谚、书法、绘画、民间故事、民俗活动等内容。	①结合诗词，了解作者经历，引导孩子正确认识人生中的各种遭遇，知道困难与挫折是成长中的营养。②积累诗歌，丰富语文修养。③认同践行"儒道互补"的精神并尝试指导自己的生活。
中华国学经典	节选了《弟子规》《论语》《中庸》《大学》《孟子》的相关内容，并按照"孝、悌、谨、信、仁、义、礼、智"进行主题重组。学生在穿越传统国学经典的过程中，通过"吟诵、训诂、导行"三个环节，了解经典的精神内涵，与圣人对话，并在生活中践行、体悟。	

案例："萤火虫"主题课程小结仪式纪实

【课程背景】

"萤火虫"课程是"中华诗词经典"中的一个小主题。2014年3月6日，小蚂蚁教室从惊蛰之日开始学习"中华诗词经典"，经历了"一雷惊蛰始"的主题小课程，我们诵读着《观田家》，在心里播下一颗梦想的种子，然后就像农夫一样，默默地耕耘，努力地劳作，期待着今年是一个丰收年！春分时节我们诵读的是"青梅如豆柳如眉"主题小课程，我们扪心自问，自己是否随着自然中的万物已悄然成长？接着我们走过了清明、桃花、杨柳等主题课程。就这样，我们一路读着诗歌，一路感受着大自然的神奇；就这样，在与诗词对话的过程中，我们的心一天天朗润起来，生命一天天丰盈起来。可是，春天的时间是多么短暂啊！我们刚刚还在读着杨柳依依，欣赏着桃花、杏花、芍

药、牡丹等次第开放的万紫千红的春,眨眼间,春天就已经悄无声息地溜走了,这些美丽的花儿也跟着她一起走了。

一夜的薰风从我们身边抢走了春天,春天走了,夏天来了,立夏时节我们诵读着陆游的《初夏书感》,开始了"一夜薰风带暑来"主题小课程:春与人俱老,花随梦已空……为农当自力,相戒勿匆匆。看哪,那朵花凋谢了,我们也很快就会老去,人和花都是有生命的,诗中说"为农当自力,相戒勿匆匆",作为一个农民,要自力更生。作为一名学生呢?我们要告诫自己:不要虚度时光!要像农民一样辛勤地劳动,把属于我们的田地耕种好!自此之后我们在"夏之灵"小课程中,感受到了夏天那份独有的灵性。

一路走来,我们以二十四节气为线索,体验着先人们日出而作、日落而息的生活节奏,敏锐地观察着物候的变化;在春花、夏萤、秋叶、冬雪中和大自然对话;在经典古诗词中敏锐地感受着中国人独特的心灵情感和生活方式。我们亲近诗歌,亲近自然,生命完全向着诗歌,向着大自然敞开。这个过程既充满艰辛,又让人备感幸福。

就像这个课程小结仪式一样,5月23日这个在世人眼中平凡的不能再平凡的日子,对于我们小蚂蚁班级的孩子们来说,因为有了15天"萤火虫诗词之旅"而变得更加有意义,这一天是专属于我们的节日——萤火虫课程告别仪式。这是半个月来老师与孩子们对所经历的"萤火虫"课程进行的一次梳理与编织,我们希望通过这样的方式,让课程在孩子们的生命中留下深刻而美好的回忆,并期待着孩子们在今后的生活中,能不断地去温习这些曾经刻入他们生命中的诗词。

【课程介绍】

表9.3 "萤火虫"主题课程实施方案

课程实施阶段	课程内容	课程目标
课程开启	①了解萤火虫。 ②读与萤火虫相关的故事。	激发学生对萤火虫的兴趣。

续表

课程实施阶段	课程内容	课程目标
课程内容	《咏萤》(唐)虞世南 《咏萤火》(唐)李白 《咏萤火》(南朝)萧绎 《咏萤火》(南朝)沈旋 《咏萤》(唐)罗邺 《咏萤》(唐)陈格 《萤》(宋)刘筠 《萤火》(唐)杜甫 《萤火》(宋)赵蕃 《咏萤》(唐)周繇 《萤》(唐)郭震 《萤火》(清)赵执信	①学习萤火虫在暗夜中闪光,顽强地表现自己的存在,执着地实现自己的人生价值。 ②人要有梦想,明白"有志不在年高"的道理。 ③明白每个生命都是不同的,生命的价值就是让自己如其所是,不受外界的影响。
课程小结仪式	①咏萤诗会。 ②咏萤歌会。 ③萤火虫日。	①回顾课程历程,体会萤火虫的精神内涵。 ②与生活编织,践行萤火虫精神。 ③用音乐、舞蹈、歌曲等艺术方式歌颂具有萤火虫精神的人。

【活动目标】

①体会萤火虫"雨打灯难灭"的顽强个性和"腐草为萤"不自卑,不自暴自弃,执着地实现自己的人生价值。

②学习萤火虫于暗夜中发光给人指路,拥有承担责任、回报社会的心。

③萤火虫因"囊萤映雪"的典故成为刻苦读书的符码,激励学生做一个爱读书的孩子。

【活动过程】

1. 序幕

《萤火虫》的主题歌曲响起,小蚂蚁的心开始安静下来。屏幕上依次静静地显示着:

缔造完美教室

2014年5月23日,孩子们,请在这美妙的音乐声中调整好自己的呼吸与心情,"萤火虫"课程小结仪式就要开始了……

(孩子们看着屏幕,静静地期待着。)
(《萤火虫》的音乐响起,孩子们轻轻地唱起这首伴随着太阳,每日给我们送来光明的主题曲。)

萤火虫,萤火虫慢慢飞;
夏夜里,夏夜里风轻吹。
怕黑的孩子安心睡吧,
让萤火虫给你一点光!

燃烧小小的身影在夜晚,
为夜路的旅人照亮方向。
短暂的生命,努力地发光,
让黑暗的世界,充满希望。

萤火虫,萤火虫慢慢飞。
我的心,我的心还在追。
城市的灯光明灭闪耀,
还有谁会记得你燃烧光亮。

萤火虫,萤火虫慢慢飞,
夏夜里,夏夜里风轻吹。
怕黑的孩子安心睡吧,
让萤火虫给你一点光。

燃烧小小的身影在夜晚,
为夜路的旅人照亮方向。

第九章 毕业了——挑战，在成长中认识自己

短暂的生命，努力地发光，
让黑暗的世界，充满希望。

燃烧小小的身影在夜晚，
为夜路的旅人照亮方向。
短暂的生命，努力地发光，
让黑暗的世界，充满希望。

萤火虫，萤火虫慢慢飞，
我的心，我的心还在追。
城市的灯光明灭闪耀，
还有谁会记得你燃烧光亮。

2. 咏萤诗会第一部分：萤之妙

师：亲爱的孩子们，在常人眼中，萤火虫也许就是一种能发光的小昆虫。但是在诗人的眼中，它却是别样的风景。杜甫的《倦夜》中诗云——

（全班齐诵：暗飞萤自照，水宿鸟相呼。）

师：夏天，萤火虫仿佛夜空的繁星，这小小的精灵，给纳凉的人们增添了多少情趣呀！让我们一起走进诗歌，去欣赏那奇妙的萤火虫。

在《萤火虫之舞》的主题曲中，虫鸣声逐渐响起。那清脆而又充满欢快的叫声，再次将孩子们带回到萤光如星般的夜空。在乐曲声中画面上随之展现南朝萧绎的诗歌《咏萤火》。

（郭佳睿那抑扬顿挫的朗诵之后，老师与孩子们一起分角色诵读起来。）

咏 萤 火
（南朝）萧绎

着人疑不热，集草讶无烟。
到来灯下暗，翻往雨中然。

师：南朝的萧绎则写出了"腾空类星陨，拂树若生花"的景象。

施佳彤：瞧，飞舞的萤火虫似流星掠过。在黑夜里，它明灭闪烁，绚丽无比。泊在树上的萤火虫，似钻石镶嵌，停在草间的萤火虫似火、似焰，萤火虫实在是可爱至极！

（男女生分别诵读。）

男生：咏萤火，南朝沈旋。

　　　火中变腐草，明灭靡恒调。

　　　雨坠弗亏光，阳升反夺照。

　　　泊树类奔星，集草疑余燎。

　　　望火如火灼，揽之徒有耀。

齐：生命如其所是——外界并不影响我！

女生：咏萤，唐代罗邺。

　　　水殿清风玉户开，

　　　飞光千点去还来。

　　　无风无月长门夜，

　　　偏到牖前照绿苔。

徐晓雨：萤火虫这小小的精灵，散发出微弱的光亮，它在夜空中流动，天越黑，萤火越明亮，那情景真是让人称奇。

刘正潇：十岁的李白曾经这样赞美萤火虫，说它既是风吹不灭的火，又是雨打更明的灯。

（男女生分别诵读。）

男生：咏萤火，唐代李白。

　　　雨打灯难灭，风吹色更明。

　　　若非天上去，定作月边星。

女生：李白觉得自己就是那小小的萤火虫，不怕风吹雨打，有一天必将做月亮身边那颗最亮的星！

全班齐读：而我们更要赞叹萤火虫，默默地装点着夜空，夜空因为它们

第九章 毕业了——挑战，在成长中认识自己

的存在变得荧光点点，异常美丽！

（孩子们分角色诵读。）

郭嘉睿：雨打灯难灭，风吹色更明。

女生齐诵：雨打灯难灭，风吹色更明。

蔺子铄：小小萤火虫，可它于黑暗之处，独自发光。这展示了一个怎样大的境界！

男生齐诵：恐畏无人识，独自暗中明。

全班齐诵：恐畏无人识，独自暗中明。

师：其实我们每个人都能像萤火虫一样为他人送去一丝光亮，不论这温暖的光的存在多么的微乎其微。不必多想，就让它尽情地去照亮这个世界吧！因为生命的美丽重要的是能"独自暗中明"，能够勇敢地实现自己的生命价值。

刘正潇：让我们做只能给别人带去光明的萤火虫吧！这是我们在养老院里，为老人们打扫卫生的身影（多媒体播放深县养老院送爱心的故事）。

施佳彤：让我们做只能给别人带去光明的萤火虫吧！这是我们在养老院为老人送去快乐的身影（多媒体播放深县养老院送爱心的故事）。

陈张宇：让我们做只能给别人带去光明的萤火虫吧！这是我们为福利院的同龄人送去精神食粮的身影（多媒体播放行唐福利院送爱心的故事）。

刘孜成：让我们做只能给别人带去光明的萤火虫吧！这是我们给福利院里的朋友写信，让鸿雁送去我们的问候（多媒体播放行唐福利院送爱心的故事）。

张树权：让我们做只能给别人带去光明的萤火虫吧！这是我作为小蚂蚁班级的代表，把压岁钱和书籍送给贫困山区的伙伴（多媒体播放给唐县贫困儿童送爱心的故事）。

何子琪：让我们做只能给别人带去光明的萤火虫吧！这是我们在新火车站为远道而来的客人搬运行李的身影（多媒体播放新火车站小志愿者送爱心的故事）。

边琳霏：让我们做只能给别人带去光明的萤火虫吧！这是我们在新火车

站为远道而来的客人送去公交线路图指南,并进行文明宣传的身影(多媒体播放新火车站小志愿者送爱心的故事)。

师:萤火虫的光亮虽然微弱,但在茫茫的黑夜里,它就是人们的希望。

学生齐诵:我们的光亮虽然微弱,但我们却用自己的行动,给那些需要帮助的人送去了一丝希望。

3. 咏萤诗会第二部分:萤之灵

师:夜空中,萤火虫携火提灯,绕树似花,腾空如星,它给夜行的路人带来了光明。这点点的萤光,引来诗人诸多的联想,骆宾王曾经在《萤火虫赋》中感叹——

赵航轩:类君子之有道,入暗室而不欺。

全班齐诵:类君子之有道,入暗室而不欺。同至人之无迹,怀明义以应时。

(伴随着《萤火虫的梦》如涓涓溪水流淌的钢琴声,在全班孩子激情的齐诵声中,我们走进了咏萤诗会的第二部分——无畏的萤火。)

(李箐宇领诵。)

咏　萤
(唐)陈格

　　翩翩飞蛾扑明烛,见烹膏油罪莫赎。
　　嘉尔萤火不自欺,草间光照相煜煜。
　　却马已录仙人方,映书曾登君子堂。
　　不畏月明见陋质,但畏风雨难为光。

董劲满:多么顽强的个性!多么可贵的追求!尽管自己的生命弱小,但它却不甘沉沦,不甘默默无闻,不愿自暴自弃,偏要在暗夜中闪光,顽强地表现自己的存在,执着地实现自己的人生价值。

(全班分角色朗读。)

第九章 毕业了——挑战，在成长中认识自己

萤

（宋）刘筠

荒郊多腐草，故苑近清秋。
棘密何胜数，囊轻莫尽收。
月高疑燐息，天远认星流。
紫桂风微急，红兰露偏浮。
已能穿永巷，更欲拂高楼。
灭烛方无寐，鸣蛩相荐愁。

丽儿：萤火虫生于腐草，却与光明同行，它是光明与希望的使者。

萤　火

（唐）杜甫

幸因腐草出，敢近太阳飞。
未足临书卷，时能点客衣。
随风隔幔小，带雨傍林微。
十月清霜重，飘零何处归。

师：丽儿声情并茂地吟诵，这个心有千千结的女孩子呀，从小小的萤火虫身上得到了启示！你看她的笑脸是多么的灿烂！

范佳琪：人们常说"化腐朽为神奇"，我看这世界万物之中，当数这小小的萤火虫能称之为神奇——腐草化为生命，生命点燃光明，光明奉献人间。

（男生齐诵。）

萤　火

（宋）赵蕃

浑忘生朽质，直拟慕光辉。
解烛书帏静，能添列宿稀。
当风方自表，带雨乎成微。

变灭多无理,荣枯会一归。

李家豪:萤火虫的光亮虽然微弱,但它却不甘默默无闻,独自在暗夜发光,以昭示自己的存在。

(女生齐诵。)

咏　萤
(唐)虞世南

的历流光小,飘摇若翅轻。
恐畏无人识,独自暗中明。

闫艺萌:萤火虫这小小飞虫光之微,翅之盈,但它却能在浓浓的黑夜里坦荡无愧地与明月齐照,和星光共辉,它又带给我们多少启迪。(男女生分别朗诵形成了一种抑扬顿挫的韵律感。)

咏　萤
(南朝)萧绎

本将秋草并,今与夕风轻。
腾空类星陨,拂树若生花。
屏疑神火照,帘似夜珠明。
逢君拾光彩,不吝此生轻。

刘文梦:小小萤火虫,它却能破译人生大道理。
女生齐诵:逢君拾光彩,不吝此生轻。
男生齐诵:不畏月明见陋质,但畏风雨难为光。
安家宝:萤火虫生于腐草,可它却敢于与命运做斗争。
女生齐诵:幸因腐草出,敢近太阳飞。
男生齐诵:浑忘生朽质,直拟慕光辉。
全班齐诵:幸因腐草出,敢近太阳飞。浑忘生朽质,直拟慕光辉。
师:萤火虫虽然微弱,但它心怀光明,它在风雨中飞舞,在黑夜里生辉!

让我们做一只不怕风雨的萤火虫吧!

任子琨:让我们做一只不怕风雨的萤火虫吧。别看我们力量小,但是在清明远足的活动中却不怕苦难,坚持徒步40里(多媒体播放清明远足锻炼毅力的故事)。

邓文豪:让我们做一只不怕风雨的萤火虫吧。别看我们需要钱,但是在捡到钱包之后却能拾金不昧,把它交还失主(多媒体播放清明远足拾金不昧的故事)。

马胜楠:让我们做一只不怕风雨的萤火虫吧。别看我们年纪小,但是在清明诗会的活动中,吟诵诗歌让大人都自叹不如(多媒体播放清明诗会精彩展示的故事)。

郭博博:让我们做一只不怕风雨的萤火虫吧。别看我们已经很疲惫,但是运动会上,我们却能坚持到底,勇夺三连冠(多媒体播放田径运动会上努力拼搏的故事)。

于广亮:让我们做一只不怕风雨的萤火虫吧。大家一定还记得吴桥杂技节活动中,那场百年不遇的春雪吧!风雪不能阻挡我们前进的脚步,那时我们吟诵着韩愈的"白雪却嫌春色晚,故穿庭树作飞花",那时我们欣赏着这大自然创造的奇迹(多媒体播放参观吴桥大世界遭遇春雪考验的故事)。

师:囊萤苦读已经传为佳话,从萤火虫的萤光中,我们看到了多么顽强的个性,多么可贵的追求。自此之后,萤火虫在我们的心中不再是一只小小的飞虫,不再是一个微不足道的生命,而是一个活生生的精灵,一个个性独特、胸怀不凡的刚毅之士,其伟岸形象令人肃然起敬,又促人深思猛省。

(全班齐诵。)

赏萤火虫

是谁神妙展空空,截段银河匿树丛。
疑梦疑真流香渺,乍昏乍亮舞迷蒙。
温情相伴不须月,腐草出身何羡鸿。
避得喧嚣蚊蚋小,一船安静沐凉风。

冯易鑫：萤火虫的一生是那么的短暂，它却用自己的微光给爱读书的人带来了光明，这样的人生是多么的辉煌！谁说这不是一盏美丽的生命之灯呢？

咏　萤

（唐）周繇

熠熠与娟娟，池塘竹树边。

乱飞同曳火，成聚却无烟。

微雨洒不灭，轻风吹欲燃。

旧曾书案上，频把作囊悬。

史少康：萤火虫的一生是那么的短暂，它却没有在现实中迷失自己，它从不炫耀自己，它快乐地发着光，让黑暗不再那么令人恐惧，这就是它生命的意义！

萤

（唐）郭震

秋风凛凛月依依，飞过高梧影里时。

处暗若教同众类，世间争得有人知。

任小涵：萤火虫的一生很短暂，它不停地飞来飞去，提着它那美丽的用生命燃起的红灯，飞舞在万花之中。即便是一丁点的光，也要照亮自己和身边人的世界。让我们再次一同来吟诵这些诗歌吧！

萤　火

（清）赵执信

和雨还穿户，经风忽过墙。

虽缘草成质，不借月为光。

解识幽人意，请今聊处囊。

君看落空阔，何异大星芒。

师：萤火虫虽然出身卑微，但它没有在现实中迷失自我，它倾尽所有的

力量,默默地做着自己该做的事情,让我们做一只努力上进的萤火虫吧!

李世俐:我们就是一只努力上进的萤火虫!我们浸润在经典中,吾日三省吾身(多媒体播放国学课程的故事)。

赵紫薇:我们就是一只努力上进的萤火虫!别看我们已经很疲惫,但是运动会上,我们却能坚持到底,勇夺三连冠(多媒体播放趣味运动会上的故事)。

胡雪诗:我们就是一只努力上进的萤火虫!我们漫步在知识的殿堂里,努力学习创新(多媒体播放小小发明家比赛的故事)。

贾静雯:我们就是一只努力上进的萤火虫!我们置身在大自然的怀抱里,让精神与自然融为一体(多媒体播放游学课程的故事)。

马胜楠:我们就是一只努力上进的萤火虫!我们参加社团活动时坚持不懈地绽放自己的美丽(多媒体播放艺术社团活动中的故事)。

全班齐读:萤火虫,活灯笼,越是暗黑,越要冲锋。不做天上的彗星,要做人间的长明灯。穿透漆黑的长夜,照着行人奔前程。我们要做萤火虫,给人们带来光明;我们就是一只只萤火虫,要倾注自己的力量把生命照得更光明。

施佳彤:我们赞叹萤火虫萤火的奇妙——"微雨洒不灭,轻风吹欲燃"。

李箐宇:我们感慨它努力拼搏的品质——"处暗若教同众类,世间争得有人知"。

郭嘉睿:我们赞美萤火虫的奉献精神——"浑忘生朽质,直拟慕光辉"。

冯易鑫:于是,我们诵萤火虫的诗,唱萤火虫的歌;我们在诗歌中体悟这小小生命的伟大,我们的内心充满了对小小虫儿的敬畏。

4. 咏萤歌会

师:同学们,你们还记得在音乐课上学过的歌曲《萤火虫》吗?萤火虫虽然弱小,但是它坦荡无畏,从容飞渡,我们从歌声里看到小小的萤火虫身上那种堂堂正正的君子品格。

张燕彬:小小的萤火虫,在夏夜中,独自发光,给别人指路,来证明自己的生命价值。那我们呢,更应该像这小小的萤火虫,为社会贡献一份力

量——

第一组:《萤火虫之舞》(班级舞蹈队风采展示)。

刘正潇:天愈黑,萤火愈明,仿佛月边星,光彩烂漫,奇丽无比——

第二组:《萤火虫》(班级器乐兴趣小组风采展示)。

刘孜成:同学们,请记住,哪怕我们再怎么弱小或卑微,只要一心奉献社会,我们就会变得崇高;尽管我们的力量十分有限,但只要我们有奉献社会之心,就可以在我们的力量范围之内做出贡献,不枉人生。让我们也做一只小小的萤火虫吧!

第三组:《小小萤火虫》(吉他兴趣小组风采展示)。

王菁:萤,草化为之。一种坚忍的力量,化腐朽为神奇。我们要学习萤火虫不迷失自己,在黑暗中发光;学习它默默地做着自己该做的事,从不炫耀;学习它找准位置,快乐发光,相信自己的力量,这样才能在茫茫人海中活出自己的个性;学习它倾尽自己的力量发光,虽然不是太阳,不是月亮,但同样有着太阳和月亮的光辉。

第四组:《萤火虫的梦》(合唱小队风采展示)。

郭嘉睿:萤火虫是弱小与卑微的,它的奉献精神却让人心怀敬畏。萤火虫有个梦,我们也有个小小的梦想,让我们也像萤火虫一样,让我们做一只一心奉献社会、有着崇高品格的萤火虫吧!

师:孩子们,在老师眼中你们就是最闪耀的那颗星,今天你们闪烁着自己稚嫩的光芒,明天你们的光彩将无可限量!乘着梦想的翅膀勇敢地飞吧,飞向更广阔的天地,在那璀璨的星空中,请你尽情地展示你的风采!

5. 萤火虫日

师:让我们共同回顾六年来的平凡生活,那些平凡的日子,那些属于我们自己的日子里曾经发生过多少动人的故事呀!(课件出示活动花絮。)书中这些优秀的人物也变成了我们班集体的一员,因为我们身上已经有了他们的烙印,我们的身上藏着和他们一起成长的密码,这些密码融入我们的一言一行中,于是,我们越来越了不起。

第九章 毕业了——挑战，在成长中认识自己

《萤火虫》的主题歌曲再次响起，孩子们专注地看着大屏幕，上面依次显示着：

2008年9月6日——鼠小弟日（友情、分享……）
2009年5月29日——花婆婆日（梦想、努力……）
2009年12月2日——犟龟日（坚持、毅力、信心……）
2010年6月13日——匹诺曹日（诚实、拒绝诱惑、爱学习、有良心……）
2010年12月6日——多萝西日（爱、智慧、勇气……）
2011年6月5日——安迪日（被需要、奉献、自尊……）
2011年12月16日——旺达日（同情、梦想、真诚……）
2012年4月9日——瑞夏德日（责任、合作……）
2012年12月16日——青鸟日（发现幸福、感受幸福……）
2013年4月10日——夏洛日（友情、爱与忠诚、生命的意义……）
2014年5月23日——萤火虫日（奉献、努力、无畏……）

此时，屏幕上出示美国诗人惠特曼的诗句："有一个孩子每天向前走去，他看见最初的东西，那东西就变成了他的一部分……"

（老师再次充满激情地启发孩子们。）

师：让我们永远记住今天，2014年5月23日，这个日子在我们心目中已经不再平凡，让我们彼此承诺——

全体齐诵：让我们做一个努力上进、不怕风雨、乐于奉献的"萤火虫"！

师：小小的萤火虫唤醒我们，做人只有"独善其身"才能"担当天命"，做到"惠泽天下"，这就是君子的道德标准。只有如此，我们才能入世担当，弘扬正气，立己正人。让我们"独善其身"，成就今天，"达济天下"，将来造福世界的明天吧！"萤火虫"课程只是我们诗词之旅中一个小小的加油站，让我们彼此相约，一起启程，共同期待在下一个站点共庆收获的时刻吧！

（在主题曲《萤火虫》的伴奏下，孩子们再次齐唱这首每日给我们送来光明的歌曲。此时，小蚂蚁的血液里不知不觉地渗入了儒道"勇于担当，达济天下"的精神。）

师：明天，我们将继续在祖先的文字中寻找光明，因为我们知道成长意味着承担更大的使命，所以我们要不断地追求卓越，追求自我实现，让每一个人都能"活"出最美好的自己！

四、我们的活动——中华达人秀

六年级即将实现整个小学的总目标，所以我们要从智力和心理两个方面为孩子们做好小升初的衔接准备。美国哈佛大学心理学教授霍华德·加德勒认为，每个人至少有七种不同类型的智力，其中最主要的两种是语言智力和数学智力。他还告诉我们：积极的情绪有利于开发智力，激发创造力，有利于提高学科的学习成绩。

"中华达人秀"课程基于以上理念，为每个孩子搭建了展示自我的平台，让孩子在活动中找到自己的智能优势，体验智力挑战带来的成就感。"中华达人秀"课程秉承自愿参与的原则，引导学生把优势智能领域的思维迁移到其他弱势智能中，鼓励学生用自己的优势智能获得、加工信息，促进每个孩子的自我发展，进而实现生命的各美其美（详见表9.4）。

表9.4 "中华达人秀"活动计划表

上半年活动计划		下半年活动计划	
活动方式	活动目标	活动方式	活动目标
中华诗歌会	提高语言思维能力	小主持人比赛	提高语言思维能力
田径运动会	提高运动思维能力	趣味运动会	提高运动思维能力
小小音乐会	提高音乐想象能力	小发明比赛	提高观察创新能力
小小书画展	提高空间想象能力	汉字听写大会	提高记忆能力
速算比赛	提高逻辑思维能力	小侦探比赛	提高逻辑思维能力
找呀找呀找朋友	提高交往思维能力	校园手拉手	提高交往思维能力

第九章 毕业了——挑战，在成长中认识自己

图9.1 中华诗歌会　　　　　　　　图9.2 小小音乐会

案例：小发明比赛

随着年龄的增长，孩子的思维特点已经开始从形象思维向抽象逻辑思维过渡，他们已不仅仅局限于事物的表面特征，而是根据自己的经验做出简单的判断与创新。小发明比赛就是给孩子搭建发明创造、展示自我的平台。

【活动目标】

①本着"人人爱动脑，处处有发明"的理念，指导学生观察生活中的问题，并通过研究问题，动脑动手解决问题，促进学生留心观察生活的能力。

②训练并提升学生的发散、求异、逻辑、想象等多方面的能力。

【活动过程】

1. 发现问题——创意源于生活

学校校舍面积的扩大，给孩子们带来快乐、方便的同时，也带来了烦恼，作为学校年龄最大的六年级的学生，每天早、中、晚三次搞校园卫生，成为生活中的一件大事。这并非是孩子们不愿劳动，而是源于时间紧，卫生区面积大而有时力不从心。如何在学生人数不变的情况下，保质保量地完成劳动任务呢？这一难题摆在了小蚂蚁们的面前。

2. 分析问题——动脑改善生活

（1）面对问题，全班同学讨论，找到问题。

①人力资源分配不合理。

做值日时，班里是按照卫生区面积分配值日人数的，但在实际执行中并不合理：操场面积大，劳动强度大，女生在操场搞卫生的人数较多，在体力上明显吃力。操场周围都是树木，而且树种不同，清扫落叶就成了难题。另外，因操场是大家集中活动的地方，垃圾桶的数量较多。

1~4层的楼梯和楼道，男生值日人数多，但男生没有女生细致，经常出现扫不干净，重新返工的情况，结果是既费时又费力。

②清扫工具数量少且不给力。

劳动工具数量少可以适当增加，但关键的原因是工具普遍不好用。如操场上用大扫帚清扫落叶，阔叶树种的落叶比较干燥，极容易粉碎，而针形叶子落在人造草坪中又不易打扫。清扫楼梯白瓷砖使用墩布，死角太多，也不容易清理干净。

（2）针对问题，寻找解决问题的途径。

①合理统筹并安排人员：女生和个子矮小的男生为打扫楼道卫生区的主力，打扫操场则以男生为主。

②针对清扫工具的弊端，讨论改造方案。改造清扫工具，不是为了培养发明家，而是学生通过观察问题、分析问题，培养其细致的观察力和统筹安排事情的能力；另一方面，也为其打开思维做了铺垫。

3. 解决问题——动手改变生活

（1）小发明设计阶段。

①通过查阅资料，开阔视野。

②自己动脑改进工具或创新小发明。

小蚂蚁教室的孩子用简单的材料制作了新型楼梯墩布：有的用两股铁丝夹杂碎布条拧成一股绳子，再按照楼梯的台阶制成90°梯形的墩布；还有的用废旧毛

巾制成鞋套套在脚上，一只湿擦，一只干擦，这样轻松搞定卫生死角的地方。

针对操场情况，小蚂蚁改进了工具，合理安排工作流程：先用废旧的大扫帚改制的竹耙子清扫草坪里的针形叶和大型的阔木落叶，然后用绑上塑料绳并加密的小笤帚清扫。这样两步轻松搞定操场卫生区。

（解决问题的过程就是训练孩子们将思维综合、分析、迁移的过程。）

（2）小发明展示阶段：集思广益改善生活。

①展示答辩：比赛答辩会，孩子们向评委老师和观众展示发明的实物或者是设计方案、草图。

②讨论分析：找到发明的创新点和待改进之处，探讨健康、便捷、环保等新的生活理念。

有的同学提出新型的墩布能否全方位冲洗干净？如何降低新型墩布的制作成本？清洗工具时如何节约用水？清扫时如何改进更加高效？脚套型的墩布会弄湿鞋子，如何改进……

（展示过程中聘请科学老师做评委，提出改进意见和措施。孩子在巧手妙思的过程中不仅最大程度提高了发散、求异、创新的思维能力，而且还尝试通过答辩，树立平等、契约、宽容、创新、共生的现代意识。）

③修正改进：孩子们集思广益，对清扫工具进行改进。比如，在脚套墩布里加一个厚塑料袋防水，弄湿鞋子的问题便迎刃而解。再如，新型楼梯墩布经过处理变成了墩布和杆插接，在清理墩布时就能节水。

（孩子在讨论、争辩中采用推理、排除等方法，最后找到解决问题的最佳方法。这个环节是一个质变的过程，通过争辩讨论，学生的思维得到了发展，最后成功改造了各种工具。）

4. 颁发奖章——体验成就感

最后，给做出贡献的孩子颁发奖章，鼓励其继续努力。

5. 本课程注意事项

（1）在这一系列的活动过程中，教师应站在引导者的立场上，引导孩子

们积极主动地参与，给予孩子充分的思考、操作的空间，让孩子获得启发。

（2）"中华达人秀"班本课程就是为孩子搭建展示自我、获得自信的平台。每一项活动虽然主题侧重点不同，但对孩子能力的培养都是多方面的。小发明比赛除了锻炼孩子动手动脑的能力外，还提高了观察、分析、判断、推理的思维能力，这些能力对孩子的学习是非常有帮助的。

（3）思维提高的本质是一个由量变到质变的过程，不要只重视一次活动，要通过多次活动，才能做到由量变到质变的转化。因此，此课程要争取得到学校的支持。我们学校的具体做法为：由校领导统一协调人员，年级组长牵头，计划有序；班主任组织，资源共享；在实践中实行"定期交流、定期研讨"的制度，互相启发，实现互利共赢，和而不同的目标。

五、我们的节日——毕业典礼

即将面临毕业的孩子们，内心是复杂的：既有对未来中学生活的担忧与期待，又有对小学生活的留恋与不舍。为了帮助孩子们顺利毕业，记住童年的美好生活，同时帮助其顺利过渡到新的中学生活，小蚂蚁教室设计了"我们毕业啦！"系列主题活动，详见表9.5。

表9.5 "我们毕业啦"系列活动计划表

活动内容	活动目标
第一阶段：参观中学校园，在中学听课，听老师介绍中学与小学学习的不同。	了解中学的校园生活，做好小升初衔接（生活方面、学习方面）的准备，消除对初中生活的恐惧心理。
第二阶段：学长面对面。	和学哥学姐交流学习方法，做好小学和中学学习方面的准备。
第三阶段：感恩在行动（家庭、学校）。	用实际行动回报家人的关爱和学校的培养。

续表

活动内容	活动目标
第四阶段：毕业典礼"我们毕业啦"。	回顾六年小学生活，感受自己的成长，学会正确看待自己，能心存感恩。

案例：点亮一盏心灯，毕业典礼仪式

毕业典礼是"我们毕业啦"系列活动的尾声部分。毕业典礼点灯仪式中，通过回顾六年的小学生活，帮助学生梳理六年的成长足迹并获得成就感，引领孩子们学会感恩身边的人，引发孩子们对今后的中学生活充满向往。

【活动目标】

①回顾六年小学生活，感受自己的成长，感恩帮助自己的人。

②激发学生对中学生活的向往。

【活动过程】

1. 回顾小学生活，开启仪式

主持人甲：此时此刻站在这里，酸甜苦辣一起涌上心头：回首往事，我们从懵懂无知的小孩成长为满腹诗词的翩翩少年，从幼稚走向成熟，从天真无邪的童年时代步入朝气蓬勃的少年时代……

主持人乙：还记得升入小学的第一天，在开笔礼仪式上，我们用稚嫩的小手歪歪扭扭地写下了一个大大的"人"字。六年的时间里，我们在老师和家长的帮助下，学会了堂堂正正做人，因为我们知道，长大的我们肩负着"惠泽天下"的使命。

主持人甲：小学毕业是我们成长的标志，小学校园的每一棵花草都见证了我们的成长。

主持人乙：成长意味着我们学会了理解，学会了感恩，学会了分享，勇于担当……让我们看一个短片，共同回顾小蚂蚁教室六年来的足迹，让我们

再次分享成长带给我们的喜悦吧!

（视频播放孩子们六年生活的照片，学生感受六年来彼此的变化，回忆生活中点点滴滴的进步。）

主持人甲：今天，我们要毕业啦！我们要送给自己什么礼物呢？

（课件出示，男女生分角色朗诵。）

男：毕业了，我送自己一张白纸，用五彩的蜡笔勾画出我斑斓的梦。

女：毕业了，我送自己一片土地，我要努力在自己的心田埋下美好的种子。

男：毕业了，我送自己一方天空，我要用我的双翼搏击风雨。

女：毕业了，我送自己很多理想……

男：今天，我们毕业啦！

女：我们长大了！

齐：我们毕业啦！

主持人乙：是呀，小学毕业是我们人生当中的一个里程碑，毕业意味着我们即将开始全新的中学生活。

主持人甲：毕业也意味着我们要告别过去的幼稚，开始一段崭新的旅程。毕业意味着我们肩上多了一份沉甸甸的责任！下面我要讲一个女孩的故事，让我们看看她是怎样努力承担起一份责任的。

2. 星星点灯，感受成长

（故事分享《善解人意的小大人——王菁》。）

学生讲故事：王菁是个善解人意的女孩。爸爸妈妈对她很放心，因为她总是能够照顾好自己，照顾好弟弟妹妹；老师同学都很欣赏她，因为她不仅自己努力，而且还帮助班级做许多事情，管理好图书，帮助老师收发作业；同学们更喜欢做她的朋友，因为她善解人意。今天我们共同见证她的成长，为她点亮一盏象征着美好的生命之灯，好吗？

（课件展示王菁生活中的点点滴滴。）

主持人甲（采访王菁）：刚才听到讲述你的故事，你有什么感受？

王菁：我感觉很幸福，因为我长大了，能够帮助家人和朋友，所以我的内心总是充满了光明。

主持人甲：请你点亮你手中的灯笼，把属于你的那盏幸福之灯点亮吧！

（王菁在灯上写下自己的名字，点亮一盏灯，挂在班级的"成长树"上，见证大家的成长。为了安全起见，灯笼最好用无明火的灯笼，可以用干电池做电源的小彩灯。）

主持人乙：灯给我们带来了光明，帮助他人会给他人带来心灵的光明，谁还愿意分享这些美好的故事呢？

（学生分享故事，并点亮故事中主人公的灯笼。）

主持人甲：我看到大家在点亮灯的那一刻都笑得很甜，相信大家心里一定是美美的。

主持人乙：六年的时光转瞬即逝，我们真的长大了，因为我们有一颗感恩的心。说到我们的成长，还得说一说父母和老师为我们日夜付出的操劳。

（学生分享故事，老师最后用课件展示活动的视频、照片、实物等。如科技社团活动中父母既是家长，又是老师；生活中，家长为孩子们无怨无悔地付出着；游学时，家长又成了我们的摄影师、安全监督员。由此唤醒大家美好的回忆。之后学生为家长点亮灯，并表达感谢。）

主持人甲：我们的成长也离不开学校这片沃土，老师们在每一天都辛勤耕耘着，我们的成长离不开老师的教导。

（学生讲述和老师们之间发生的故事，并为老师点亮灯。课件出示老师平日教学的照片。）

3.星火燎原，祝福长大

主持人甲：我们的成长路上因为有了你，才有了更多的精彩。下面就让我们对曾经帮助过你、爱护你、关心你的亲朋好友，表达出内心的那份温情，并为他们点亮一盏灯，送上你的祝福吧！

（播放歌曲《点亮的心灯》，老师、家长、同学之间彼此点亮灯笼，表达感谢，直至每个人的灯都被点亮。这些代表着快乐、幸福、进步、温暖的灯笼挂满成长树，灯光让教室里变得越来越亮，越来越温暖。主持人采访部分学生、老师、家长，讲述大家心中难忘的成长故事。）

主持人乙：一个灯笼的光是微弱的，但是我们身边的所有灯笼都被点亮的时候，你就会看到星火燎原的壮观，再看我们周围的世界将是多么光明！让我们彼此为身边的人点亮一盏灯，送去一片光明吧，因为它让我们的生命变得明亮起来！

4. 校长颁发毕业证书

校长讲话，并给学生颁发学校精心制作的毕业证书，期盼孩子们牢记校训：扎根中华，通达世界。

5. 齐诵毕业诗歌

（播放配乐，男女生诗朗诵《我们毕业了》。）

女：今年，我们小学毕业啦！

男：让我们一起携手跨进少年这道门槛。

女：我们不再动不动哭鼻子，因为我们学会了坚强。

男：我们不再为小事斤斤计较，因为我们学会了宽容。

女：我们不再事事依靠大人，因为我们学会了独立。

男：我们不再懦弱，因为我们学会了勇敢地担当。

女：我们不再娇气，因为我们学会了负责。

男：毕业了，站在人生的路口，岁月的风铃在我的耳边叮当作响。

主持人乙：回头看看我们的足迹吧，那一串串深深浅浅的脚印记录着我们的成长。

主持人甲：还记得"开笔礼"时我们歪歪扭扭写下的"人"字；还记得十岁典礼仪式上，我们伴随着音乐翩翩起舞，大家还共同栽下了愿望树，默默许下心愿……

主持人乙：还记得我们诵读过的一篇篇诗词经典（视频播放活动花絮）。

主持人甲：还记得我们游学时一路播撒着笑声（视频播放活动花絮）。

主持人乙：还记得童话剧演出时，我们声情并茂的表演（视频播放活动花絮）。

主持人甲：毕业了，站在人生的路口，我静静地凝望，目光直达梦想的远方。

主持人乙：站在人生的路口上，我们前方的路依然很长——很长——

主持人齐：让我们带着梦想再次执着地踏上征程，前面——那太阳升起的地方，就是我的归宿，因为我们永远朝向明亮那方！

6. 达愿梯上话别送祝福

主持人甲：相信我们的梦想一定会在未来的人生旅途中，给我们指引前行的路！

主持人乙：在这里我祝愿所有中华南大街小学的孩子们拥有一颗感恩的心，保持积极向上的心态，永远朝向明亮那方。最后请大家在丝带上写下你的祝福，让我们再次登上学校的达愿梯（如图9.3所示），为我们的学校送上祝福，为我们的老师和朋友送上祝福！

图9.3　达愿梯上送祝福

7. 仪式尾声

孩子们再次唱起班歌《努力》，把写满对学校、老师、同学祝福的丝带系在学校的达愿梯上。在这个见证了孩子进步的达愿梯上，在这个充满祝福和期盼的地方，小蚂蚁们彼此拥抱，告别童年。

六、总结反思，优化效果

成长的过程，就是不断挑战困难，战胜挫折，获得成就，树立自信的过程。但是，有多少人在困难面前一蹶不振？又有多少人愿意主动挑战自己呢？成人尚且难以做到，何况孩子呢？因此，课程中要特别关注"情"，孩子的情感被触动了吗？他愿意挑战难题吗？他对自己有信心吗？

1. 借书动情，认识挑战的意义

小蚂蚁教室选择《草房子》《西游记》两本书作为成长书籍，带领学生在经典中品味书中人物的成长过程，知道"人的一生总会有困难，面对困难，要挑战自己，不能退缩，否则永远长不大"。同时，师生共同讨论，不断把学生拉回他们的生活：假如是你，你会怎么做？这些问题，引发学生观照自我，认识自我，反思自我，改进自我。借助童书润物细无声的力量，学生在遇到困难和挑战时会更有勇气！

2. 以情促智，搭建挑战的平台

多元智能理论认为，每个人拥有七种智能——语言智能、数理逻辑智能、音乐智能、空间智能、身体运动智能、人际交往智能和自我认识智能。这些智能又以不同的程度和方式呈现在不同的个体身上。传统的考试方式一般只涉及语言智能和数学逻辑智能，忽视了其他的智能，所以语言表达差和数学逻辑能力差的孩子的学习成绩会受到直接影响。同时，六年级学生的内心世

界逐渐丰富且敏感起来，自尊心强，面临着升学压力，在学习方面比较浮躁，不能静下心来学习。要调动全班学生的积极性，不能单纯用学习促进学习，而要寻找到他们挑战自己的动力——成就感。

六年级还有一个最让老师棘手的问题：两极分化的情况日趋严重。学习后进生压力巨大，失去了学习的信心。针对这一问题，笔者摒弃了"头疼治头脚疼治脚"的思想，放弃了知识补差的做法，依据多元智能理论，采用非智力因素的方式促进学生智力因素的发展。

"中华达人秀"课程就是针对每个孩子的优势，让孩子在不同方面找到成就感，并把成就感迁移到学习中。因此，在课程实施时，老师要关注每个孩子，让每个孩子都找到自己的优势，同时，和各学科老师达成共识：坚信每个孩子都能行！面对劣势，要时时鼓励提醒他们别忘记自己的优势，并把其作为攻破劣势的动力！做最好的自己！

3. 诗词激情，寻找挑战的榜样

"中华诗词经典"这一课程的名字取自我们学校的名字——中华南大街小学，其内容根据小蚂蚁的生命特质重新进行编排，所以它打下了小蚂蚁独特的烙印，区别于其他诗词课程。课程实施采用了"见缝插针"的原则，美好的晨诵时光与静怡的午读时间都是课程实施的好时机。课程形式上采用了"百花齐放"的方式，如诗歌歌会、历史故事会、实践活动展示等。

这些经典诗词是先人们智慧的结晶，是中国文化的代表，学生们在吟诵时仿佛回到了那古老的年代，"恰似同学少年时"，每一个诗人都是我们的同学，每一首诗都是诗人用心打磨的结果。因此，中华经典诗词不仅激发了小蚂蚁挑战困难的信心和战胜困难的勇气，更让这些仁人志士成为激励他们的榜样。

回顾六年走过的足迹，看到孩子们的成长，笔者更加清晰地感受到班本课程对于孩子们的重要性。同时，对课程开发有了更深的体会：

（1）开发时：从模仿中起步，在实践中创新。

干国祥老师曾经说过：研发卓越课程千万不能为特色而去搞特色。班本

课程的开发不是特长展示,不是说别人有的就不做,要与众不同地做一些新的东西来彰显自己的才能。所以笔者的班本课程从模仿马玲、陈美丽、常丽华等新教育榜样教师的做法开始,在教学实践中,根据学生生命的禀赋,生活环境,老师的专业知识和才艺特长等课程资源条件的不同,尽自己所能把一个个小课程做到极致。所以看似相同的课程,在小蚂蚁教室里经过创新处理之后,成了另一个模样,因此,课程中处处留下了小蚂蚁们自己的烙印,有了我们自己的故事"小蚂蚁班本课程"。就像是一棵普通的大白菜,经不同的厨师加工后,会产生不同的味道。经历了六年的模仿与创新,现在,我终于可以对关心、帮助、成就我和孩子们的各位朋友们说:"请品尝我烧的菜,这道菜是属于大家的!"

(2)实施时:从学生生活出发,回归学生生活。

干国祥老师曾经强调:课程开发起点处是活生生的人,终点处也是活生生的人。起点处是活生生的人的问题以及人本身存在的各种可能性,终点处是问题的解决,是人的可能性的实现。因此,课程中最重要的是人,"教育即人"。

无论课程的大小,无论是否称得上课程,我们必须重视孩子的生活——学校生活、家庭生活、社会生活,在课程中提高其生活的能力,在生活中践行课程的智慧,培养能生活、会生活、幸福生活的学生,这是我们共同的目标!

原创童话剧《人鸦》

第一幕：古怪的咒语诗

旁白：漂亮的人儿和黑黑的乌鸦，不甘自己平庸的家，人羡慕乌鸦五彩的纱，乌鸦却嫉妒他温馨的家，谁更聪明谁更傻，把嫉妒放下，把自己的价值发现吧。(停顿一下，用讲述的语气说)一个很普通的日子，男孩瑞夏德独自坐在榛子树树丛旁的草地上东想西想(表情、动作体现)。

(一只黑乌鸦飞落到他面前。)

朗多尔夫：我就是你，你就是我。(双眼阴险地望着瑞夏德，瑞夏德疑惑的神情)

瑞夏德(十分惊讶)：说什么呢？听不懂。

朗多尔夫(双眼狡黠地望着他说)：再简单不过了，咱们交换一下，你当乌鸦，我做儿童。

瑞夏德(疑惑)：那做乌鸦好吗？

朗多尔夫：挺不错的。(想了一想，又补充道)如果不挨饿的话。

瑞夏德：那我们怎样交换呢。(急切地想知道)

朗多尔夫：再简单不过了，你只需要说一声你愿意就行了。（阴险地笑）

瑞夏德：变成乌鸦以后我也能飞吗？

朗多尔夫（点着头说）：那当然了，乌鸦都会飞。

瑞夏德：你们在学校里也要回答"七乘以十六等于多少"的问题吗？

朗多尔夫（摇摇头）：我们自由飞翔，从来都不用回答这些问题。

瑞夏德：没有作业，没有考试，没有批评，没有难题，爱玩就玩，想吃就吃，做个乌鸦真是无忧又无虑。那好，我愿意！

（乌鸦蓬起全身的羽毛，慢慢地向左打了三个转，念念有词。）

飞上高空，箭一般俯冲，天地之间任从容。用你的翅膀担负起黑夜吧，你去做乌鸦，我来当儿童！（一边念，一边转圈）

（插入舞蹈《快乐你懂的》，表演的同学在幕后换衣服。）

（瑞夏德抖抖身子，浑身的黑羽跟着亮光闪闪。他不太有把握地抬抬腿，扭头看到他身旁的草地上，正坐着一个金黄头发长着雀斑的自己呢。）

瑞夏德（心悦诚服地说道）：棒极了！刚才我还有点不相信你呢。（扇动两下翅膀）不赖！飞翔真好，祝你一切顺利！再见。

朗多尔夫：再见！如果你遇到麻烦，就去找雌乌鸦鲁娜。你就直接跟它说，是朗多尔夫让你来的。越境飞行者朗多尔夫，那就是我。

（乌鸦瑞夏德朝着一棵最高大的云杉树飞去。）

红颏欧鸲：吵闹鬼！黑炭头！你大喊大叫干什么？像你这样肯定活不长，那对面就住着一个专门打鸟取乐的家伙！（大声地嚷嚷）

瑞夏德：我叫瑞夏德，是一只乌鸦。

红颏欧鸲：不用你说，我也知道你是只乌鸦。（嘲讽地笑道）哼！我要走了，别忘了，静悄悄者活得长！（一边飞一边说）

（这时，两只乌鸦——保安鲁迪与拉尔夫飞过来。）

鲁迪：是时候了，跟我们走吧。（很强势地说）

（不清楚怎么回事的瑞夏德展开双翅，但被他们一前一后夹在中间，台上飞过一圈。）

瑞夏德：你们究竟是谁？（有点害怕地问）

附录　原创童话剧《人鸦》

鲁迪与拉尔夫：保安乌鸦。（自豪地大声回答）

（保安乌鸦拉尔夫和鲁迪如影随形，始终不离左右。乌鸦瑞夏德被夹在中间，被动地继续飞行。）

瑞夏德：你们要把我带到哪儿去？（紧张、不耐烦）

拉尔夫：有任务要分配。（语气肯定）

瑞夏德：真稀奇，可我压根儿就不想接受什么任务。

鲁迪：他拒绝接受任务，你听到了吗？（望着拉尔夫）

拉尔夫：听得清清楚楚。（有点火药味）

第二幕：初入鸦群的日子

旁白：瑞夏德被拉尔夫和鲁迪带到了鸦群中。

（一棵大树，所有的乌鸦都用好奇的黑眼睛看着瑞夏德，瑞夏德也好奇地看着乌鸦们。）

拉尔夫：它是新来的！（大声报告）

鲁迪：听着！从现在起，你就是我们中的一员，就得承担某一项义务。说说你的强项！

瑞夏德（心想，自言自语状）：我有什么强项呢？折纸飞机？画船？编故事？可这些在这里好像都派不上用场啊！哦……对了，我的特点是想到什么就干什么。在学校里，我最烦做作业，现在我成了一只乌鸦，我只想学习和演练飞行技术，其他什么都不想。（很轻松的表情）

（观众配合：啊！）

拉尔夫：这里容不下我行我素的乌鸦！你需要群体，群体也需要你。（摇摇头，有点不满）

瑞夏德：可是，我并不是一只真正的乌鸦呀！（努力地解释）

鲁迪：什么叫真正的？你看上去像一只乌鸦，说话像一只乌鸦，那你就是一只乌鸦。明天一早和你的同伴们一起外出，去寻找刚撒过种子的土地！往下，我们看看再说。（命令的口气）

285

旁白：天黑了。当乌鸦的第一夜，瑞夏德睡得很不踏实。（表情）他梦见自己忘记了如何飞行，他只能无助地在地面上蹦来蹦去，梦到他家的母猫克拉奥出现在他的面前却不认识他！

乌鸦1：出发打食的时候到了！（一边说，一边梳理着闪着金属光泽的羽毛，其他的乌鸦也在忙着整理和收拾自己）

瑞夏德：我干嘛要变成一只乌鸦呀，这里没有丁零零的闹钟声，却有呱呱呱的乌鸦叫；虽然不需要洗脸梳头，却必须梳理自己的羽毛；这儿是用不着做算术了，可是课程表上却排着寻找撒过种子的土地！这里就少了一样：没有人来问我刷牙了没有。（叹气，自言自语地说）

拉尔夫：瞧！那儿好像是一块刚撒过种子的田地！（对瑞夏德说）时间长了，一眼就能发现的！

（众乌鸦一拥而上。突然——）

乌鸦2：啊——（发出了尖厉的警报）

乌鸦3：难道你没有看到吗？（紧张兮兮地问道）田里有一个人呢！

瑞夏德：有一个人？（他用沙哑的嗓子笑出声来）那只是一个稻草人，懂吗，你们？一个扎起来的假人！它能起得了什么作用？

乌鸦3：可是它在动！（提醒说）

瑞夏德：那是有意做成这样，让它随风而转，吓吓你们这些胆小鬼！

乌鸦3：既然你这么有把握，为什么你不先飞过去？（半信半疑地说）

瑞夏德：我去？（疑惑）（大家点点头）

瑞夏德（自信）：那好吧！

（他飞了一道优雅的弧形，在稻草人的身边若无其事地蹦跳一阵子，摸摸稻草人的手臂，碰碰它的头，高声叫道。）这下你们该相信我了吧！

（鸦群一齐飞了过来，啄食稻田，个个都吃得饱饱的。）

（插入音乐舞蹈《新年爽歪歪》。）

瑞夏德（边吃边自言自语）：我多想吃炸土豆条、意大利面条，还有苹果饼和果味冰激凌！哎，（咽口水状）别总是想着好吃的！你现在自由了，再也没有人问你七乘以十六等于几了。你现在正经历一场冒险，难道仅仅因为食

附录 原创童话剧《人鸦》

物不合胃口,就这样中途退出吗?(和观众互动:朋友们,你说我应该放弃吗?观众:当然不应该!)嗯!总有一天我会重新飞回家去,和朗多尔夫重换角色,变回我自己。总有一天!要小心,不要忘了那首古怪的咒语诗,怎么说来着……飞上高空,箭一般俯冲,天地之间任从容。

(瑞夏德把这首咒语诗又念了两遍。)

拉尔夫:起飞!亲爱的伙伴们!(高喊)

(拉尔夫和鲁迪又把瑞夏德夹在中间,飞翔离去。)

第三幕:白云的寄托

旁白:鸦群向前飞了老远老远,这才落下脚来。目前的生活,瑞夏德还是挺满意的。只是有一点让他揪心,他发现,随着时间的推移,他的回忆也在变得苍白。

瑞夏德:我得不断地练习回忆,否则总有一天我会忘记,我原来并不是一只乌鸦。(思索着,自言自语)

(这时,瑞夏德身边飞过一道黑影,一阵沙哑的声音响起。)

健忘的乌鸦:可以在这里歇脚吗?(乌鸦之间还是彬彬有礼的)

瑞夏德:请随意。请问您到此有何贵干?

健忘的乌鸦:要是我能想起来就好了。你看起来很不高兴,需要我帮忙吗?(思索着)

瑞夏德(苦恼地说):我在担心我的记忆力。

健忘的乌鸦:这有什么可担心的!我们鸦类中,倒是有一只记忆超强的乌鸦。可是它是谁呢,我又记不清了。

瑞夏德:想想,使劲想想,对我来说,这太重要了。(催促的口气)

(动作、神情表演:那只健忘的乌鸦陷入苦思冥想,脑门儿上的羽毛都形成了一道道皱褶。)

健忘的乌鸦:这下子我又想起来了,它是雌乌鸦鲁娜,善于占星问卜的鲁娜!(喜悦地说)你必须尽快找到雌乌鸦鲁娜,越快越好!健忘症很可能

287

会传染的。

（瑞夏德朝四周打量着，看看是否能够不露声色地飞离这棵大树。两根树枝以外，保安乌鸦拉尔夫和鲁迪停在那里，沉默而警惕地望着他。）

瑞夏德：喂！你们俩听着，我需要休假几个小时！

拉尔夫：这个只能……

鲁迪：由我们的首领罗高来决定。

旁白：罗高是鸦群中足智多谋的领袖，也是鸦群中飞行技艺最高超的，它的领导才华也让乌鸦们叹为观止。

瑞夏德：我打算去拜访雌乌鸦鲁娜，有人说它懂得如何防止遗忘。

罗高：你的时间只限于从太阳升起到正午。时间一到我们就会准时迁移，你能保证按时归队吗？

瑞夏德：以乌鸦的名义起誓！（大声说道）

罗高：那好吧。

（瑞夏德向着太阳升起的方向飞去。）

（同时，橡树、雌乌鸦鲁娜上场。）

瑞夏德（在最高处的一根枝条上落下脚，高声喊道）：你在哪里？鲁娜，鲁娜，你在哪里？

（瑞夏德起身往下飞。在茂密的橡树叶间，他发现有一双黑漆漆的眼睛凝望着自己。）

鲁娜：有谁来找我？找我有什么事？

瑞夏德：我要保住我的记忆力，乌鸦大多健忘。（乞求的目光）

鲁娜：你所说的健忘乃是一种艺术，是一种以前瞻未来代替回顾过去的艺术。你不是乌鸦（边说边深入地打量着瑞夏德）。

瑞夏德：你说得对，我和朗多尔夫互换了角色。我不想忘记我的本来面目，很有可能，有一天我想回家。

鲁娜：你担心过你会忘记长着绿叶的树吗？

瑞夏德：那当然不会，绿树遍地都有嘛。

鲁娜：那么云呢？空中随风飘荡的云。

瑞夏德：我怎么会忘记它呢？我每天都会看到它。

鲁娜：那么思念也是真切的，你应该学会看见它。

瑞夏德：这是什么意思？

鲁娜：现在你闭上眼睛，想象一下将来你见到的每朵云彩上都承载着你过去生活的情景。现在跟着我念：从现在起每朵云彩承载着我的记忆！永远不变！（命令的口气，嘴里唠叨着）我从一数到三，你就睁开眼睛！（命令）

瑞夏德：从现在起每朵云彩承载着我的记忆！永远不变！（跟着鲁娜念）

鲁娜：这样你就再也不会遗忘了，就是你想忘也忘不了。

瑞夏德：我得回去了。

（鲁娜点点头。瑞夏德道过谢，以最快的速度飞回去。）

（换场景：拉尔夫和鲁迪看看头顶的太阳，满意地点点头。）

鲁迪：说到做到，非常准时。（称赞的态度）

（瑞夏德跟上鸦群向前飞，这时两位保安乌鸦已经变得相当友好了。）

第四幕：彩乌鸦传奇

旁白：这天傍晚，当鸦群落脚的时候，瑞夏德感到疲劳，他为自己不担任哨鸦而感到高兴，此刻他最想做的是美美地睡上一觉。他暗想，日后变回儿童的话，倒不用担心会忘记鸟语。眼下令人忧心的是另一个紧迫的问题——饥饿。

洛阿：草莓！许多草莓可以充饥。我不会让你挑上有毒的草莓。

瑞夏德：你会照顾我？你是谁？（转身说道）

洛阿：大伙儿管我叫"搜索者洛阿"。搜索一切有用的东西，找到的大部分东西都可以用来充饥。来，跟我来！

（瑞夏德和洛阿回到鸦群，看见有一些乌鸦围成了一个大圆圈，大头领罗高也在其中。其他的乌鸦们在圈子外分组而坐，表情都很严肃。）

瑞夏德（疑惑的）：他们在干什么呢？

洛阿：决策者们正在开会讨论你的前途。

瑞夏德：你说——说什么？（惊愕得半天合不拢嘴）

罗高：瑞夏德，你过来。我们当中，有的站岗放哨，有的寻找食物，有的能识风向，有的善观景象。你会什么呢？

瑞夏德：我嘛，如果你们愿意，那我今后给你们说故事好了。（耸耸双翅）

乌鸦1：故事不能当饭吃！这种事在我们这里还不曾有过。

乌鸦2：况且不听故事我们不也一直活得好好的？不需要，不需要！（许多乌鸦都在嘟嘟囔囔）

罗高：我们来商讨一下。（张开了双翅，周围变得安静）

（每只乌鸦的表情都十分严肃，传话以前歪着脑袋想一想，点一点头，这才把意见往下传，直到传遍一圈。）

罗高：我们的意见完全一致，你先给我们讲一个故事听一听，然后我再宣布决定。

瑞夏德：那好，我开始讲了，故事的题目就叫：彩乌鸦传奇。

（音乐起，群鸦动作配合，装作听得津津有味。）

瑞夏德：我的故事讲完了。

（突然间，在场所有乌鸦都忍不住开怀大笑，大家都扑扇着翅膀，哈哈地笑成一片。）

罗高：我授予瑞夏德说故事能手的称号！（兴奋地宣布）

瑞夏德：谢谢，谢谢大家！（谦逊地说道，还把翅膀放在胸间表示感谢）

第五幕：大头领蒙难记

（鸦群飞来）担任尖兵的乌鸦：前面有播种过的农田。

鸦群停下脚来，罗高飞到田地里，先是警惕地东张西望一番，这才在潮湿而沉重的土块里啄起食来。（在地上画一个圆圈或当作浅坑）（其他乌鸦满怀期望地等待着）

罗高：没有问题！（呱呱大叫了数声）

（砰！这时，响起了一声可怕的枪声，罗高翻身跌落。）

瑞夏德：但愿这是它玩的绝技。

瑞夏德：得去帮忙！（高叫）

洛阿：没用的。谁也帮不了忙，这个我清楚，那一枪肯定是命中了，罗高可能已经死了。（沮丧地说）

（瑞夏德飞了出去，小心翼翼地以树枝和灌木隐蔽自己，终于来到了田边的一处草丛里，发现罗高一动不动地蹲伏在地上。）

瑞夏德：你死了吗？（大声喊）

罗高：和死差不多了，我受了重伤。那边，那个人过来了，带着他的杀害生命的武器。

（一个人步履沉重地从地头向他和罗高的方向走来，边走边在地上搜寻。一把枪就挂在他的肩头上。）

瑞夏德（向四处望望）：你能挪到浅坑里去吗？（紧张地问）

（罗高一瘸一拐地挪进了浅坑。瑞夏德赶紧用嘴巴把枝叶和杂草堆在罗高身上，直到把它的黑羽全部埋上，再也无法看到为止。圆圈里放好树叶，瑞夏德将树叶放在罗高身上。）

（那人越来越近了，他嘴里气愤地嘟哝着什么。瑞夏德躲到树后。）

人：明明是打中了的呀。该死的扁毛畜生！

（这个人恶狠狠地一边说一边找，走下场。瑞夏德返回罗高身旁。）

罗高：去，去把鸦群中最年长的那几位给我请来，我活不过今夜了。

瑞夏德：这怎么会呢！带枪的人已经走了，我和伙伴会给你送吃的来。你在这里休息到痊愈为止。

罗高：我不能飞了。夜幕一降临，狐狸、黄鼠狼还有其他什么野兽就会来。一只不能飞的乌鸦就是死乌鸦。快去把年长的乌鸦们请来，我不能让群鸦无首。（摇摇头，灰心地说）

瑞夏德：有那么一些人，他们会帮助动物恢复健康的。

罗高（垂头丧气地说）：我无法想象。

瑞夏德：情况是这样的，这些人是宠物医生。我们不是刚刚从一个城市

上空飞过吗?那里肯定有宠物医生。既然他们能给猫、狗、天竺鼠和鹦鹉看病治伤,那也一定能帮助你。

罗高:可是你怎么和医生对话呢?你忘记了,你现在已经不能讲人话了!

瑞夏德:不能说,可是能听!我已经有了主意!

罗高:还是请你赶快把年长的乌鸦们召集来吧。(闭起双眼,疼得很厉害)

(瑞夏德飞一圈到场中间,七只年长的老乌鸦急速地飞向罗高,围在它身旁。这时,鸽子上场。)

鸽子:咕咕,咕咕,你好!看起来你心情很糟?

(瑞夏德没有回答,只是叹气。)

鸽子:你在想什么事儿呢?咕咕,咕咕,没准儿我能告诉你点什么呢。这个城市里的每一个人我都认识。

瑞夏德:每一个人都认识?也认识一位宠物医生吗?

鸽子:以前离这儿不远倒是有一位来着,咕咕,咕咕,可是眼下,咕咕,得好好想想。(来回踱着碎步)

瑞夏德:快点儿想啊!(急不可耐)

鸽子:有了!跟我来!

(鸽子说完,振翅飞起。瑞夏德紧随其后飞去。)

(医生、护士、写着"莱娜·兰德科夫,宠物医生"的黄铜门牌。)

鸽子:对面就是了!(飞到一处停下,瑞夏德紧靠在它身旁,鸽子晃动着脑袋指点着)

瑞夏德:你可帮了我的大忙了!罗高和它的鸦群对你深表谢意!

鸽子(颇为得意地答道):我辨识方向的本领是众所周知的哟,咕咕,咕咕。

(瑞夏德飞到护士跟前。)

护士:医生,兰德科夫夫人,快来呀!这儿有一只乌鸦!

宠物医生:乌鸦?乌鸦怎么了?跟那带乌鸦的人说,我马上就来。

护士:没有人!是乌鸦自个儿来的!它就这么大摇大摆进来了,我相信门铃也是它自己按的。兴许这是一只施了魔法的乌鸦。

宠物医生:你是一只施了魔法的乌鸦啰?(笑容可掬地问)

（瑞夏德直截了当地点点头。他转过身朝门外走去，不时回头看，让医生明白他的意思。）

宠物医生：你想出去？那请吧！（帮瑞夏德打开了大门，站在一旁细细地观察着他）

大门前的街道上停着几辆汽车（汽车的图片），有一辆就挨着大门的入口处。瑞夏德飞过去，用鸦喙不停地啄着挡风玻璃。

宠物医生：想把车子开出去？这一辆不是我的车啊，对面的那辆白色的车才是我的。

（瑞夏德扑着翅膀飞到马路对面的白车旁。）

宠物医生：我的老天！它真的听得懂我的每句话！

（瑞夏德顺着街道的一侧往前飞，不时地回头看看，看那辆白色汽车是否跟了上来。遇到红灯时，他就在灯柱上落下脚来等着，绿灯一亮继续朝前飞。终于来到了庄稼地旁的灌木丛边，罗高仍然蹲伏在浅坑里。）

宠物医生：它会让我碰它吗？（把手伸向罗高）

宠物医生：我得把它带回去，在这里我无法做什么，不过它会恢复的。你知道吗，需要七天，懂吗，七天有多长？

（瑞夏德颇为恼火地点点头。）

宠物医生：好吧，你的朋友将在我的诊所里待七天，我相信，七天以后它又能飞上蓝天了。

（瑞夏德把医生的话逐字逐句翻译给罗高听，罗高只是摇头。）

罗高：在我们乌鸦的思维里，人们从来都是讨厌我们的。他们把我们看成不祥之鸟，一有可能，他们就要弄死我们。我想，我情愿成为狐狸的盘中餐，也……

瑞夏德：请相信我，给我一个机会吧！

罗高：机会？你知道你目前身处什么样的险境吗？万一我有什么不测，整个鸦群都会把责任归于你，会找你算账！

瑞夏德：算账就算账呗，我还是请你试一试。（瑞夏德点点头）

罗高：那好吧，听天由命了。

宠物医生：我可以把它带走吗？

（瑞夏德赶紧向医生点点头。医生小心翼翼地扶起罗高，缓慢走下场。）

（鸦群上场。七嘴八舌地聒噪，一片激动，一片嘈杂。）

乌鸦1：他是一个叛徒！应该召集特别法庭来审理这个案件！大多数都是这个意见……根据我们的法律，叛逆罪应该……

瑞夏德：随你们的便吧！反正我没做什么亏心事！

（他气愤地飞到一旁，累极了，伸个懒腰，睡着了。）

（洛阿使劲推他，把他从睡梦中弄醒。它身后跟着拉尔夫和鲁迪。）

瑞夏德：是谁那么不小心，半夜里把我吵醒……

洛阿：嘘——看在鸦神的分上，请你别出声！

瑞夏德：出什么事啦，后面那两位来干什么？

洛阿：别担心，后面那两位是和你站在一起的，鸦群长老会议已经决定组成乌鸦法庭。

瑞夏德：那又怎样呢？（迷迷糊糊的，不是很清醒）

洛阿：对你的判决已经下达了。

瑞夏德：大不了罚去额外守夜，去当哨鸦。

洛阿：不是！判你死刑。

瑞夏德：哇！你说的是真的吗？

洛阿：比真的还要真。它们说，是你把大头领出卖给了人，按照鸦群的法律必须处死。判决将在黎明时分执行，你必须消失，越快越好！

瑞夏德：为什么它俩会放我走？（指着那两位保安乌鸦）

拉尔夫：因为罗高信任你……

鲁迪：罗高信任的，也就是我们信任的。

洛阿：走吧！快飞走吧！要么和罗高一起归队，要么就永远别回来了。

（洛阿的眼睛湿润了）

（瑞夏德飞来飞去，音乐起。）

附录 原创童话剧《人鸦》

（医生、护士、罗高上场。）

（瑞夏德飞到了宠物诊所的门外，啄响了门铃。）

护士：兰德科夫夫人！那乌鸦又来了！

宠物医生：请进，乌鸦。

（罗高稳稳当当地坐着，看上去身体恢复得很好。）

瑞夏德：你能飞了吗？

罗高：我还没试过，不过疼痛已经消失了。（它试着扇动了几下翅膀）

（罗高恭敬地向医生鞠躬行礼，医生默默地点头，目送着两只乌鸦远去。）

乌鸦1：罗高回来喽！罗高回来喽！

（乌鸦们欢乐地围起罗高。洛阿伤心的样子。）

瑞夏德：你对罗高的回归感到不高兴吗？

洛阿：你就要重新回到人那边去了，不是吗？

瑞夏德：你怎么会想到这上面去？我还从未感觉到当乌鸦这么有趣。罗高又能飞了，乌鸦长老们认错了。这一切的一切，都是在你的帮助下才实现的。（声音哽咽）

洛阿：知道我现在的感受吗？

瑞夏德：什么感受嘛？

洛阿：我感到好快活！

第六幕：小矮人的节日

（瑞夏德蹲坐在树旁。）

小矮人（草丛中，一个细细的嗓门）：七百二十六、七百二十七、七百二十八……

（瑞夏德朝四下里张望，可是谁也没有发现。）

小矮人：七百二十九、七百三十。（因为声音从草丛中传出，所以声音是细细的）

（一只狐狸听到了小矮人的声音，正要美餐一顿，瑞夏德看到了，将狐狸

295

赶走了。）

　　小矮人（满面笑容地说）：是你救了我的命。

　　瑞夏德（有些不好意思的）：这没什么，我很乐意。

　　小矮人（热情地邀请）：明天是矮人节，你愿意成为我们的贵客吗？

　　瑞夏德：我去，我去。

　　小矮人：热烈欢迎你，我们身长羽毛的贵宾！

　　（四周响起一片赞同的嗡嗡声，鼓掌。）

　　小矮人（面对火堆道具）：现在，我们像每年祈求的那样，祈求面前之火成为友谊之火吧！（众人双手做祈祷状）

　　小矮人：我想，我们已经得到了友谊之火！

　　（小矮人们直接把双手伸进了烈焰腾腾的火堆。）

　　瑞夏德（惊叫）：会烧伤的！

　　小矮人（平心静气地说）：友谊之火是不会烧伤手的。

　　小矮人：假如你有一个重要的愿望——眼下正是大声说出你愿望的时候！（小矮人在火焰上快活地搓着双手，转向瑞夏德）

　　瑞夏德：我想重新变回我自己。（思考了一会儿，然后声音响亮地说）

　　小矮人：友谊之火是不会拒绝你的任何愿望的，现在，我们开始节日盛宴吧！（插入舞蹈《快乐你懂的》）

第七幕：嘴巴就是方向

　　旁白：这是第二天傍晚发生的事情了。

　　瑞夏德：我得重新变成我自己。（表情十分认真地对大头领罗高说）

　　（罗高只是点点头。）

　　罗高：顺着嘴巴的方向朝前飞就是了，不要恐惧，谁心怀恐惧，谁就会丧失力量和内在的智慧。等到你实在没有办法的时候，你可以去请白乌鸦拉姆塞斯。（罗高飞下）

　　（瑞夏德精心地梳理身上的每一根羽毛，决定先到学校门前去迎候朗多尔夫。）

朗多尔夫：是你呀！（话音中带着不愉快）

瑞夏德：没错，是我，学校里情况怎样？

朗多尔夫：相当有趣，有一个同学说，他爸爸昨天碰见了一头大熊，说得活灵活现的，可是我们这一带从来不曾出现过熊啊！

瑞夏德（满怀期望地问）：喂，上学的滋味怎样？（我得跟它谈正题了，也许它对上学早就厌烦了）

朗多尔夫：上学嘛，挺不赖！只不过今天发下来的那篇作文，费了我老大的劲，可还是一个大大的"不及格"，跑了题，外加九十七个错字。（边说边小声地笑，表现得很喜欢上学）

瑞夏德：我的作文一向是全班最好的！我的算术不行，可是我的作文是很棒的，可以说是非常棒！（有点气愤）

朗多尔夫：那是你，又不是我。

瑞夏德：我想和你再次交换。

（朗多尔夫一句话也不说，自顾自地往前走，就好像什么也没听见一样。）

瑞夏德：我想变回我自己！

朗多尔夫：你没机会了。我现在已经适应了人的生活。

朗多尔夫：再见喽。（悲伤的音乐响起）

（瑞夏德很失落地看着朗多尔夫的背影。）

第八幕：白乌鸦解开难题

（红额欧鸹还住在这棵树上。）

红额欧鸹（一见到瑞夏德就问）：怎么样，现在不爱大叫大嚷了吧？

（瑞夏德还是沉默不语。）

（完了，一切都过去了，还有什么好说的……没有机会，再也不可能变回自己了。）

（伴随着音乐，罗高的声音响起：顺着嘴巴的方向朝前飞就是了，不要恐

惧，谁心怀恐惧，谁就会丧失力量和内在的智慧。等到你实在没有办法的时候，你可以去请白乌鸦拉姆塞斯。）

瑞夏德：也许，可能，或者……假如这是真的，有一只白色的乌鸦，名叫拉姆塞斯……谁知道在什么地方能找到它呢？

红颜欧鸲：问我呀！我知道在哪儿能找到它。

瑞夏德：什么？说说，在哪里？（着急地询问）

红颜欧鸲：瞧那对面，那棵大白桦树，白乌鸦就爱住白桦树。

瑞夏德：它就在那儿？那对面湖畔的白桦树上？（半信半疑）

红颜欧鸲：出于职业的考虑，它总是住在那儿。

（这时瑞夏德已经在飞。）

瑞夏德：尊敬的大师……我想重新变成我自己，我原来不是一只乌鸦。

（朗多尔夫正巧走出来。）

瑞夏德：我原先就是它，我们互换了角色。现在它想一直当我，这样一来我就不可能成为我了。

拉姆塞斯：这确实很难受。（它张开一只翅膀，歪着头去啄下面的软毛）

拉姆塞斯：来，叼住它。（衔着一根白色的乌鸦羽毛）

瑞夏德：我拿这个干吗呀？（接过了羽毛）

拉姆塞斯：你还会背诵那段咒语吗？就是朗多尔夫在变化的时候念的那首诗。

瑞夏德：是的是的，我会背！

拉姆塞斯：那就好，想方设法用这根羽毛去触碰朗多尔夫一下，然后你就念咒语诗，应该会灵验的。

（瑞夏德衔着羽毛向家里飞去。朗多尔夫在榛子树下的草地上。瑞夏德悄无声息地飞到树后，然后小心翼翼地把两脚向外移，放下口中的羽毛，让它飘向朗多尔夫的额头。朗多尔夫睁开了双眼，不由自主地摸了摸额头，摸到了那羽毛擦碰过的地方。它猛地坐起身来，吐掉了口中的草棍儿。）

朗多尔夫：怎么又是你，这会儿我没时间。

瑞夏德：飞上高空，箭一般俯冲，天地之间任从容。用你的翅膀担负起黑夜吧，你去做乌鸦，我来当儿童！

　　朗多尔夫：哈哈……你想得倒挺美，可是事情不是这么简单。

　　（音乐、舞蹈。）

　　（瑞夏德往自己的身下看去：牛仔服，运动鞋！他又惊奇地看看自己的两只手，变了，变过来了！他身旁的草地上，蹲着一只黑漆漆的大乌鸦呢！）

　　朗多尔夫（沮丧地说）：可以透露一点信息，怎样才能找到我的鸦群呢？

　　瑞夏德（快活地说道）：顺着嘴巴的方向往前飞，不要恐惧。

　　瑞夏德母亲：午饭准备好了！

　　瑞夏德：我得走了。

　　瑞夏德母亲（在屋里喊）：瑞夏德！

　　瑞夏德：就来了，就来了！天哪，做人的感觉真好！（挥手离开舞台）

后记

幸福像花儿一样

当合上此书时,你是不是也像我周围的人一样,对我说:"你工作这么累,家人没有怨言吗?你感觉自己幸福吗?"其实回想自己走过的路,我感慨颇多。

"幸福得像花一样"是我的网名,就像这个名字一样,我的生活是幸福的,我喜欢现在的生活:忙碌而充实,紧张而快乐。人们常说"三生有幸",而我却被苍天眷顾,成为了一个"一生六幸"的人。

幸福家庭——我的父亲是一名教师,刚考上师范学校时,父亲就对我说:"教师这个职业是良心活,咱要对得起孩子的一辈子。"父亲的话深深地埋在我的心底。幸运的是,我还找到了一位善解人意、有着教育情怀的老公。他不仅包揽了一切家务活,作为义工,还经常为小蚂蚁教室服务。小蚂蚁们喜欢他,爱和他开玩笑,还叫他"蚂蚁爸爸"。活泼开朗、心地善良的女儿在我有需要时,也总为我出主意、想办法。家人的理解和支持犹如大地,给我这朵"花"以舒适的生长空间,在亲情的滋养下,我工作起来可谓信心百倍。

幸福校园——在石家庄市中华南大街小学这片土地上,我已经工作了18个年头。幸运的是,我总是遇到好领导、好同事。宜茂生校长每次看到我们教室的实施方案,都会说:"学校支持你!有需要帮忙的就说,大家一起做。"

这些话看似那么简单，每次我听后都深受感动。在宜茂生校长、程敬霞书记、杨平副校长的支持下，我开始尝试整合教室的生活。在创建完美教室之初，我毫无经验，摸着石头过河，同事们却无比信任我，和我一起策划方案，商量细节……就像学校的校训一样：扎根中华，通达世界！学校的每一个人都带着"中华心"，我怎能不觉幸福？感谢这片给予我成长的沃土！

幸福摇篮——石家庄市桥西区教育局领导为一线老师解开了应试教育"分数至上"的紧箍咒，使得我们在教学中摆脱了分数的束缚，有精力开发课程，从而享受到自我成长的快乐！更让我感动的是，杨建副局长曾多次为我们教室出谋划策，在教室建设的关键时期给予方向上的引领！工作在桥西，我是幸福的！

幸遇伯乐——我不是"千里马"，但我相信慧超编辑却是伯乐。2013年5月，我们教室面向石家庄市开放，慧超编辑从北京赶来，观摩了小蚂蚁教室的生活。后来在整个书稿的写作过程中，她更是心细如发，耐心指导，总是不断地鼓励我：相信自己，小蚂蚁教室的生活一定会给别人带来启发！能交到这样的朋友，我是何等的幸福！

幸遇良师——我庆幸自己在工作中总有良师相助，河北省教科所王彦怀、杨今宁老师，石家庄市教科所王晓香老师，原教研室教研员陈瑜老师，还有李亚敏老师，你们为我的教育生活注入了不可缺少的"养分"。

与李亚敏老师相识于2006年，在桥西区百名教师师徒结队活动中，她成为我的师傅。8年来，她就像我们小蚂蚁教室的校外辅导老师，有了困惑和问题，无论多晚，她都会耐心指导。小蚂蚁游学时，她加入我们的队伍中，发现教室的问题，及时帮助解决。不仅如此，她还多次到教室上课，给我做示范，引领我的成长。在共同写作这本书的日子里，我时刻都被感动包围着：深夜写作感觉疲惫时，李老师发消息提醒我注意身体；写作遇到难题打电话给李老师时，她耐心地解答；别人眼中休闲的假日变成了我们相聚改稿的日子——从教师节、国庆节到大年三十、元宵节……就连情人节我们也是在和书稿约会着。人生中能遇到这么多的良师，我怎能不努力？怎能不幸福？

幸遇团队——我的成长离不开团队的支持和帮助，因为有了"全国新教育网络师范学院""新教育种子教师团队""石家庄市品德高研班""桥西完美教室""中华南大街小学教师团队""小蚂蚁家长团队"等的支持和帮助,我才能站在巨人的肩膀上前行!

朝向完美的路是坎坷、艰辛的,两千多个日子,我不想多说,因为我知道一个人最大的幸福来自挑战,没有挑战,就没有小蚂蚁教室的今天!当我看到孩子们在艺术中获得享受时,在与经典对话中获得提升时,在知识里畅游时,在社会实践中得到道德体验时,我知道什么才是孩子们需要的,什么才是孩子眼中的幸福。而我,在成就孩子们的同时,也成就了自己,阅读、写作、思考……体会做一名教师的幸福,我们彼此编织着一张网,彼此成就,和这些生命一样开出属于自己的花朵来。

2014年,小蚂蚁们即将告别小学生活,本书只是呈现了这两千多个日子中的冰山一角。在孩子们离开之际,我希望能将这本书作为一份特殊的礼物送给他们,让我们一起铭记那些幸福的时光!也祝愿小蚂蚁们在朝向完美的路上能走得更远!

值此,本书也送给自己,激励我能够在新的岁月中继续守望梦想,像花儿一样幸福地生活!

最后,再次感谢所有帮助过我的人!感谢这段难忘的时光!

刘 娟

2014年2月

万千教育 基础教育类书目

书号	书名	著、译者	定价(元)
班主任工作理念与方法系列			
2877	班主任工作的60个"鬼点子"	刘坚新 郑学志 编著	52.00
2879	班主任与家长沟通的艺术 ——创建优质家校关系的60个策略	郑学志 著	52.00
2204	做一个会"偷懒"的班主任（第二版）	郑学志 著	48.00
1708	怎样教授道德才有效 ——德育心理学家给教师的建议	杨韶刚 等译	48.00
1709	学生特殊问题发现与应对 ——给普通教师的建议	昝飞 等著	48.00
7316	把班级还给学生 ——班集体建设与管理的创新艺术	郑立平 著	26.00
7344	遭遇问题学生 ——问题学生的教育与转化技巧	万玮 编著	25.00
7317	魅力班会是怎样炼成的	杨兵 著	25.00
8631	家校沟通，没有痛过你不会懂 ——知名班主任梅洪建的心路历程	梅洪建 著	32.00
0539	如何上好班级心理辅导活动课 ——钟志农答疑50问	钟志农 著	42.00
9902	德育主任新方略	丁如许 著	32.00
8611	班主任工作中的心理效应	刘儒德 主编	35.00
1135	班主任有效沟通的艺术与技巧	李进成 著	36.00

编号	书名	作者	定价
0541	班主任如何破解德育低效难题	赵坡 著	35.00
9135	班主任，青春万岁——王君带班之道	王君 著	34.00
8770	班主任如何带好差班	赵坡 著	30.00
8309	扶年轻班主任上马	王莉 著	38.00
7926	教师必须掌握的教育惩戒艺术	郑立平 等著	28.00
7928	做一个聪明的班主任——对常见七类学生的教育艺术	郑立平 等著	28.00
班主任工作理念与方法系列合计			**694.00**
教育理念与实践系列			
4098	STEAM教学指南——用现实世界的问题吸引学生	邵卓越 等译 刘徽 审校	46.00
3371	教师情商修炼之道	杨敏毅 等著	52.00
2754	教师怎样说话才有效（第2版）	李进成 著	58.00
8771	教师怎样说话才有效	李进成 著	32.00
2597	教师怎样说理才有效	李进成 著	52.00
1566	教导主任工作问题案例集	黄银美 主编	42.00
1139	如何当好教研组长——中小学教研组长专业素养与行动	杨向谊 著	36.00
1471	闪闪发光的故事：童书阅读与欣赏	周益民 著	32.00
0801	故事、儿童和作家的秘密——走近儿童阅读	周益民 著	32.00

……
欲了解更多图书信息，请登录：www.wqedu.com
联系地址：北京市西城区三里河路6号院2号楼213室　万千教育
咨询电话：010-65181109，65262933
*本目录定价如有错误或变动，以实际出书为准。